はじめて取り組む
自治体職員のための

成果連動型
委託契約

PFS

Pay For Success

SIB

Social Impact Bond

ソーシャル・
インパクト・
ボンド

実践
ガイドブック

北野隆志
藤田　力
［著］

第一法規

成果連動型委託契約／ソーシャル・インパクト・ボンド
実践ガイドブック

はじめに

第2章　制度としてのPFS/SIB

第1節　PFS/SIBとは何か

第2節　諸外国及び日本におけるPFS/SIBの動向

第3章　PFS/SIB的発想で考える

第1節　公共政策としての位置づけ

第２節　PFS/SIB的発想事例

1 SIBで地域の想いのバトンをつなぐ ～社会的投資が日常にある地域を目指して～ 東近江市（滋賀県）

2 チャレンジを応援し合える地域の仕掛け ～他市事例の再現から、西条ならではのSIBへ～ 西条市（愛媛県）

3 SIBで市民の健康寿命を延ばす ～前例なき本格的SIB事業を回す現場の奮闘～ 岡山市（岡山県）

第4章　PFS/SIBの制度設計〜計画の立て方・進め方

ステップ1　PFS事業の発案
〜PFS/SIB的発想で考え、一歩踏み出す〜

ステップ2　案件形成
〜決まった形はなく、何を優先するかの順位付けをしていくイメージで〜

ステップ3　民間事業者の選定・契約
〜仕様は定めず、成果水準を定める〜

はじめに

Pay for Success

行政に成果連動を導入する

Pay for Successの衝撃

今、行政と民間の関係が変わろうとしています。

行政は税金を原資とした公共政策の主体であるため、「行政は採算がとれない事業や費用対効果が悪い事業を担い、成果が見込める事業や費用対効果が高い事業は民間が行うべき」であり「採算性のある事業を官が行うことは民業圧迫にあたる」「民間ができることは民間で行うべきである」など、官と民の役割分担については従来このようなイメージが持たれていました。

しかし、そのような官と民の役割分担に変化が起きています。その一つが本書のテーマである「Pay for Success」(ペイ・フォー・サクセス：PFS)です。これは結果に着目する事業方式です。行政が事業を民間に委託し、その事業の結果に成功/失敗の概念を持ち込み、どのくらい成功したかを段階的に判定して成果に応じた報酬を支払います。もちろん、これまでも行政は事業評価の実施や議会から事後的にチェックを受けるなどの形で結果に向き合って来ましたが、必ずしも十分に機能していない場合もあり、その効果も間接的です。これに対し、PFSは事業自体の中で結果を評価し、評価によって報酬が決まるという点で、より結果にダイレクトに結びついた事業方式です。

PFSは、日本語では「成果連動型委託契約」や「成果連動型民間委託契約方式」などと訳されます。報酬が成果に連動するというリスクを民間事業者が負う一方で、事業の実施について民間事業者に一定の裁量を持たせることにより、民間事業者の事業意欲をより一層向上させ、また、そのアイデア・ノウハウ等を引き出すことが可能になるといった特徴があります。行政が民間のノウハウを活用する手法として指定管理やPFI[1]といった官民連携がこれまでも行われてきましたが、PFSは成果によって支払われる報酬の金額が変動するという点に大きな特徴があります。ここにいう成果とは、どういう業務を行ったのかという行為ではなく、どのような効果があったのかという結果のことをいいます。極端な形で換言すれば、「手段は問わない、結果を出せばお金を払う」が「結果が出なければ、どれだけ頑張ってもお金は払わない」ということになります。契約的な用語で言うと、仕様発注ではなく成果発注ということになります。

今後人口減少や少子高齢化が更に進むと、税収の大幅な減少が予想されます。地方自治体の職員数も減少します。限られた財源、限られた職員数で、これまでの行政サービスを持続的に提供するためには官と民の役割分担や関係を変えていく必要があります。これは突き詰めれば、「公」とはなにか、「公共」とはなにか、「行政」とはなにかという根源的な問いに行き着きます。

本書では、PFSやその一類型であるSIB（Social Impact Bond：社会的インパクト債）のスキームの説明やその事例を紹介します。また、なぜそのような発想が生まれてきたのか、どのようなことに活用できるのかといった根本的な考え方について説明していくことにも努めます。これらの思考方法、

---

1 PFI（Private Finance Initiative）とは、公共施設等の建設、維持管理、運営等を民間の資金や経営能力、技術的能力を活用して行う手法のことをいいます（第1章第3節参照）。

発想方法はこれからの行政の役割について考えるツールになると考えるからです。

PFSやSIBを通じて、これからの「公」「公共」「行政」について考えるきっかけとなれば幸いです。

失敗を恐れない、チャレンジできる行政

PFSやSIB（以下「PFS/SIB」といいます。）については、成果に応じて支出が決まるため、成果が出なかった場合の税金の節約、つまり無駄使い防止がメリットとして挙げられることがあります。しかし、PFS/SIBは単なる節税、無駄遣い防止のためのスキームではありません。場合によっては成果の達成度合いを判断する機関の設置などでコストが増えることもあります。コスト面で注目されることが多いPFS/SIBですが、その特徴に鑑みるとより大きなメリットは、失敗を恐れずにチャレンジできることにあります。

これまで行政が行う事業は、税金を投入して行う以上失敗は許されませんでした。その結果、自然と萎縮的となり、成果を見込める事業、安全な事業、手堅い事業、失敗しない事業しか取り組みにくい空気が生じます。

しかし、社会にはたくさんの課題があります。行政が取り組むべき課題もたくさんあります。しかも、それらへの取組みすべてが必ず結果の出るものでも、失敗しないものでもありません。また、成功が見込めるときを待っていれば手遅れになる問題もあります。

そのような時代において、行政は成果がでると確信できないものであっても、出来ることから取り組んでいくことが求められます。このような場面においてPFS/SIBは有効な手段となります。

PFS/SIBは事業の成果指標を段階的に設定します。必ず達成可能なものを成果目標とすることは必要ありません。例えば、目安としての成功ラインのほか、大成功のライン、成功ラインよりも少し低い及第点のラインなど複数の指標を設定することができます。事業の成果を、成功か失敗かという二者択一ではなく、段階的に評価することができるため、高い目標を掲げつつ、

失敗を恐れずに事業を計画することが可能となります。そのため、PFS/SIBは行政が課題に対してチャレンジできる手段となります。事業を受託する民間事業者も、高い成果を出せば高い報酬を得られるため、ノウハウや経験を発揮して事業を行い課題解決に取り組むインセンティブが発生します。

もちろん、このようなチャレンジングな仕組みは、行政のすべての政策に活用できるわけではありません。しかし、成果を流動的なものと捉え、成果達成に向けて創意工夫を重ねるという視点は、今日たくさんの課題を抱える行政の取組みの一つの手段となり得るのではないでしょうか。

社会課題解決のためにインパクトある事業を行政が行う

PFSの一類型であるSIBには、インパクト投資であるという点にも特徴があります。インパクト投資とは、経済的なリターンの獲得に加え、投資を通じて社会的課題の解決に貢献する意図を持った投資を意味します。このような目的はPFSにも共通します。

社会は課題で溢れています。地域が抱える課題だけでなく、SDGs（Sustainable Development Goals：持続可能な開発目標）などさまざまな種類の社会課題の解決が求められています。これらは単なる道徳の話ではなく、このままでは世界は持続的に発展することができなくなるという切迫した危機感が背景にあります。私たちはもはやこのような社会課題から目を背けることができない危機的状況にあります。それは私たちの生活基盤を担う地方自治体においても同じです。限られた財源、限られた人材の中で、社会的にインパクトのある事業を行い、社会的課題を解決していく必要があります。

PFS/SIBはこのような社会課題を起点として発展してきました。それは社会課題の解決という難問においても段階的な成果指標を設定してチャレンジできる仕組みや、結果にフォーカスし関係する主体が同じ目標に向かって協働できる仕組みが有効に機能する場合があるからです。また、成果は金銭的な収支のみを意味するものではないため、経済的価値以外のものを成果として設定すればこれまで取り組みにくかった社会課題に取り組むことも可能です。このように、これまで成果の測定が困難であった社会課題についても成果指標を設定し、成果を可視化していくことが出来るという点にPFS/SIBの強みがあります。

政策発想ツールとしてのPFS/SIB

公共政策において官民連携の考え方や手法が様々ある中で、私たちがPFS/SIBに関心を持ったのには理由があります。PFS/SIBは成果連動型支払という行政の支出に厳密な根拠を求めるストイックな側面と、PFS/SIBの発想を通じてリスクある事業にチャレンジしたり、社会的にインパクトのある事業に取り組んだり、プロジェクトメンバーを集めてパートナーシップで問題解決に取り組むといった柔軟な側面を併せ持っており、使いようによっては政策立案において新たな発想を生み出すきっかけになると考えるからです。

日本ではPFS/SIBは財政改革を実現するためのツールとして注目されているとはいえ、定着しているとはいえません。その理由にはPFS/SIBの組成に要するコストやスキームの複雑さ、予算の単年度主義などさまざまなものがあり、事業化は容易ではありません。そのため、PFS/SIBの発想で政策の企画立案を行ったものの最終的に採用されず、従来型の事業方式で行うこととなった例もあります。

しかしながら、PFS/SIBを検討したことによって新たな発想が生まれることがあります。例えば、SIBを用いた事業を検討する過程で地方自治体による資金調達の方法を比較検討したことにより、他の手段を用いた政策実現の可能性に気付くということもあります。PFS/SIBに限らず既存の制度を自らの地方自治体に単純に当てはめるだけでうまくいくことはあまりありません。しかし、PFS/SIBを各自治体の実態に則した形にアレンジしようと発想したり、試行錯誤することにより新しい解決の糸口が見つかるかもしれません。

本書では、PFS/SIBの制度や実例を紹介するだけではなく、PFS/SIB的発想を提示していきます。そこには、新しい政策を発想するためのヒントがあると考えます。

弁護士からみた行政の世界

本書の著者の一人である私（北野）は弁護士であり、これまで地方自治体の審議会や委員会、有識者会議等の委員として行政に関わってきました。弁護士という立場で行政に関わる私がPFS/SIBについて興味を持ち、これを広く伝えたいと思ったのには理由があります。

一つ目の理由は、日本の行政が置かれた現状に対する危機感です。例えば、2040年問題[2]と呼ばれる問題があります。今からわずか20年後、人口減少や少子高齢化が更に進んだ日本では、これまで行われてきた行政サービスを維持することが困難になると予測されています。当たり前のように存在すると考えられていた行政サービスが当たり前でない時代が訪れようとしています。このような危機的状況に対し様々な改革や制度変更の取組みが進められていますが、抜本的な改革あるいはパラダイムシフトが必要です。PFS/SIBを知った時、従来の行政にはないその発想に行政の危機を乗り超える力を感じました。

二つ目の理由は、行政の仕組みに法律家が関与することにより、新しい行政の形を生み出せると考えたからです。行政法の世界に「法律による行政の原理」という言葉があるように、行政と法律は密接な関係にあります。しかし、法律家が行政に関わるのは一定の場面に限定されています。私は行政の多くの場面に法律家が関与し協働することにより行政に新しい形が生まれると考え、積極的に行政と関わってきました。2020年10月には、神戸市から行政サービス改善検証委員の委嘱をうけ、既存の行政サービスを法律家の視点から検証する機会を頂きました。その中で、いくつかの制度や手続きについ

2　総務省・自治体戦略2040構想研究会
https://www.soumu.go.jp/main_sosiki/kenkyu/jichitai2040/index.html

て現在も合理性があるか、市民や民間事業者に過度な負担をかけていないかなどの観点から検証を行うと同時に、法律家の視点からの新しい提案を行うことができました。行政と法律家のパートナーシップにより新しい価値が生み出されたように感じました。行政にパートナーシップを持ち込めば、行政の新しい課題解決のスタイルに繋がることを改めて実感しました。そのような考えもあり、パートナーシップによる社会課題の解決を志向するPFS/SIBについて期待と関心を有するに至り、法律家としてPFS/SIBに関わっていきたいと考えるようになりました。

このように、PFS/SIBは、日本の行政が直面する危機への対抗策となりうる可能性があります。単に成果連動ということだけではなく、失敗を恐れずにチャレンジできる、成果に着目して社会課題に取り組める、多様な主体とパートナーシップで課題に取り組めるといったPFS/SIBに流れる考え方や発想はこれからの行政の政策企画立案に影響を与えるものといえます。

本書の成り立ち

本書は京都大学公共政策大学院（以下「京大公共」といいます。）における筆者らの調査研究及びその後実際にPFS/SIBに取り組んだ活動内容等が基になっています。

京大公共では正規授業のほか、自主研究活動が推奨されており、自主研究活動団体の一つに「地域のソーシャル・キャピタル研究会」（国家公務員の藤田力氏と枚方市議会の木村亮太議員が共同創設）がありました。その研究会を母体として2019年度にSIB研究会を開催し、SIBに取り組む地方自治体職員をお招きしてヒアリングを行ったり、各地のSIB事業の視察を行うなどSIBの調査研究を行いました。

その後、藤田氏は出向先の堺市役所でPFS事業を企画して事業化に取り組み、木村議員は枚方市でPFSの導入を提案しています。このように京大公共の修了生が各自の立場でPFS/SIBに取り組んでいました。

PFS/SIBについて関係省庁から資料等が公表されるようになってきまし

たが、私は京大公共の修了生が当事者やプレイヤーとしてPFS/SIBに取り組んでいる状況を知り、その実践の経緯を当事者視点でまとめて公表すれば世に既に存在する資料とは別の意義があるのではないかと考えました。同様に日本各地のPFS/SIBの実例についても当事者の取組みに焦点を当てて紹介できれば意義があるのではないかと考えました。そこで、SIB研究会の研究成果やPFS/SIBの当事者として実践して得た知識や経験をベースに本書を作成することを企画しました。

本書の特色

PFS/SIBに取り組む当事者・プレイヤーに着目

本書は、PFS/SIBの制度的な説明だけでなく、PFS/SIBに取り組む当事者の着想や行動についても焦点を当てています。どのように着想を得て、どのような制度設計を行い企画や事業を進めたのか、その際どのような人とどのようにコミュニケーションをとったのかなど、当事者の具体的な考えや行動を取り上げています。

本書はPFS/SIBにはじめて取り組む自治体職員のための実践ガイドブックを目指していますので、実際に当事者の立場で挑戦した生の情報を参考にして頂ければ幸いです。

PFS/SIBの背後にある考え方を説明

PFS/SIBは国家の政策として推進されており、内閣府や経済産業省、国土交通省、厚生労働省など関係する省庁から詳細な資料や報告書等がウェブサイトにおいて公表されています[3]。とくに2020年以降提供される情報の量は増

3 内閣府・成果連動型民間委託契約方式（PFS：Pay For Success）ポータルサイト
https://www8.cao.go.jp/pfs/index.html

えており、現在非常にホットな分野であるといえます。

しかし、その情報は膨大で内容も専門的であり、また、背景にある考え方などについて暗黙の前提とされている部分も少なくないため、一人で読み進めることは容易ではありません。

そこで、本書は、資料等を自力で読み進め理解することができるようになることをゴールとして設定し、そのための基礎となる情報や背景にある考え方の説明に重点を置きました。

なお、本書ではできる限り分かり易くPFS/SIBについて紹介するという観点から、複雑な説明を極力省略して平易な書きぶりにしている箇所や、正確性をやや犠牲にしている箇所があります。参考文献についても適時紹介しますので、必要に応じてそちらもご参照ください。

本書の全体地図

本書の目的

本書はPFS/SIBに関する基礎知識や背景にある考え方を分かりやすく整理することにより、PFS/SIBに興味をもった方が各種情報にアクセスして活用できるように助力することを目的とします。

また理論面だけではなく、実際に日本各地のPFS/SIB事業の実例を当事者に着目して紹介することにより、理論と実践の架橋を図ることも目的としています。

本書の構成

本書は全４章と巻末特別収録で構成されています。

まず、PFS/SIBの背景にある考え方・思想について述べたうえで（第１章）、具体的な制度の概要について説明します（第２章）。PFS/SIBの考え方は公共政策的な問題と関わる部分があるため、事例紹介に先立ち公共政策的な視点や議論について検討します（第３章第１節）。その後、日本国内の４つのPFS/SIB事例を紹介します（第３章第２節）。また、当事者としてゼロからPFS/SIBに取り組んだ事例を報告します（第３章第３節）。

そのあと、PFS/SIBの制度設計について、計画の立て方や進め方などについて説明します（第４章）。

巻末には特別収録として有識者へのインタビューを掲載しました。

本書の見どころ

● 第１章の見どころ

第１章ではPFS/SIBの背景にある考え方について説明します。第１節では成果連動型報酬の意義について考えます。行政の事業に成果を求めることは悪いことなのでしょうか？　成果とは何なのでしょうか？　成果を問うことによって何が生まれるでしょうか？　そういった疑問について考えます。

第２節では、パートナーシップについて考えます。社会課題を行政のみではなく多様な主体が取り組むことはなぜ必要なのか考えます。また、事業の成果指標に社会的インパクトという物差しを加えることにより社会課題をパートナーシップで解決していくという社会的投資の世界的潮流についても説明します。

第３節では、行政による資金調達の意義について説明します。新しいことを行うためには財源を増やすか支出を抑えるかしか方法はありません。少子高齢化・人口減少が進み税収入の減少が予想される今日、地方自治体が新しいことを行うためには税収や補助金などとは別の手段で資金調達を行うことを模索することも重要です。どのような選択肢を用いて事業を行うかについてブレイン・ストーミングすることが新しい事業の発想に繋がります。

第４節では、本書のテーマの一つである「PFS/SIB的発想」について、従来の政策の発想と比較しつつ説明します。

●第２章の見どころ

第１節ではPFS/SIBの仕組みと現状について説明します。第２節では、諸外国の取組みとして英国（イギリス）、米国（アメリカ）、豪州（オーストラリア）の取組みと特徴を整理したうえで、日本のPFS/SIBの現状と特徴について整理します。

●第３章の見どころ

第３章では事例紹介に入る前に、公共政策の視点からPFS/SIBを考えます（第１節）。公共政策はアートなのかサイエンスなのか、政策と結果との間の因果関係をどのように判断すべきか、行政は間違いを犯すか、などといった公共政策的な問題について検討します。

第２節では、日本国内で実際に事業化された４つのPFS/SIB事業を紹介します。各事例紹介においては事業の概要だけではなく、実際に事業に関わった当事者やキーパーソンから事業の導入から実施までの具体的なエピソードをお聞きし、事業を進めるためのポイントや関係者とのコミュニケーションの内容、具体的な課題などについて焦点を当てます。

第３節では、実際に当事者としてゼロからPFS/SIB事業にチャレンジした事例をレポートします。一つ目は枚方市議会の木村亮太議員が議員の立場から「提案してみた」事例について、二つ目は藤田力氏が大阪府堺市に出向し市役所職員の立場で「取り組んだ」事例について紹介してもらいます。

●第４章の見どころ

PFS/SIBの制度設計や計画の立て方や進め方、契約上の留意事項等について、内閣府が2021年２月に公表した「成果連動型民間委託契約方式共通的ガイドライン」[4]に沿って説明します。章末では、参考となる資料や文献について紹介します。

4　内閣府　https://www8.cao.go.jp/pfs/guidelines.pdf

● 巻末特別収録

　最後は、公共政策や政策立案の考え方について京都大学公共政策大学院長である建林正彦教授にお話を伺いましたので、その内容を紹介します。

Pay For Success & Social Impact Bond

第1章 PFS/SIBという思想

第１節　成果連動型報酬という考え方

成果連動型報酬だらけの日常
～大昔より人類に刻み込まれたコンセプト～

「契約で取組みの目標を設定し、目標の達成度合に応じて報酬を支払う。」

これを「成果連動型報酬」と呼ぶとすれば、私たちの身の回りには成果連動型報酬があふれています。テレビをつけると「成績アップ保証！　３ヶ月で成績が上がらなければ全額返金」「結果にコミット！　プログラムの効果が見られない場合お支払不要」といったメッセージを消費者に発信している学習塾やフィットネスジムなどのCMをよく目にします。ビジネスにおいても、会社の営業や販売部門などでは、新規顧客開拓件数や売上に応じて給与やボーナスが変動することは珍しい話ではありませんし、オフィスで仕事をする労働者の給料を、労働時間ではなく仕事の質（成果）を評価して支払うといういわゆるホワイトカラーエグゼンプション制度は成果連動型報酬そのものです。また家庭内においても、子どもに対して「次のテストで90点以上取ったら、おもちゃを買ってあげる」「自分の部屋をきちんと片付けたら、ゲームをやっていいよ」といった日常会話が繰り広げられています。

このように私たちの身の回りや言動のあらゆるところで見かける成果連動型報酬ですが、何も最近突然出てきた新しい考え方というわけではなく、人類の歴史のいたるところにその足跡が残されています。

古くは約１万2000年前、平等主義的な狩猟採集社会から格差が生まれやすい農耕牧畜社会に移行していったとされる時代、多くの食糧を生産することができる者やその家族が、コミュニティの中で相対的に高い地位に就くという社会が人類史上初めて生まれたと考えられています。たくさん食糧を生産するという成果を出せば、社会的地位という報酬を得る、これも一種の成果連動型報酬だとすれば、そうした考え方は人類の本能的な部分に宿り、これまで私たちが形成してきた社会制度や慣習に大きな影響を与え、その中で無意識のうちに受け継がれてきたことが想像に難くありません。

実際、世界中に残されている様々な神話や昔話などには、成果連動型報酬を取り入れたエピソードがたくさんあります。現存する日本最古の書物とされる「古事記」を例にみていきましょう[1]。

「古事記」と成果連動型報酬 ～ヤマタノオロチにお酒を飲ませるかどうかはお任せで～

日本の島々や多くの神様を生んだとされるイザナギとイザナミの神話では、火の神を生んだときの火傷で死んでしまったイザナミを生き返らせるために、イザナギが黄泉の国に迎えに行くという場面があります。黄泉の国に到着したイザナギは、石の扉を隔てた向こう側にいるイザナミに対して一緒に帰ろうと語り掛けます。イザナミは、自分が黄泉の国の神様に話をつけてくるので、それまで扉を開けずに待っていてほしいと返事をします。イザナギはしばらくその約束を守りイザナミを待っていますが、いつまでたっても反応がないので、いらいらしてついに石の扉の中に入ってしまいます。そこでイザナギはイザナミの変わり果てた姿を目撃するのですが、約束を破られたことで怒ったイザナミにあやうく殺されそうになりながら何とか逃げ帰り、結局イザナミを生き返らせることはできなかったというストーリーです。

また、この続きとしてもう一つ特徴的な物語があります。黄泉の国から戻ったイザナギが体を清めたときに生まれた神様に、スサノオという神様がおり、スサノオがヤマタノオロチという八つの頭と八つの尾を持つ巨大な蛇と戦うというエピソードがあります。ヤマタノオロチに苦しめられていたアシナヅチという出雲の国の神様に出会ったスサノオは、自分がヤマタノオロチを退治することを提案しますが、その代わりにアシナヅチの娘のクシナダヒメと結婚する約束をします。そしてスサノオは、アシナヅチたちに用意してもらった大量の強い酒をうまくヤマタノオロチに飲ませ、酔っぱらったヤマ

1　松谷みよ子（2010）「決定版心をそだてる松谷みよ子の日本の神話」講談社

タノオロチの首を次々に切り落とし勝利をおさめるというお話です。

これらのエピソードは本書で議論する成果連動型報酬の特徴を実に端的に表現しています。第１のイザナミとイザナギの約束（契約）は、「扉の中に入らない」という行動または活動（アウトプット）を約束の内容（成果指標）としており、成果指標を達成すれば「イザナミが生き返る可能性が残る」という報酬を得るという成果連動型契約となっていました。それに対して、第２のスサノオとアシナヅチとの約束(契約)は､「ヤマタノオロチを退治する」という結果（アウトカム）を約束の内容（成果指標）としており、その結果（アウトカム）を実現するための手段（つまりヤマタノオロチを退治する方法）は指定せず、実施主体であるスサノオの創意工夫に委ねることとし、その上で成果指標を達成すれば「クシナダヒメと結婚する」という報酬を得るという成果連動型委託契約となっています。

このように、成果連動型報酬といっても、成果指標としてアウトプット（活動目標）を設定するか、アウトカム（結果目標）を設定するかによって契約の性質が異なるということがひとつのポイントとなります。つまりこういうことです。

第一にアウトプット（活動目標）を成果指標とした場合、成果がどの程度出たのかを判断するためには、約束した活動を実施したのかどうか、活動したとすればどれほど活動したのか、というように活動自体を評価しますので、自らの活動そのものが成果報酬に直結することとなります。例えば先ほどのイザナミとイザナギの契約では、扉の中に入らなければ報酬が得られる一方、扉の中に入ってしまうと報酬が得られません。これは「やるかやらないか」、つまり10か０か（All or Nothing）の契約の例ですが、成果連動による契約方法としてはアウトプット（活動目標）をより細分化し、例えば①その場で一歩も動かなければ10点、②一歩扉に近づくごとにマイナス１点、③扉をあけたらマイナス10点というように、成果連動の条件設定を行うことも可能です。

第二にアウトカム（結果目標）を成果指標とした場合、成果が出たかどうかを判断するためには、活動方法や活動量ではなく、約束した結果が生じたかどうかを評価することとなります。例えば、スサノオとアシナヅチの契約では、ヤマタノオロチを退治したかどうかという結果に着目し、報酬の有無が決まります。スサノオはヤマタノオロチを退治するための活動として、お酒を大量に飲ませるという作戦を実行しますが、この活動をどのような内容にしようと報酬には基本的に影響を与えません【図表１－１】。これも報酬を全額受け取れるか少しも受け取ることができないかというAll or Nothingの契約の例ですが、先ほどと同様、成果連動による契約方法としてアウトカム（結果目標）をより細分化することももちろん可能です。例えば、①ヤマタノオロチの首を１本切り落とせば１点、②全て首を切り落とせなくても退散させることができれば当面の危機を回避できたとしてボーナス３点、③首を八本全て切り落として退治すれば課題の根本的解決に成功したとしてボーナス10点というように、成果連動のアウトカム（結果目標）の条件設定を行うこともできます。

ここではあえて物語を成果連動型報酬の切り口から見ていきましたが、古事記という日本最古の書物においても、こうした成果連動型報酬の概念が自然に使い分けられ物語に溶け込み、今日まで伝わっているという点が大変興味深いところです。このように成果連動型報酬は、人類がこれまで培ってきた思想や社会、歴史的な出来事や語り継がれてきた物語によって脈々と受け継がれてきた概念であり、今日の私たちの日常や身の回りにも知らず知らずのうちに定着している考え方となっており、私たちも様々な場面でその考え方の影響を受けているのです。

【図表１－１】アシナヅチとスサノオの成果連動型委託契約（イメージ）

行政と成果連動型報酬
～市民体育館の建設によって、市民は健康になれるか？～

もちろん私たちの社会のあらゆるものに成果連動型報酬が適用されているわけではありませんし、また適用されるべきだと言いたいわけでもありません。現実的には成果連動型報酬の考え方が馴染みやすい分野もあれば、馴染みにくい分野もあり、その境界線もはっきりしたものがあるわけではありません。実際、この強力な成果連動型報酬という概念に支配されず、様々な議論を経てもなお成果連動型報酬の存在をできるだけ遠ざけてきた分野があります。その代表格が行政という分野です。

現代の行政の仕事は、社会秩序を保つための警察や消防、人々の健康を守るための社会保障、生活に困った人を助けるための社会福祉、子どもたちに教育の機会を保障するための学校教育、快適な生活を支えるための道路や公共施設の整備、地域経済を支える中小企業を支援する産業振興、住環境を守るための公害防止や環境保護など、その領域は幅広く多岐にわたっています。こうした、いわゆる公共分野の中には、そもそも成果指標を数値で設定することが難しい分野や、行政の政策投入（インプット）がどの程度の効果をもたらすかという因果関係の証明が難しい取組みも多くあります。

例えば、市民が病気にかかりにくい社会を設計するために、市民がもっと運動しやすい環境を整えようと考え、行政が市民体育館を建設したとします。この市民体育館の建設の目的は、市民の健康増進ということになりますが、果たして成果指標としては何を設定するのが適切でしょうか。言い換えれば、どのような指標が何を示せば「市民が病気にかかりにくくなった」とはっきりと言うことができるのでしょうか。市民体育館の利用者数が１日100人を超えればよいでしょうか。利用者の血圧が５ポイント下がればよいでしょうか。それとも利用者が病院に行く回数が年間で３回減ればよいでしょうか。こうした成果指標の設定は公共政策に携わる人たちを悩ませる問題ですが、ここでは上記の３つの成果指標がどのような性質であるかを見ていきましょう。

このケースを単純化すると「①市民体育館を建設する→②市民が市民体育館を利用して運動する→③市民の健康状態が改善する→④市民が病気にかかりにくくなる」というストーリーが想定されています【図表１－２】。これをロジックモデルまたはロジックツリーなどと呼びます。

【図表１－２】市民体育館建設が健康増進につながるロジックモデル（イメージ）

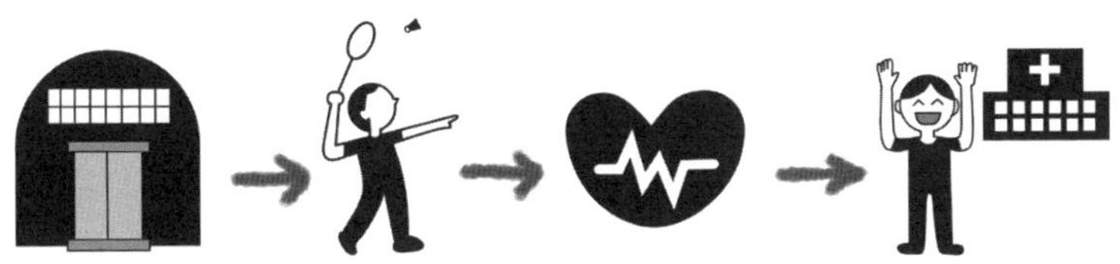

①体育館建設　②市民が運動する　③健康状態が改善　④通院回数が減る

　このストーリーに先ほどの成果指標を当てはめた場合、体育館利用者数を１日100人とするというのは②の成果指標となります。しかし、②の指標が達成されたとしても、④の状態になったとまでは言えませんので、①の施策が市民の健康増進に寄与したと言えるかは微妙なところです。次に、利用者の血圧が５ポイント下がるとするのは③の成果指標となります。これも同様に③の指標が達成されたとしても、④の状態になったとまでは言い切りにくいですが、先ほどの②の指標よりは、市民の健康増進を具体的に評価できている印象もあります。それでは病院への通院回数が３回減ったとするのはどうでしょう。これは④の状態と評価できなくはないかもしれませんが、市民体育館を利用したからそうなったのかということは、逆に分かりにくくなってしまいました。つまり、病院に通院する回数が減ったのは、お金を節約するためだったのかもしれませんし、予定が忙しくて行けなかっただけかもしれません。さらに言えば、健康状態が改善されたのも、同じ時期に甘い物を食べるのを控えるようにしたことや、夜更しせずに睡眠時間を長く取るように生活習慣を見直したことが原因かもしれず、市民体育館を利用したことが原因かどうかを突き止めるのは大変難しいですし、ましてや①市民体育館建設という政策の効果であると証明することはより一層難しくなるでしょう。

　ここでは市民体育館の建設を市民の健康増進のためのみの政策として見てきましたが、複数の目的を達成するために一つの政策を立案することも珍しくありません。例えば、市民体育館建設が、市民の健康増進のほか、スポーツを通じた青少年の育成、自然災害時の避難所など防災拠点としての活用、競技会やスポーツイベントの開催による地域活性化、地域のコミュニティ活動の促進など、複数の政策目的が含まれている場合、各政策目的に対してアウトプット（活動目標）とアウトカム（結果目標）を整理し、それぞれの達成度合いを総合的に判断することで市民体育館建設という政策に効果があったのかどうかを検証する必要があります。また、政策効果を評価するためには、一つの事業毎に細分化して見ていくだけではなく、複数の事業を束ねた全体としての効果を見なければ「木を見て森を見ず」という状態になり、政策効果の全体像をとらえることができない場合もあります。例えば、市民の健康増進のために市民体育館を建設したとする場合、その直接的な効果は先ほどのロジックモデルが想定されますが、仮に市民体育館に保健センターの出張所を併設して、体育館利用者の健康相談や血圧検査、食事指導サービスなどを提供した場合、体育館建設単独の効果よりも高い健康増進効果が出るかもしれません。つまり、最終的には関連する複数の事業を総合的に評価し、政策効果を論じる必要があります。

まとめると、市民体育館を建設するという政策が市民の健康増進につながったかどうかについては、「市民体育館利用者数」「利用者の血圧」「病院通院回数」のいずれの成果指標をとったとしても、一長一短があるということです。このようにすっきりしない言い方になってしまう要因としては、市民が病気にかかりにくくなるという状態を指標化することが難しいこと、市民体育館の建設が市民の健康増進につながるという因果関係を証明することが困難なこと、仮にそれらが可能だとしても市民体育館の建設が単独でどの程度の割合で市民の健康増進に寄与したかを把握し評価することが難しいこと等が挙げられます。こうした難問にチャレンジするために、公共政策分野では計量分析や事例分析、実験など様々なリサーチ手法を用いた政策分析の研究が行われていますが、それでも政策の効果がはっきりと判明するケースは多いとは言えないのが現状です。

意思決定と成果連動型報酬
～新しいアイデアが採用されるとき、されないとき～

これまで見てきたとおり、政策の効果をデータで明確に示すということは決して簡単なことではありません。数値での評価が比較的しやすい政策領域もありますが、そうではない領域もあります。そしてそれは、成果連動型報酬という考え方を導入しやすいかどうかについても同じことが言えます。

行政の領域では、こうしたデータや証拠に基づく政策立案のことをEBPM（Evidence-Based Policy Making）と呼びます。そして成果連動型報酬の議論は、このEBPMに基づいて政策が立案されることを前提としています。

どうして成果連動型報酬の考え方がEBPMを前提としていると言えるのかというと、そもそもデータによって政策効果を評価できないのであれば、事業を実施したことによってどの程度成果を達成することができたのか誰も評価できないということになりますので、成果に連動させて報酬を算出するという考え方そのものが成り立たないからです。

このように、成果連動型報酬を導入するかどうかという以前の問題として、データや証拠に基づいて政策を企画立案するということ自体がすでにチャレンジングなことですので、実際に成果連動型報酬の考え方を行政の現場で実践しようというのは、行政職員にとってはかなり気合が必要なことだということになります（もちろん、気合だけでどうこうなるという話でもありません）。

それでも成果連動型報酬の考え方を導入しようと試みる行政職員がいるのであれば、そうした人は誰もが、適切な成果指標の設定や測定、他の政策による効果との切り分け、政策と成果の因果関係の説明などの難題に直面します。また他にも、予算確保、事業の費用対効果検証、妥当なテーマ設定、事業評価の客観性、前例主義など乗り越えなければならない様々な課題が立ちはだかるため、果たしてそこまで労力をかけてやることなのかと周りから冷ややかに見られるなど辛い思いをすることも少なからずあるはずです。こうした職場の政策立案環境というのは、各行政職員の日々の業務姿勢や政策企画立案の思考にも影響を及ぼし、結果として生み出される政策の質にも大きな影響を与えている可能性があります。したがって行政における政策企画立案について考えるときは、政策そのもののあるべき論について検討することはもちろん重要ですが、組織の慣習や常識、職場の雰囲気、職場内の人間関係など、政策決定過程に影響を及ぼす要素といかに向き合っていくかについても合わせて留意する必要があります。

実はこの点については、行政学において議論されてきた内容とも通ずるものがあります。1978年にノーベル経済学賞を受賞したハーバート・サイモン（Herbert Alexander Simon）は、個人の意思決定と組織の政策決定を結びつけるものとして「満足モデル（Satisficing）」という意思決定理論を提唱しました。「満足モデル」というのは、ざっくり言うと、組織の構成員というのは組織の価値観を踏まえて「まぁ一応満足できる結果が出るんじゃないか」程度の選択肢が出てきたらそれを選んで、それ以上の選択肢を追求しなくなるという意思決定理論です[2]。

少し細かく説明しますと、サイモンは組織の構成員が行う意思決定というのは、「決定前提」に大きく左右されるのだと主張します。「決定前提」というのは、組織の構成員は、組織の他の構成員から、判断基準となる事実として捉えるべき情報（事実前提）や組織の価値観（価値前提）を事前に与えられているということを説明する考え方です。つまりどういうことかと言うと、組織で何かを決めたり、企画を考えたりするときは、その組織の常識や慣習、従来からその組織で行われてきたことから、はみ出さないような内容に落ち着くことが多いということです。例えば、ものすごく新しく、これまでその組織で取り組んだことのないような奇抜なアイデアを提案したとしても、組織が「決定前提」に沿った意思決定をする限り、そのアイデアが採用される可能性は低いということになります。これに対して、従来の考え方や取組みの延長上にあるような内容のアイデアであれば、組織の構成員がまぁまぁ満足できる結果が出ると捉えられ、採用される可能性が高いということになります【図表１－３】。

このサイモンの理論に当てはめると、特に成果連動型報酬のような従来と異なる考え方、つまり決定前提からはみ出た考え方を組織に持ち込む場合には、その実現のためには既存の政策と比べて大変な道のりが待ち構えているということが示唆されます。

2　真渕勝（2013）「行政学」有斐閣、p.435、p.549

【図表１-３】サイモンの満足モデル（イメージ）

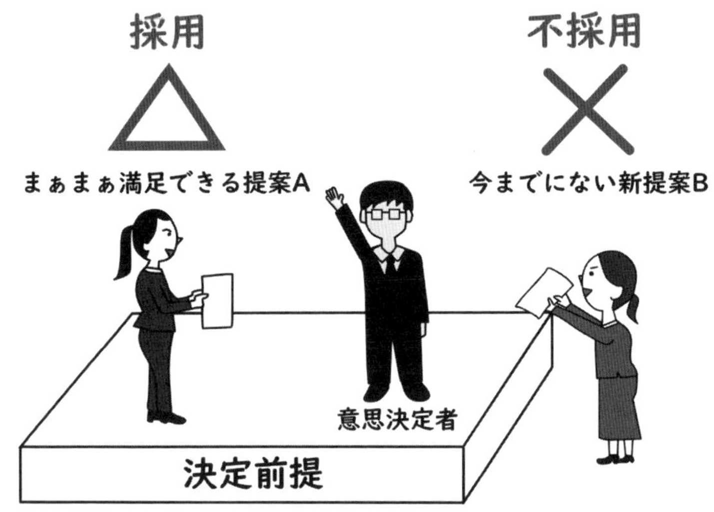

ここまでの議論を見てお分かりのとおり、成果連動型報酬といっても何か高尚で難解な話をしようとしているわけではありません。むしろ私たちの社会ではすでにいたるところに成果連動型報酬が組み込まれていますし、日常生活の中にも何ら違和感なく溶け込み定着している考え方なのです。しかしこうした中でも、とりわけ行政の分野では、成果連動型報酬の考え方は当たり前とはなっていません。導入しようとすると目の前にたくさんの困難な課題が出てくるのが分かっているので、行政の分野では数値による成果指標の設定に馴染まないというような理由を並べ、できる限り深く関与しないでおこうとしてきたというのが実態に近いのではないかと思います。

昨今、世界的にどんどん新たな社会課題が生まれ、多様化し複雑になってきています。また国や地方自治体は厳しい財政事情を抱え、何でもかんでも対応できる資金的余裕も人的余裕もありませんし、そうした問題解決のためのノウハウも自前で持ち合わせていません。目まぐるしく動く世の中において、行政における政策のあり方もまた問い直されていると言えます。こうした中で、成果連動型報酬の概念を改めて真正面から行政の分野に持ち込もうというのが、PFS（Pay for Success：成果連動型委託契約）という考え方であり、その実現手段のひとつとして可能性を秘めているのが、SIB（Social Impact Bond：社会的インパクト債）なのです。

ただし既に述べたとおり、PFS/SIBもそうですが、新しい概念や組織に馴染みのない考え方を導入し、そして定着させるためには、現実的には組織内での納得感や一定の理解を得ることが不可欠です。もちろんそれは、組織の従来からの価値観に逆らわず妥協せよと言っているわけではありません。むしろ、そうした新たな提案を行っていくにあたっては、自らの思いだけではなく、関係者を取り巻く環境、常識や慣習などを十分理解した上で関係者とのコミュニケーションに取り組まなければ、なかなか実現に至らないという現実を直視する必要があるということです。

本書では、PFS/SIBの議論を高度な専門的な議論としてとらえるのではなく、PFS/SIB的な発想を行政に持ち込み実践することにより、これまで行政にはできなかった新しい価値を生み出すことができるのではないかという仮説を持ち、PFS/SIBの議論をできるだけ柔らかい内容としてご紹介していきたいと思います。

第２節　パートナーシップという考え方

市民意識と企業意識
～社会貢献したい個人、社会貢献で成長したい企業～

「社会の役に立ちたい。」

一昔前から比べると、日本でもこのように考える人が徐々に増えているそうです。内閣府が毎年実施している「社会意識に関する世論調査」[1]によると、2020年１月調査の結果では、日頃、社会の一員として、何か社会のために役立ちたいと思っているか、それとも、あまりそのようなことは考えていないか尋ねたところ、「思っている」と答えた人の割合が63.4％、「あまり考えていない」と答えた人の割合が33.6％となりました。この結果は、前年度の同調査結果（2019年２月調査では「思っている」と答えた人の割合は63.6％）と比べると、ほぼ横ばいですが、10年平均単位の大きなトレンドとしてみてみると、毎年代ごとに意識が高まってきていることが見て取れます。具体的には、社会のために役立ちたいと思っている人の割合は、1970年代は47.4％、1980年代は47.6％、1990年代にグッと増えて61.1％、2000年代には62.5％、そして直近の2010年代では65.4％まで増加しました【図表１－４】。

こうした個人の意識の変化の背景には、様々な社会的な出来事の存在があります。例えば、1995年に発生した阪神・淡路大震災をひとつの契機として、個人によるボランティアや市民活動、団体等による非営利活動などの重要性が改めて認識されるようになりました。その結果、1998年には「特定非営利活動促進法（NPO法）」が成立・施行され、日本社会において非営利活動は新たに市民権を得ることになります。NPO法施行以降、認証を受けた特定非営利活動法人（NPO法人）数はピーク時の2017年度には51,867団体を数えました【図表１－５】。その間、2011年の東日本大震災をはじめ、日本各地で

1　内閣府（2020）「社会意識に関する世論調査」の概要、p.4
https://survey.gov-online.go.jp/r01/r01-shakai/gairyaku.pdf

台風や地震等の自然災害による大きな被害が発生し、その度に被災地においてボランティアや市民活動、NPOやNGO（Non-Governmental Organization：非政府組織）が懸命に地域の復興に貢献している光景を、ニュースやメディア等を通じて私たちは幾度も見てきました。この約20年間で、個人や団体等による社会貢献活動というものが、私たちの日常においてもはや珍しい活動ではなくなり、徐々に社会に定着してきたと言ってもよいのではないでしょうか。そしてそれが社会や個人にとって当たり前になっていくにつれて、より多くの個人が自分にも社会貢献できることがあるのではないかと考えやすくなってきたということがあるのかもしれません。

【図表１－４】個人の社会への貢献意識（時系列）

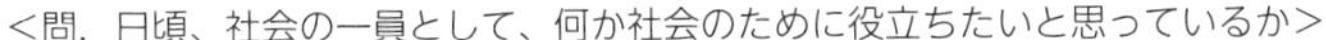
＜問．日頃、社会の一員として、何か社会のために役立ちたいと思っているか＞

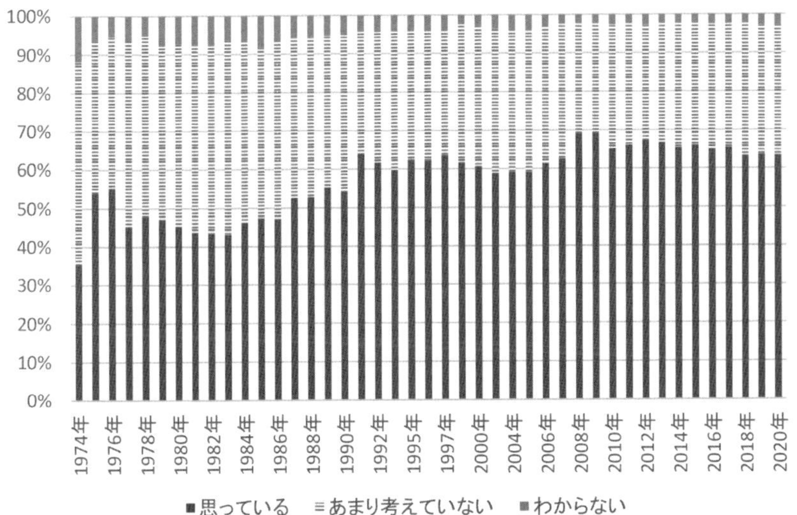

（出典）内閣府「社会意識に関する世論調査」をもとに筆者作成

【図表１－５】認証を受けたNPO法人数の推移（累積値）

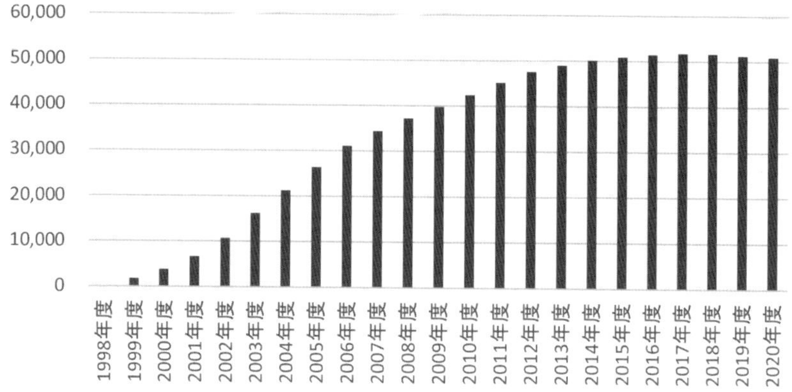

60,000
50,000
40,000
30,000
20,000
10,000
0

1998年度 1999年度 2000年度 2001年度 2002年度 2003年度 2004年度 2005年度 2006年度 2007年度 2008年度 2009年度 2010年度 2011年度 2012年度 2013年度 2014年度 2015年度 2016年度 2017年度 2018年度 2019年度 2020年度

（出典）内閣府NPO法人ポータルサイト[2]より筆者作成

ただしこれは、日本人だけが社会貢献に対して特に意欲的になってきたというよりも（もちろんそうした面がないと言っているわけではありませんが）、大きく言えば、個人、企業、政府、国際社会などを含めた世の中全体の流れがそのように変わってきているということを反映しているのではないかと思います。しかし、世の中全体の流れと言われても、非常に漠然としてよく分からないと思いますので、順に見ていきたいと思います。まずは、企業の社会貢献に対する認識の変化について見ていきましょう。

企業は営利活動を行う主体ですが、社会からの要請として「企業の社会的責任」（Corporate Social Responsibility：CSR）があるとされています。CSRとは一般的に、経済、社会、環境の３つの分野をベースに、企業が社会的責任を積極的に果たすことで、企業の利益追求のみならず、地球環境の保全や社会全体の持続的な成長を可能にする取組みを指します[3]。日本では1950年代以降、CSRのあり方に関する様々な議論が行われ日本独自のCSRの考え方も出てきますが、2010年に社会的責任の国際標準規格（ISO26000）が発行されたことを契機に、CSRは慈善活動的な社会貢献ではなく、本業を通し

2　内閣府NPO法人ポータルサイト　https://www.npo-homepage.go.jp/
3　井之上喬（2015）「パブリックリレーションズ［第２版］」日本評論社、p.p116-122

て社会貢献を行うことであるという世界的な共通認識に統一されていきます。また2011年には、米国ハーバード大学経営大学院教授であり経営戦略論研究の第一人者であるマイケル・ポーター（Michael E. Porter）が中心となり、CSRを更に進化させた「企業の共通価値の創造」（Creating Shared Value：CSV）という考え方を世界に向けて提唱しました。CSVとは、企業が本業を通じて社会課題解決と経済的利益追求を両立させ相乗効果を生み出そうとする、企業の経営戦略のひとつであると説明されます。

つまり、CSRは「本業を通じて社会によいことをするのが企業の責務だ」という考え方であるのに対して、CSVは「本業として社会課題解決に取り組むことは収益につながるので、実施することが企業戦略として必然だ」という考え方ということになります。こうしたCSRやCSVの議論を背景として、企業は本業を通じて社会課題解決に取り組む主体であるということが広く共通認識として広がっており、現在多くの企業がCSRあるいはCSVに取り組んでいます。

ところで、日本のCSRは1950年代以降に始まったと述べました。しかしCSRという言葉が生まれる随分前から、日本では「三方よし」に代表される商売における倫理感が育まれていました。「三方よし」とは、現在の滋賀県にあたる近江国の近江商人の商売倫理で、商売というのは自分だけが儲かればそれでよいのではなく、「売り手よし、買い手よし、世間よし」という三方、つまり商売をするなら自分の周りや社会もよくなるものでなければならないという考え方です。このように日本では昔から、社会との良好な関係こそがビジネスの持続可能性を導くという考え方があり、今でも三方よしの倫理観をベースとした取組みが数多くあるということは、日本が誇るべき事実として言えるでしょう[4]。

これまで見てきたように、今日では、個人も企業も社会に貢献する活動に大きな関心を寄せています。そうすると次に問われるのは、いかなる社会課題に焦点を当て、どのように取り組むかという具体的な方法論であり、そし

4　倉持一（2019）「CSR白書2018―いま、求められるCSRの打ち手とは―外圧と内圧から見たCSR」https://www.tkfd.or.jp/research/detail.php?id=3145

てそれが実際にどの程度うまくいったのかという結果であり、さらにはそれが社会にどのような変化をもたらしたのかという影響度ということになります。それでは続いて、国際社会における社会課題の捉え方の変化を考えていきましょう。

複雑化する社会課題 〜世界中に押し寄せては積もる難題の波〜

今、世界中で様々な社会課題が新たに生まれ複雑化しています。現実に起こっている社会課題から派生して別の問題が生まれることもあれば、全く新しい社会課題が突然降ってくることも珍しくありません。それはまるで、社会という水槽の中に、社会課題という水がどんどん注ぎ込まれているかのようです。水槽の中で生活している私たちは、溺れないように排水作業を行いますがなかなか追いつかず、水槽の中の水の量は徐々に、しかし着実に増えているという状況なのかもしれません。

社会課題が多様化しているということについては、世界経済フォーラム（World Economic Forum）[5]が毎年発表する「グローバルリスク報告書（The Global Risks Report）」をみてみると、ここ10年間で世界が抱えるリスクに対する捉え方が随分大きく変化しているということが見て取れます。

2008年に起こったリーマンショック[6]の影響が残る2011年の報告書では、今後10年間に発生する可能性の高いリスクとして、自然災害や環境問題が上位に入る一方で、汚職・腐敗、経済格差、不正貿易、といった不公正な経済活動に関するリスクがトップ10にずらりとランクインしていました。また、発生することによる影響が大きいリスクとしても、１位の財政危機をはじ

5　世界経済フォーラム（World Economic Forum）HP
https://jp.weforum.org/about/world-economic-forum
スイスのジュネーブに本拠を置く非営利財団。毎年１月にスイス東部のダボスで開催する年次総会（ダボス会議）は、世界を代表する政治家や実業家が一堂に会し、世界経済や環境問題など幅広いテーマで討議する場として有名です。

6　2008年９月に米国の大手投資銀行リーマン・ブラザーズが経営破綻したことをきっかけに起こった世界的な金融危機。

め、資産価値の暴落、急激なエネルギー価格変動、金融流動性／信用危機、経済格差、世界不均衡・不安定な為替変動といった、世界的な金融体制や資本主義のあり方に対する不安感が世界的なリスクの中心として捉えられていました。

他方、新型コロナウイルス感染症の脅威が世界中に拡散した2020年を受けて作成された2021年の報告書では、今後10年間に発生する可能性の高いリスクとして、自然環境問題と感染症で上位５位を占める一方で、コロナ禍においても急成長を成し遂げ世界的な影響力を強めたグローバルIT企業への警戒感から、デジタル力の一極集中、デジタル不平等、サイバーセキュリティの失敗といった、デジタル経済の台頭で浮き彫りになってきた側面が大きなリスクとして捉えられるようになりました。また、発生することによる影響が大きいリスクとしては、感染症が１位となったほか、気候変動対策の失敗、生物多様性の喪失、天然資源の危機、環境破壊、異常気象といった自然環境問題が上位をほぼ独占する結果となりました。

しかしこれは、2011年時点の課題が解決され、2021年には新しい課題に移ってきたというよりも、2011年時点の課題は未解決のまま残され、2021年まで新しい課題がその上に蓄積してきているという方が実態に近いのではないでしょうか。

【図表１－６】今後10年間に発生する可能性（likelihood）の高いリスク

順位	2011年	2021年
１位	嵐・サイクロン	異常気象
２位	洪水	気候変動対策の失敗
３位	汚職・腐敗	環境破壊
４位	生物多様性の喪失	感染症
５位	気候変動	生物多様性の喪失
６位	経済格差	デジタル力の一極集中
７位	人口統計上の課題	デジタル不平等
８位	不正貿易（取引）	国家間関係の断裂
９位	テロリズム	サイバーセキュリティの失敗
10位	世界的統治の失敗	生活危機

（出典）WEF「Global Risks 2011」[7]、「The Global Risks Report2021」[8]より筆者作成

【図表１－７】発生することによる影響（impact）が大きいリスク

順位	2011年	2021年
１位	財政危機	感染症
２位	気候変動	気候変動対策の失敗
３位	地政学的衝突	大量破壊兵器
４位	資産価値の暴落	生物多様性の喪失
５位	急激なエネルギー価格変動	天然資源の危機
６位	金融流動性／信用危機	環境破壊
７位	経済格差	生活危機
８位	世界的統治の失敗	異常気象
９位	世界不均衡・不安定な為替変動	債務危機
10位	大量破壊兵器	ITインフラの機能停止

（出典）WEF「Global Risks 2011」、「The Global Risks Report2021」より筆者作成

7　World Economic Forum（2011）*“Global Risks 2011, Sixth Edition, An initiative of the Risk Response Network”*
http://www3.weforum.org/docs/WEF_Global_Risks_Report_2011.pdf

8　World Economic Forum（2021）*“The Global Risks Report 2021, 16th Edition”*
http://www3.weforum.org/docs/WEF_The_Global_Risks_Report_2021.pdf

こうした世界的情勢の中、2015年９月の国連サミットにおいて、「持続可能な開発のための2030アジェンダ」がすべての国連加盟国（193国）の全会一致で採択されました。このアジェンダには、2030年までに持続可能でよりよい世界を目指す17の「持続可能な開発目標」（Sustainable Development Goals：SDGs）が盛り込まれています。SDGsは、先進国、途上国を問わず、政府や市民社会、民間セクターその他全てのステークホルダーがその実現に貢献することが期待されている壮大な目標であり、今日に至るまでに世界中で徐々に浸透してきています。こうした幅広い範囲をカバーする国際的目標が設定され合意に至った背景について、国際連合広報センターは「今日の世界に存在する課題の複雑さが、幅広い問題を取り扱う必要性を生んでいるからです。また、単に目に見える兆候だけでなく、問題の根本的原因に取り組むことも欠かせません。」とHPで説明を行っています[9]。

このように、社会課題が複雑化してきているということは、国際社会においても共通認識となってきました。それでは、こんなにも複雑になった社会課題を、誰がどのように解決していけばよいのでしょうか。そのキーワードとなるのが「パートナーシップ」です。

パートナーシップという課題解決手法
～真のパートナーシップとは何か～

「パートナーシップで目標を達成しよう。」これは、SDGsの17番目（最後の項目）に掲げられている目標の文言です。SDGsが掲げる幅広い目標を達成するにあたって、政府などの公的機関だけで全ての社会課題の解決に取り組むのは明らかに限界があります。そうすると重要になってくるのは、社会課題に対して有効な対策を打つことが出来る可能性を持つ主体と一緒になって問題に取り組むということになります。「パートナーシップで目標を達成する」とは、こうした課題解決アプローチを指すものです。日本ユニセフ協

9　国際連合広報センターHP
https://www.unic.or.jp/news_press/features_backgrounders/17471/

会が運営するSDGsを解説するHPに、パートナーシップについての説明が書かれていました。

「持続可能な世界への道のりをふさぐたくさんの課題。政府、国際機関、企業、研究機関、NGO、個人、それぞれの持つ強みや得意とすることを生かしながら、さまざまな方向からその課題解決に取り組んだとしたら、その相乗効果でより早く解決にたどり着けるでしょう。それがパートナーシップです。」[10]

非常にシンプルで分かりやすい考え方です。反論の余地などなさそうです。しかしながら、パートナーシップという言葉は、1980年代以降、特に行政における官民の関係を巡る議論においては、その意味を繰り返し問い直され続けてきました。何をそんなに議論することがあるのかと思ってしまいますが、前節のトピックだった成果連動型報酬の話でもそうでしたが、どうやら行政分野というのは、一般的には何も難しくない話を自らあれこれ難しく考えていくうちに、いつのまにか本当に難しくなってしまって、シンプルに実行することができなくなるという性質があるようです。いずれにせよ、行政分野におけるパートナーシップを巡る議論がどんなものであったのかを知るために、ここでごく簡単に経緯を触れておきましょう。

1980年代頃から、英国のサッチャー首相や米国のレーガン大統領に代表される、市場原理を重視する新保守主義に基づく様々な改革が、主要先進国において本格的に推し進められました。そうした流れの中で行われた行政改革の取組みを理論的に支えたのが「NPM」（New Public Management：新しい公共管理）理論と呼ばれる考え方です。これは簡単に言うと、行政に競争原理やマネジメントを導入することで、「小さな政府（行政のスリム化）」「官から民へ（民間化）」というゴールを目指す政策を進展させる考え方でした。

英国ではNPMに基づく行政改革により、公共事業の削減と民営化（例：電力・水道・鉄道の民営化）、公共支出の削減による財政再建（例：公営住宅家賃の引き上げ）、規制緩和による民間部門の活動領域拡大（例：金融サー

10 日本ユニセフ協会HP　https://www.unicef.or.jp/kodomo/sdgs/17goals/17-partnerships/

ビスの自由化）などが進みました[11]。しかしその反面において、公共サービスの質は大して改善されなかったことや、セーフティネット機能が劣化し貧富の差が拡大したことなどが指摘されており、様々な問題点も浮き彫りになりました[12]。こうした中、1990年代末頃からは、国や地方自治体の行政改革の取組みにおいては、単純な「官から民へ」の考え方だけではなく、行政、民間企業、国民・住民との協働に焦点を置き、「公共サービスの質的改善」をいかに実現するかということを第１の課題としてとらえる「PPP」(Public Private Partnerships）という考え方が提示されるようになりました。そしてこのPPPの考え方の本質にあるものこそが「パートナーシップ」ということになります[13]。

PPPにおけるパートナーシップは、「水平関係のパートナーシップ」と言われます。つまり、「官は指示する人、民は作業する人」という上下の関係ではなく、「官と民とが共に考え、共に行動すること」を前提として、お互いに水平的な信頼関係を形成し、役割と責任分担を明確にする枠組みづくりを目指します【図表１-８】。そしてそこでは、①公共サービスの担い手は行政に限らない、②公共サービスの官民連携を重視する、③公共サービスの質的改善のための機能強化を図る、という考え方が基本となります[14]。

しかし問題は、PPPにおけるパートナーシップが、現実の社会制度として必ずしも実装されているとは言えないことであり、また行政の現場においても多様なステークホルダー（利害関係者）と水平関係のパートナーシップを構築しながら事業を実施することができているかと問われると、かなり疑問だと言わざるを得ないのが現状でしょう。行政の分野においてはパートナー

---

11 田中文憲（2018）「サッチャリズムに関する一考察(1)」奈良大学紀要46号、p.p.25-47
http://repo.nara-u.ac.jp/modules/xoonips/download.php/AN00181569-201803-1002.pdf?file_id=7071

12 田中文憲（2019）「サッチャリズムに関する一考察(2)」奈良大学紀要47号、p.p.159-181
http://repo.nara-u.ac.jp/modules/xoonips/download.php/AN00181569-201902-1011.pdf?file_id=7231

13 宮脇淳（2003）「公共経営論」PHP研究所、p.p.46-76

14 宮脇淳編著、佐々木央・東宜行・若生幸也著（2017）「自治体経営リスクと政策再生」東洋経済新報社、p.p.70-78

シップをいかに形成し実践するかということは、理想と現実のはざまで揺れ動いてきた長年の難問なのです。

【図表１－８】パートナーシップ（イメージ）

＜上下関係＞

官：指示する人

民：作業する人

＜水平のパートナーシップ＞

官と民が共に考え、共に行動する

パートナーシップを発揮する前提条件
～できないことは、できないと言おう～

　これまでのパートナーシップに関する話をかみくだいて理解するために、あえてやや文脈から外れて、私が大学に入学して初めて経験した焼き鳥居酒屋のアルバイトでの失敗談に照らし合わせてみたいと思います。

　アルバイトを始めて３日目ぐらいのある日のことでした。その日、私は焼き場を担当していたのですが、お客さんからの注文がたまたま重なり、たくさんの食材を同時に焼かなければならなくなりました。対応したことのない量のオーダーでしたが、もう自分一人で仕事ができるということを周りに見せつけたいという気持ちもあったのでしょう、私は注文が入った食材を冷蔵庫から取り出して火にかけました。しかし、他の作業に気をとられ、しばらく火から目を離してしまい、全ての食材を真っ黒こげにして台無しにしてしまいました。さらにそのミスを挽回しようとした作業で、焦って手をすべらせてしまい、焼き場の機材を壊すというおまけつきで、お客さんはもとより、店長、従業員、お店に大迷惑をかけてしまいました。私が２週間の見習い期間終了後、本採用に至らなかったことは言うまでもありません。

当時の私が、経験したこともない難しい仕事をどうして自分一人でできると判断したのか理解に苦しみます。自分の能力をきちんと把握して、自分には対応できない仕事だと認識することさえできれば、それに対応できる人に協力を依頼して取り組むことができたはずです。店長（雇用主）と私（アルバイト学生）の関係は雇用関係ですので水平関係とは言えませんが、お客さんに提供するサービスの質を高めることを最優先し、店長や他のアルバイトの仲間との間でそれぞれができることを役割分担し、パートナーシップによる対応ができていれば、あのときの結果は違ったものになったかもしれません。

次々と新たな社会課題が降り注ぐ昨今において、あらゆる社会課題に行政が対応することができるというのは明らかに誤りです。しかし、行政が対応できようができまいが、社会課題の進行は待ってはくれません。課題の内容によっては、民間企業など行政以外の主体が解決策を提供できることも多いはずであり、そのことを前提とした官民のパートナーシップのあり方を都度考える必要があります。

「私、失敗しないので」という決め台詞がかっこいい米倉涼子さん主演のテレビドラマ[15]がありましたが、行政も失敗しない（失敗してはいけない）という考え方があり、「行政の無謬性（むびゅうせい）」と呼ばれます。これは行政の判断は常に正しいはずだということを言っているのではなく、行政は失敗を認めない（認めない以上、失敗したという事実が確定しない）、リスクがあること

15「ドクターX～外科医・大門美知子～」テレビ朝日

はやらない（そもそも失敗する可能性があることはやらないので、結果として失敗しない）、など行政を揶揄する意味合いで使われやすい言葉です。

行政の無謬性というのはフィクションだとしても、せめて行政側も自らできないことはできませんと言うことができ、またそれを許容する周りの環境があることが重要です。例えば、特定の社会課題に対して取組みを行う際、行政があらかじめ事細かに仕様書で事業内容を全て書き下し、その内容を外部に業務委託するというワークフローが存在しますが、そもそも行政にノウハウや実績のない新規事業や未知の社会課題に対応する際には、あらかじめ仕様書に必要な業務を全て書き込むということなどできないはずです。できないことを認めず、できるふりを続けている限り、他の主体との水平関係のパートナーシップというのもなかなか定着していかないのではないかと思います。また、人口が減少する一方で仕事は増え、行政職員の手が足りず余裕がなくなっていく中で、全てを行政が自前で実施することは経営資源的にもできなくなってきていますので、いずれにせよ外部とのパートナーシップはますます重要となっていくはずです。

社会的インパクト
～社会に実際に影響を与えたかが問われる時代～

世界中でますます複雑化する社会課題をパートナーシップで解決しようというSDGsの流れもあり、世界を巡るお金の行先としても、社会及び環境に貢献するプロジェクトや企業などへの投資（社会的投資）の動きが活発化しています。そして、社会的投資のひとつで、特に大きなトレンドとなっているのがESG投資です。ESG投資とは、環境（Environment）、社会（Social）、企業統治（Governance:ガバナンス）に配慮している企業等を重視・選別して行なう投資のことです。従来投資家は、企業の業績や利益率などの定量的な財務情報を分析し、投資するかどうかの判断をしてきました。ESG投資では、それに加え、非財務情報であるESG要素を考慮して投資を判断します。例えば「E」は地球温暖化対策、「S」は女性従業員の活躍、「G」は取締役の構成などが挙げられます[16]。

2015年には、投資にESGの視点を組み入れることなどを原則として掲げる国連責任投資原則（Principles for Responsible Investment：PRI）に、約150兆円という巨額の運用資金を有し世界最大の機関投資家と言われる日本の年金積立金管理運用独立行政法人（GPIF）が署名したことが大きな話題となりました。ESG投資は、社会貢献につながる投資という側面ももちろんありますが、あくまで投資ですので、公的年金など投資額の大きい機関投資家からするとリスク管理の側面が重要となります。つまり、ESGの観点から長期的に価値向上が期待できる投資先を見極めることで投資リスクの軽減が期待できること、言ってしまえば、投資運用の安定的な収益獲得に直接つながるということが大きな動機となります。

こう言うと身も蓋もない話に聞こえるかもしれませんが、純粋に「社会貢献のために投資をしませんか」と呼びかけるよりも、「本業の収益に直結しますよ、しかも社会貢献にもなりますよ」と言った方が投資しようという人の広がりが期待できます。このことは、企業の社会貢献に対する考え方が、CSR（企業の社会的責任）からCSV（企業の共通価値の創造）に変わってきたという方向性とも一致しています。実際、世界のESG投資の市場規模は年々拡大しており、ESG投資の世界５大市場（欧州、米国、日本、カナダ、豪州・ニュージーランド）の投資額は、2016年から2018年までの２年間で34%増加し、30兆ドル（約3,330兆円）を超えたと試算されており、世界経済に大きな影響を与える考え方になっています[17]。

社会的投資の中でも、単に事業を計画通り実施したというアウトプット（活動）に留まらず、事業を通じて社会に生み出されたアウトカム（結果）、さらにはそのことにより社会に与えるインパクト（影響）を重視し、社会問題や環境問題の解決や地域開発を目的とする投資手法は「インパクト投資（impact/community investing）」と呼ばれています。2018年のインパク

16 年金積立金管理運用独立行政法人HP　https://www.gpif.go.jp/investment/esg/#a
17 GSIA（Global Sustainable Investment Alliance）*"The Global Sustainable Investment Review 2018"* p.p.7-8
http://www.gsi-alliance.org/wp-content/uploads/2019/06/GSIR_Review2018F.pdf

ト投資の投資額（世界５大市場）はESG投資全体の1.5%程度（約50兆円）ですが、世界的な関心が高まっている投資手法です。

本書のトピックの一つであるSIBは、インパクト投資の一つであり、成果連動型報酬の仕組みを採用し官民連携による社会課題解決を図るアプローチをとることが特徴です（SIBについては詳しくは第２章で述べます）。

さて本節では、「パートナーシップ」という考え方について述べてきました。パートナーシップと一口で言っても様々であり、特に行政の分野では水平的なパートナーシップが定着し実践されているかと言われると、まだまだという状況です。しかし世界では、様々な領域でパートナーシップの考え方に基づき、社会課題を解決していこうという大きな流れが起きていることを意識しておきたいと思います。

第３節　地方自治体の資金調達

地方自治体の財政
～実は国家予算よりも大きな地方の財政規模～

「過去最大、一般会計106兆円超の来年度予算」

これは令和３年度の国の予算に関するNHKニュース（2020年12月21日）の見出しです。毎年年末頃になると、国の次年度予算案が固まりますので、テレビや新聞、インターネットのニュースなどで、こうした見出しの記事が出てきます。しかし、106兆円と言われても数字が大き過ぎて、それがどれぐらいの大きさなのかイメージしづらく、なかなか頭に残らないという方も多いのではないでしょうか。メディアでたびたび取り上げられる国の予算規模でさえそうですので、ましてや地方自治体の予算規模というのは、意識的に情報を取りに行くような方でない限り、私たちにとって馴染みがないというのが一般的だと思います。

それでは、地方自治体の予算規模は一体どれぐらいなのでしょう。その相場観を持つために、総務省HPに令和２年に掲載された平成30年度決算カード[1]をもとに、実際に支出された金額（一般会計歳出決算）ベースで簡単に見てみたいと思います【図表１－９】。まず都道府県レベルですが、日本の47都道府県の中でトップの財政規模を誇る東京都の年間予算は約7.4兆円、47位は鳥取県の約3,360億円となり、47都道府県の予算規模総計は約49兆円となっています。次に市町村レベルでは、東京23区を合算した数値を除いた場合、県庁所在地の市の予算規模を比較すると、１位が大阪市（大阪府）の１兆7,586億円、46位が甲府市（山梨県）で726億円となっており、県庁所在地の46市及び東京23区の予算規模総計は約20兆円です。また、その他全ての市町村の予算規模を合計すると約58兆円となります。そしてこれらを全て合計

1　総務省「決算カード」　https://www.soumu.go.jp/iken/zaisei/card.html

した地方財政の全体規模（純計ベース）は約98兆円となります[2]。

【図表１－９】都道府県及び県庁所在地の市区の財政規模（平成30年度歳出決算ベース）

都道府県	予算規模（億円）	県庁所在地	予算規模（億円）
北海道	23,672	札幌市	9,790
青森県	6,459	青森市	1,117
岩手県	9,578	盛岡市	1,103
宮城県	10,830	仙台市	4,999
秋田県	5,980	秋田市	1,325
山形県	5,673	山形市	974
福島県	12,674	福島市	1,310
茨城県	10,353	水戸市	1,333
栃木県	7,392	宇都宮市	2,078
群馬県	7,180	前橋市	1,345
埼玉県	17,203	さいたま市	5,382
千葉県	16,986	千葉市	4,346
東京都	73,790	東京23区	37,430
神奈川県	18,420	横浜市	17,309
新潟県	9,975	新潟市	3,796
富山県	4,821	富山市	1,625
石川県	5,217	金沢市	1,787
福井県	4,467	福井市	999
山梨県	4,451	甲府市	726
長野県	7,900	長野市	1,436
岐阜県	7,572	岐阜市	1,541
静岡県	11,133	静岡市	3,047
愛知県	22,709	名古屋市	11,952
三重県	6,656	津市	1,084
滋賀県	5,111	大津市	1,206

都道府県	予算規模（億円）	県庁所在地	予算規模（億円）
京都府	8,410	京都市	7,659
大阪府	25,548	大阪市	17,586
兵庫県	18,316	神戸市	8,011
奈良県	4,936	奈良市	1,274
和歌山県	5,270	和歌山市	1,499
鳥取県	3,360	鳥取市	983
島根県	4,634	松江市	976
岡山県	6,795	岡山市	3,170
広島県	9,009	広島市	6,161
山口県	6,016	山口市	794
徳島県	4,658	徳島市	965
香川県	4,331	高松市	1,576
愛媛県	6,207	松江市	1,846
高知県	4,352	高知市	1,530
福岡県	15,838	福岡市	8,441
佐賀県	4,279	佐賀市	979
長崎県	6,627	長崎市	2,077
熊本県	8,913	熊本市	3,829
大分県	5,739	大分市	1,719
宮崎県	5,519	宮崎市	1,582
鹿児島県	7,591	鹿児島市	2,424
沖縄県	7,020	那覇市	1,431
総計（都道府県）	489,570	総計（県庁所在地）	195,552

（出典）総務省「平成30年度決算カード」より筆者作成

2　都道府県決算額と市町村決算額を単純に合計して財政規模を把握すると地方自治体相互間の出し入れ部分について重複するため、この重複部分を控除して正味の財政規模を見出すことを純計といいます。したがって、都道府県決算額と市町村決算額の合計額は地方財政の純計額に一致しないことがあります。

平成30年度の国の一般会計歳出決算総額は約99兆円でした[3]。一方で今見てきた平成30年度の地方の一般会計歳出決算規模は約98兆円でしたので、これを比較すると、国と地方との財政規模というのは大体同じぐらいなんだなと思われるかもしれませんが、実はそうとも言えません。

国の予算の中には、地方自治体が事業を行うために国から地方に移転される財源（地方交付税や国庫支出金）が含まれています。つまり、国から地方に移転される分は、最終的には地方が支出するお金ということになりますので、その財源移転分を国から差し引いた最終的な支出総額（純計ベース）を見ると、国が71.9兆円、地方が97.3兆円と、実は地方自治体の支出の方が国の支出よりも約1.3倍大きくなっています【図表１-10】。ちなみに、これをGDP（国内総生産）の計算式に換算すると、国と地方を合わせた公的部門の支出総額は約137兆円となり、日本全体のGDP約548兆円の25％を占める巨大な経済規模であることが分かります[4]。これだけを見ても日本の行政、さらには地方自治体がいかに社会や経済に大きな影響を与えるプレイヤーであるかが分かります。それでは次に、この巨額の地方財政の財源と支出の全体像について簡単に見ていきましょう。

3　財務省HP「平成30年度決算の説明」
https://www.mof.go.jp/budget/budger_workflow/account/fy2018/ke_setsumei30.html

4　総務省『令和２年版「地方財政の状況」（地方財政白書）』、p.p.5-6
https://www.soumu.go.jp/main_content/000676290.pdf
歳出額のGDP換算に関して、国内総生産（支出側）のうちの公的部門には、扶助費及び公債費等の付加価値の増加を伴わない経費は含まれないことなどから、それらが含まれている国と地方の歳出決算額より小さくなります。

【図表１-10】国と地方自治体の歳出　（平成30年度最終支出純計ベース）

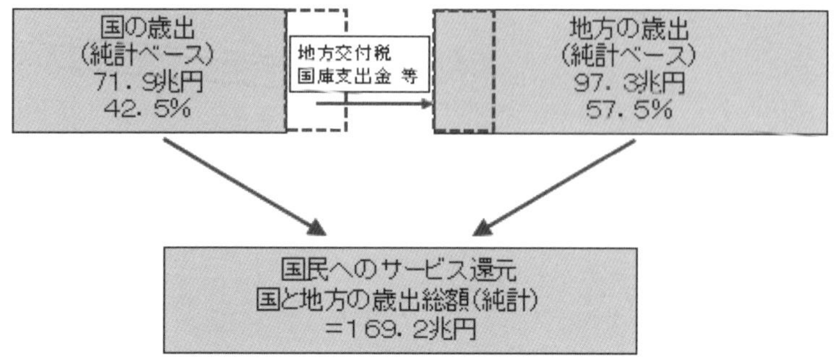

（出典）総務省HP[5]より抜粋

地方自治体の主な財源（歳入）と支出（歳出）
〜新しいことをやるなら、「財源を増やすか、支出を抑えるか」の二択〜

地方自治体の財源（歳入）全体の約60%を占めるのが、財源の使い道が特定されていない「一般財源」です。一般財源とは具体的には、地方税、地方譲与税、地方特例交付金及び地方交付税の４つを指し、中でも地方税と地方交付税が、ほとんどの地方自治体にとって最重要な財源となります[6]。地方税とは、都道府県や市区町村がそれぞれ条例に基づいて行う課税であり、住民税、事業税、地方消費税、固定資産税などで構成されます。地方交付税とは、国税のうち、所得税、法人税、酒税及び消費税のそれぞれ一定割合及び地方法人税の全額を、国が地方自治体に対して交付する税です。

一般財源以外の「その他の財源」で大きなウェイトを占めるのは国庫支出金で、歳入全体の約15%となっています。国庫支出金とは、国から地方自治体に対して支出する負担金、委託費、特定の施策を実施するための補助金などを指します。そしてもう一つの主な財源が地方債で、歳入全体に占める割

5　総務省HP　https://www.soumu.go.jp/main_sosiki/c-zaisei/index.html
6　財政用語の使い方は、総務省「令和２年版地方財政白書」の用語説明を参照し記載しています。https://www.soumu.go.jp/menu_seisaku/hakusyo/chihou/32data/2020data/yougo.html

合は約10%です。地方債とは、地方自治体が１会計年度を超えて行う借入れのことを指し、用途としては原則として投資的経費（建設事業関係の経費）の一定部分に充てられます[7]。これら地方税、地方交付税、国庫支出金、地方債の４つを合わせた決算額は82.6兆円にのぼり、歳入全体の約82%を構成していることからも、地方財政の主要４財源と呼んでも過言ではありません【図表１-11】。このため、地方財政や地方自治体の資金調達について考えるというとき、教科書的には、中央・地方政府間の財政関係と、それに伴うこの４つの財源について議論するということが一般的です[8]。

【図表１-11】地方財政における財源（歳入）の内訳（平成30年度決算）

区分		決算額	構成比
一般財源		60.1兆円	59.3%
	地方税	40.8兆円	40.2%
	地方譲与税	2.6兆円	2.6%
	地方特例交付金	0.2兆円	0.2%
	地方交付税	16.5兆円	16.3%
その他の財源		41.2兆円	40.7%
	国庫支出金	14.9兆円	14.7%
	地方債	10.5兆円	10.4%
	その他	15.8兆円	15.6%
歳入合計		101.3兆円	100.0%

（出典）総務省『令和２年版「地方財政の状況」（地方財政白書）』[9] p.13より筆者加工

一方、地方自治体の支出（歳出）は、経費の経済的な性質に着目した性質別に分類すると、３つに区分することができます【図表１-12】。最も大きな区分は、歳出全体の約50%を占める「義務的経費」です。義務的経費は、地

7　地方財政法第５条の特例として発行される地方債である臨時財政対策債は、地方一般財源の不足に対処するため、投資的経費以外の経費にも充てられます。

8　教科書としては例えば、諸富徹・門野圭司（2007）「地方財政システム論」有斐閣。

9　総務省（2020）『令和２年版「地方財政の状況」（地方財政白書）』
https://www.soumu.go.jp/main_content/000676290.pdf

方公務員の給与等からなる人件費、社会保障関係費である扶助費、地方債の元利償還のための公債費で構成されています。２つ目の区分は「投資的経費」で、歳出全体に占める割合は約16%です。投資的経費とは、道路、橋りょう、公園、学校、公営住宅の工事や整備等、いわゆる公共事業等にかかる経費を指します。３つ目は「その他の経費」として、物件費、維持補修費、補助費等、繰出金、積立金などがまとめられています。物件費とは、職員旅費、備品購入費、需用費、役務費、委託料等の経費を指しており、物件費全体の半分以上（58%）を委託費が占め、次いで消耗品購入費などの需用費が17%となっています。最後に補助費等とは、様々な団体等への補助金、上下水道事業や病院事業などのいわゆる地方公営企業に対する支出等を指します[10]。

【図表１-12】地方財政における支出（歳出）の性質別内訳（平成30年度決算）

区分		決算額	構成比
義務的経費		49.1兆円	50.1%
	人件費	22.5兆円	22.9%
	扶助費	14.3兆円	14.6%
	公債費	12.3兆円	12.6%
投資的経費		15.8兆円	16.1%
その他の経費		33.1兆円	33.8%
	うち物件費	9.5兆円	9.6%
	うち補助費等	9.3兆円	9.5%
歳出合計		98.0兆円	100.0%

（出典）総務省『令和２年版「地方財政の状況」（地方財政白書）』p.17より筆者加工

このように見ていくと、地方自治体は税収の２倍近い仕事を、借金や国からの支出で補いながら実施しているという姿が見えてきます。そうした中で、歳入のうち一般財源は約６割となっていますが、このうちの地方交付税は、総務省のHPでも「本来は地方の税収入とすべきであるが、団体間の財

---

10 総務省（2020）、p.p.82-84

源の不均衡を調整し、すべての地方団体が一定の水準を維持しうるよう財源を保障する見地から、国税として国が代わって徴収し、一定の合理的な基準によって再配分する、いわば「国が地方に代わって徴収する地方税」（固有財源）という性格をもっています。」[11]と説明されており、本来その使い道に縛りがないはずですが、事実上その使途を特定化してしまう「地方交付税の特定補助金化」が起こっているという指摘がこれまで多くなされてきました[12]。また、歳出面からも、大部分は人件費（教育・警察・消防・福祉関係職員）や、社会保障関係費などの扶助費（児童福祉費、生活保護費等）、借金返済のための公債費など、国の法令や制度で定められた基準等に基づいて毎年度経常的に支出される義務的経費であり、一般財源をどのように使うかということについて、地方自治体の裁量は事実上かなり制限されているという実態があります【図表１-13】。

【図表１-13】一般財源における支出（歳出）の性質別内訳（平成30年度決算）

区分		決算額	構成比
義務的経費		33.0兆円	55.0%
	人件費	17.2兆円	28.7%
	扶助費	5.6兆円	9.4%
	公債費	10.1兆円	16.9%
投資的経費		3.3兆円	5.5%
その他の経費		21.2兆円	35.2%
	うち補助費等	6.8兆円	11.4%
翌年度への繰越額		2.6兆円	4.3%
歳出合計		60.1兆円	100.0%

（出典）総務省『令和２年版「地方財政の状況」（地方財政白書）』p.20より筆者加工

これをあえて例えてみますと、子どもの頃、お正月に親戚から「好きな物を買っていいよ」と言われて渡されたお年玉（固有財源）を、その場で親が

11 総務省HP　https://www.soumu.go.jp/main_sosiki/c-zaisei/kouhu.html
12 諸富徹・門野圭司（2007）p.p.142-145

代わりに受け取り（代わって徴収し）、そして後日、欲しかったゲームを買おうと思って親からお年玉を受け取ろうと思ったら、「半分はあなたの将来のために貯金しておくね」と言われ（義務的経費に使い道を特定化　※ただしお年玉の場合は本当に貯金に回されたのかは使途不明）、結局もらったお年玉の半分しか思い通りに使うことができないという経験をされた方も多いのではないかと思いますが、国と地方の財政関係はこのような面があるのではないかと思います。この例では、かなり強引に国を親、地方を子どもに見立てましたが、そもそも財政における国・地方間関係はそうした上下関係ではないので、例え話として不適切というご指摘もあろうかと思いますが、ここでは厳密な財政学の議論はひとまず横に置いて、地方自治体の予算の性質をざっくりイメージできることを重視しましたので、ご容赦いただければ幸いです。ただし、地方自治体と一口で言っても、都道府県なのか、市町村なのかによって歳入・歳出の規模や内訳は異なりますし、市町村の中でも、政令指定都市、中核市、小都市、町村など、人口規模等によってもそれぞれの財源依存割合や支出項目割合は異なりますので、地方財政はこうであると単純化し過ぎると、個別の自治体の実態にそぐわない誤った認識になってしまうこともありますのでその点は注意が必要です。

いずれにせよ、地方自治体が財政健全化を図る、あるいは新事業に取り組むというときには、結局のところ、これまで述べてきた財政構造の中で、「財源を増やすか、支出を減らすか」ということとなり、その中でどこに軸足を置くかという議論になるほかありません。実際、2020年から世界中に脅威を与えた新型コロナウイルス感染症の対策として、国及び地方自治体では、こうした構造を前提としつつ、かつてない規模で対策予算を投入しています。地方自治体では財源確保のため、国からの新型コロナウイルス感染症対応地方創生臨時交付金や国庫補助金の受給、財政調整基金等の各種基金取り崩し、臨時財政対策債の発行増加などの手を尽くすとともに、不要不急の事業を見直すなどして歳出削減にも並行して取り組み、対策費用の財源捻出に努めています。

このように、新型コロナウイルス感染症対策として直接的な対策を実施するために財源を確保しなければならないということはもちろんですが、他方で新型コロナウイルス感染症発生以前から存在する地域課題も未解決のまま蓄積されており、この両者が相まって、地方自治体の財源の基盤が大きく揺らいでいます。例えば、新型コロナウイルス感染症の拡大によってダメージを受けた企業収益や個人所得の減少、経済活動が停滞することによる地価の下落や企業の設備投資の停滞、地域における消費の減退などは、地方税の減収要因となります。また、コロナ禍の影響に加え、人口減少及び高齢化の進行が進むことで、高齢者の要介護者や生活保護受給者が増えると、扶助費の増加につながります。さらに、老朽化した公共施設やインフラ（上下水道など）の更新工事や新規の公共事業の実施により投資的経費が増加すると、その費用を補填するために地方債の発行が増加し、その借金を返済するための公債費も増大します。そのほかにも、地域における子育て環境の改善や、地域経済を支える中小企業の支援、地域住民の雇用維持、若者の教育や人材育成への投資、地域医療体制の整備など、地方自治体として政策予算を振り向ける必要がある地域課題は山積しています。こうした中で、地方自治体が行政サービスの水準を維持しつつ、かつ社会の変化に対応した対策を新たに打っていくためには、その分の資金を確保することがセットでなければなりません。

今後こうした地方を取り巻く社会状況の変化がますます進行すれば、義務的経費などの支出増加を通じて、地方自治体が自らの裁量の範囲で政策立案を行う余地が狭まってしまう可能性もあります。このため、地方自治体にとって従来からの主要財源をいかに大きくするかということは引き続き重要であり続けますが、民間資金等の活用も含めた資金調達の多様化を更に進めていくこともまた非常に重要な課題となります。

地方自治体の資金調達の多様化
～あえて主要４財源以外の資金調達の可能性に向き合う意義～

繰り返しになりますが、地方自治体の資金源として大きなものは地方税、地方交付税、国庫支出金、地方債の４つです。しかしながら本項では、地方財政の主役であるこの主要４財源にはあえて深く触れません。それは本項の目的が、地方財政そのものの理解を専門的に深めるということではないためです。ここでは、地方自治体において従来の延長上にない政策を検討するにあたっては、政策の中身のみならず、財源についても従来の枠組にないものを含めて発想する必要があるという問題意識の下、地方自治体が政策を実行するための資金調達の多様化の可能性を探ることに目線を向けたいと思います。

それではまず、地方自治体の政策の資金源となり得るものについて分類してみたいと思います【図表１-14】。ここでは、資金規模の大小を縦軸に、ビジネス性の強弱を横軸にとり､大きく３つのカテゴリに整理してみました。第一として主要４財源は、いずれもビジネス性は強くなく、官が主導権を持つ、いわば「官の主戦場」とでも言うべき領域の中心に位置します。それぞれの内訳を細かく見ていくと資金規模が大きい財源から小さい財源まで様々ですので、図の左側を垂直に貫く形で図示しました。第二に、資金規模は相対的に大きくなく、ビジネス性よりも地域性や社会性を重視するというカテゴリを作ることができます。具体的な社会課題解決を目的とした資金であることから、「地域性・社会性重視」（Mission-driven系）の領域とでも呼んでおきます。そして第三に、資金規模は取組みによっては大きくなり、収益性を重視するという意味でビジネス性が強く出るというカテゴリがあります。ここは、民が主導権を持って公的領域に参入する「民の主戦場」となる領域だと言えまので、「収益性重視」（Profit-driven系）の領域と呼んでおきましょう。

どうしてあえてこのような分類を行うのかということですが、結論を先に言いますと、本書のテーマの一つであるSIBは、「地域性・社会性重視」（Mission-driven系）の領域と「収益性重視」（Profit-driven系）の領域の重なった部分に位置付けられると考えるためです。後の章で詳しくご紹介しますが、SIBは制度設計次第では、日本のまちづくり系SIBと呼ばれる仕組みに例示されるように、地域性・社会性をより重視した活動のツールとして活用出来ますし、米国のSIBのように投資対象として魅力的な内容に仕上げ、世界的大手金融機関が資金を拠出するような収益性を意識した仕組みにするということも可能です。

こうしたSIBの性質をより深く理解するために、いきなりSIBの説明から入るのではなく、SIBとは直接的な関連性は低いかもしれませんが、地域性・社会性重視の領域及び収益性重視の領域の各々の取組みにおける資金調達とはどのようなものかをイメージできるよう、具体例を挙げながら見ていきたいと思います。

【図表１-14】地方自治体の資金調達及び民間資金等活用手法の分布イメージ

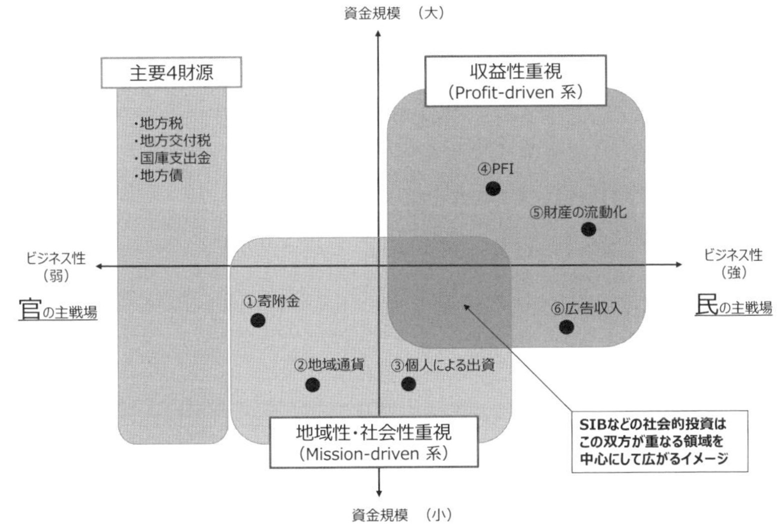

（出典）筆者作成

①寄附金

地方財政の歳入において寄附金は「その他の収入」に分類される財源で、2018年度決算額は5,825億円でした。これは歳入全体の0.6％程度に過ぎませんが、2008年のふるさと納税制度の創設以来、着実に増加傾向にあり、2018年度のふるさと納税受入額（寄附額）は5,127億円（受入数2,322万件）となりました【図表１-15】。ふるさと納税拡大の背景としては、民間企業によるふるさと納税専用ポータルサイトの運営、確定申告を行わなくても寄付金控除を受けられるワンストップ特例制度の創設、税制上の優遇措置の拡充など、ふるさと納税を行う個人に対する経済的メリットが増えたことや、行政としても民間委託を行いやすい環境が整ってきたことなどが挙げられます。また2016年度からは、「地域創生応援税制（企業版ふるさと納税）」もスタートし、2018年度の寄附額は35億円（寄附件数1,359件）でした[13]。企業版ふるさと納税については、2020年度の税制改正により、適用期限の５年間の延長や、税額控除の割合を２倍に引き上げ、税の軽減効果を最大約９割（改正前約６割）にするなど、企業が寄附を行う経済的なインセンティブを高める制度改正がなされており、今後企業の活用が増えることが期待されています[14]。

また2020年以降、ふるさと納税の仕組みを通じて、新型コロナウイルス感染症拡大により影響を受けた事業者や生産者、または感染者や感染の疑いのある患者への治療や療養にあたる医療従事者を支援する取組み等が、多くの地方自治体で行われています。取組みの形態としては、地方自治体が設置した基金への寄附を募るものや、地域の商工会議所などの産業支援機関と連携して取り組むもの、民間企業のふるさと納税ポータルサイトと連携した取組みなど様々です。このように寄附制度を活用し、社会課題を解決するための仕組みが新たに生まれ、そうした取組みの広がりにより寄付金がさらに増加するという循環を生むことは、地方自治体の資金調達の多様化にもつながります。

---

13 内閣府地方創生推進事務局「企業版ふるさと納税ポータルサイト」
https://www.chisou.go.jp/tiiki/tiikisaisei/kigyou_furusato.html

14 本書では、「寄附」「寄付」という漢字が混在していますが、参照した文献の記載や文脈をできる限りそのまま使うという意図であり、表す意味は同じです。

【図表１-15】ふるさと納税の受入額及び受入件数

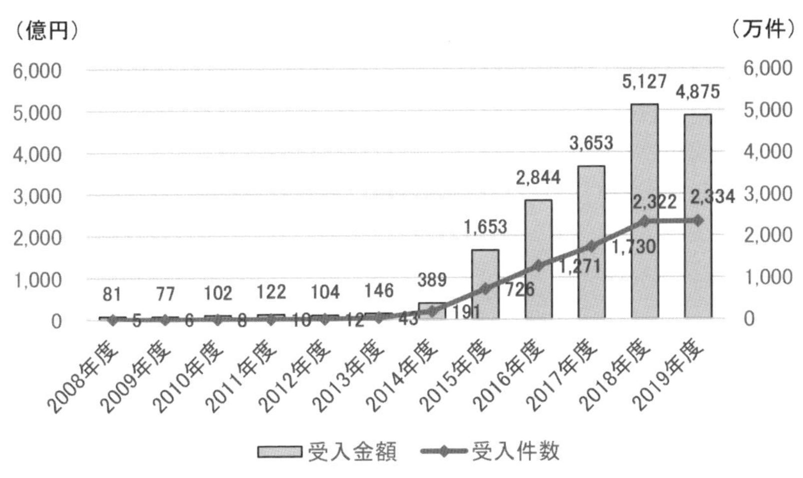

（出典）総務省ふるさと納税ポータルサイトより筆者作成[15]

②地域通貨

行政の資金調達という文脈には必ずしも合致しないのですが、地域通貨についても取り上げておきたいと思います。

地域通貨とは、「地域の団体や行政などが発行する地域独自の「お金」のことであり、法定通貨とは異なり、関係者全体が有するコミュニティへの信頼を基盤として成立する貨幣である」[16]という説明が比較的分かりやすいのではないかと思います。例えば、市内店舗や商店街だけで使える商品券やポイントなども地域通貨の一種ですし、最近では地方自治体が地域金融機関やIT企業等と連携し、“ナントカPay”といった名称で地域限定の電子通貨を発行する例も増えており、これも地域通貨の新たな形です。他方、地域通貨の原資となるのは多くの場合、行政の予算措置です。地域通貨発行はある程

15 総務省「各自治体のふるさと納税受入額及び受入件数（平成20年度～令和元年度）」
https://www.soumu.go.jp/main_sosiki/jichi_zeisei/czaisei/czaisei_seido/furusato/topics/20200804.html

16 藤和彦（2017）「少子高齢化が進む日本における地域通貨の有用性」RIETI Policy Discussion Paper Series 17-P-001、p.10
https://www.rieti.go.jp/jp/publications/pdp/17p001.pdf

度大きな金額になることが多く、またその運営コストもかかることから、行政による支援がなくなれば制度の維持は難しくなります。

実際、日本の地域通貨は2000年頃から徐々に増え始め、最盛期と言われる2008年には全国で600件以上の地域通貨が運営されていましたが、短期間では効果が見出せないなどの理由でその後低迷していきます[17]。しかしその後のデジタル技術の進展に伴い、「資金決済に関する法律」（資金決済法）などにおいて、電子マネーや暗号資産（ビットコインなど）の取り扱いに関する法整備が進むなどして、地域通貨を実現する手法の選択肢が広がりました。その結果例えば、2018年６月、岡山県西粟倉村では『日本初、地方自治体による地方創生ICOの実施を決定～「地域」を創る仮想通貨、Nishi Awakura Coin（NAC）を発行予定～』とするプレスリリースを発表し話題となりました[18]。ICOとは、Initial Coin Offeringの略称で「新規仮想通貨（暗号資産）公開」などと呼ばれ、特に新事業のアイデアを持っている企業や個人等がプロジェクトのビジョンや内容をまとめた文書（ホワイトペーパー）を公表した上で電子的にトークン（証票）を発行し、ホワイトペーパーの内容に共感した公衆から暗号資産等で資金調達を行う行為の総称です[19]。ICOによる資金調達自体については、投資家にとってのリスクの高さ等の観点から賛否が分かれるところですが、そもそも地方自治体が独自にICOという手法を使い民間資金を活用した地域通貨の発行を検討するということ自体が、日本の地域通貨の議論が新たなフェーズに入ったことを象徴する出来事でした。

さらに、新型コロナウイルス感染症対策として、社会のキャッシュレス化の流れが一気に進んだことで、地域通貨をデジタル化して発行するという議論は全く特別なことではなくなりました。実際に2021年２月には世田谷区が「せたがやPay」の運用を開始するなど、地方自治体による地域通貨は昨今のデジタル化の流れにも乗り、改めて注目が集まっています。地域通貨が紙

17 孟晗、植田憲（2020）「日本における地域通貨の実態と類型―内発的地域活性化をめぐる地域通貨の再検討⑴」『デザイン学研究』2020年67巻２号、p.p.11-20
https://www.jstage.jst.go.jp/article/jssdj/67/2/67_2_11/_pdf/-char/ja

18 西粟倉村プレスリリース　https://prtimes.jp/main/html/rd/p/000000001.000034782.html

19 金融庁説明資料（2018年11月１日）　https://www.fsa.go.jp/news/30/singi/20181101-3.pdf

幣からデジタル通貨に移行することで、資金源や運営コストなどの問題が解決できるアイデアが生まれれば、今後地域通貨も新たな展望が開けるかもしれません。

③個人による出資

地方自治体が特定の政策目的を実現するための資金という意味では、行政の歳入には計上されない民間資金の活用も選択肢の一つとなります。例えば、その際の資金調達の手段としてイメージしやすいのは、クラウドファンディングです。クラウドファンディングとは、日本証券業協会によると「インターネットを通じて、多くの人から少額ずつ資金を集める仕組みのこと。一般に、そのスキームによって、「寄付型」(寄付として資金を提供するのみ)、「購入型」（製品やサービスを受け取る)、「投資型」（株式やファンドを取得する)、「融資型/貸付型」（資金を貸し付ける）に大別される。」と説明されています[20]。

地方自治体の財政の観点からは、クラウドファンディングという名称であるか否かに関わらず、寄附金として受け入れるのであれば、それは①で述べた寄附の一形態となります（ちなみにふるさと納税は返礼品の存在が大きい制度ですので、寄付型と購入型のクラウドファンディングの組み合わせと言えます)。そこで着目したいのは、投資型クラウドファンディングという形態です。投資型クラウドファンディングは更に「株式型」と「ファンド型」に分けることができます。「株式型」とは、スタートアップ企業などが非上場株式の発行により資金調達する仕組み[21]で、「ファンド型」は事業型とも呼ばれ、事業者が特定の事業に関して、個人投資家が出資するファンドを通じて資金調達する仕組みです。

このうち「ファンド型」は、地域の社会課題を解決するための事業に資金供給する仕組みとして活用される例が増えています【図表１-16】。投資家の

20 日本証券業協会HP　https://www.jsda.or.jp/about/jishukisei/words/0301.html

21 日本証券業協会HP
https://market.jsda.or.jp/shijyo/kabucrowdfunding/seido/gaiyou/index.html

観点からは、ファンド型クラウドファンディングに出資する場合、リターンとして、契約期間中の売上の一部を分配金として受け取ることができ、逆に事業がうまくいかなければ受け取る分配金が減ることになります。また、金銭的なリターンと合わせて、その事業で作られたモノやサービス、その割引券等が受け取れることもあり、金融商品としてだけでなく社会貢献性の要素が強いことが特徴とされています[22]。

例えば、日本国内の代表的なファンド型クラウドファンディングのプラットフォーム「セキュリテ」（運営：ミュージックセキュリティーズ株式会社）では、2009年のサイトオープンから現在までで、募集総額約100億円、ファンド数909本（償還済ファンド数584本）のプロジェクトが組成されています（2021年７月17日HP閲覧時点）[23]。プロジェクトは、貧困削減、健康増進、災害からの復興、まちのにぎわい創出、食の開発など、SDGsの17項目に分類できる社会テーマを広く対象としており、プロジェクトごとにファンドが組成されています。

ファンド型クラウドファンディングの仕組みを使うプロジェクトを創出することで、行政は社会課題解決を担う事業者に対して公的資金によらない支援が可能となります。また、事業者が事業に成功した場合、地方自治体が元本分を補塡するという成功報酬型の補助金・委託費で裏付ける制度を作ることで、個人の出資リスクを低減させ、出資を集めやすくする工夫を行っている、後述する東近江市のような事例もあります。

---

22 株式会社CAMPFIRE HP　https://camp-fire.jp/crowdfunding
23 セキュリテHP　https://www.securite.jp/

【図表１-16】ファンド型クラウドファンディングのフロー（イメージ）

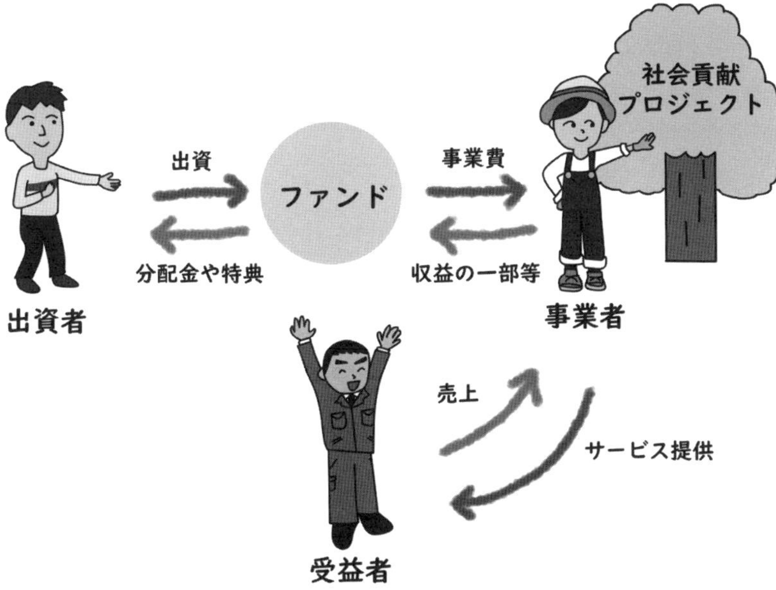

④PFI

PFI（Private Finance Initiative：プライベート・ファイナンス・イニシアティブ）とは、公共施設等の整備（建設、維持管理、運営等）に民間の資金やノウハウ（経営能力、技術的能力）を活用することにより、無駄なく効率的に公共サービスを提供する手法のことを指します[24]。

例えば、古くなった市役所の庁舎を建て替えようというとき、従来は、役所が「この部分の工事はこうしてください。こういうやり方で運営してください。」と具体的な実施手法を細かく定めた上で、設計業務、建設業務、維持管理業務、運営業務などをばらばらに分離して外注（仕様発注）し、そのための資金は公共部門が一般財源や起債等であらかじめ用意しておくのが通常でした。しかし、PFIでは「このサービス水準（例えば、市民相談窓口の

24 PFIの対象となる施設は、PFI法第２条に規定。

混雑解消度合等）さえ満たせるのであれば、やり方はお任せしますよ。」というように、手段やプロセスではなく結果を重視し、これまでばらばらに外注していた業務を一括して同一事業者に外注（性能発注）する代わりに、そのために必要な資金はまずは民間部門が調達することになるというものです[25]。

内閣府によると、2019年度に実施方針を公表したPFI事業数は77件（契約金額3,178億円）で過去最高となり、1999年にPFI法（民間資金等の活用による公共施設等の整備等の促進に関する法律）が制定されてから2019年度末までのPFI事業数の累計は818件（契約金額累計は６兆5,539億円）となっており、民間活力を活かす官民連携手法として定着しています[26]。

PFIが定着してきた背景には、PFI関連の法令が細かく整備され、制度運用のガイドラインやマニュアルの制定、標準契約のひな形の提示、制度活用促進のための税制・補助制度の創設など、地方自治体等がPFI事業を設計するにあたり必要となる情報が整理され、実務で活用できるツールも国により提供されてきたことが一役買っていると言えます[27]。これらのツールは度重なるPFI法改正等に伴い、政府が随時改定しており、地方自治体からすれば常に自らが情報収集し情報をまとめ上げていくという作業の負担解消につながっていると考えられます。

このように政府を挙げて推進しているPFIですが、内閣府の社会資本ストック推計[28]によると、公的機関（一般政府及び公的企業）が管理する社会資本ストック額は、638兆円（2014年度純資本ストックベース[29]）とされてお

25 PFIでは、事業内容に応じて、事業費の回収方法（サービス購入型、独立採算型、混合型、コンセッション方式）や、施設の所有形態（BTO方式、BOT方式、BOO方式、RO方式）など様々なバリエーションがあります。

26 内閣府「PFIの現状について」（令和３年２月）
https://www8.cao.go.jp/pfi/pfi_jouhou/pfi_genjou/pdf/pfi_genjyou.pdf

27 内閣府民間資金等活用事業推進室（PPP/PFI推進室）のHPには、「PFI事業実施プロセスに関するガイドライン」等のガイドラインや手続マニュアル等が掲載されています。
https://www8.cao.go.jp/pfi/index.html

28 内閣府HP「社会資本ストック推計」 https://www5.cao.go.jp/keizai2/ioj/index.html

29 純資本ストックとは、粗資本ストック（現存する固定資産について、評価時点で新品として調達する価格で評価した値）から供用年数の経過に応じた減価（物理的減耗、陳腐化等による価値の減少）を控除した額。

り、PFIの事業規模（6.6兆円）は全体の１％程度に過ぎないと試算することもでき、PFI市場は拡大の余地が大きいと考えられます。実際、「PPP/PFI推進アクションプラン（令和３年改訂版）」においては、10年間（2013年度から2022年度まで）の事業規模目標を21兆円と設定し、PFIを更に推進しています[30]。

事業内容に応じて、官民の関係性のあり方を捉え直し、必要な資金についても民間による資金調達を起点にするなど、より民間に実施のインセンティブと裁量を与えることで、公共サービスをより効果的かつ効率的に実施する可能性を模索することもできるようになります。

⑤財産の流動化

地方自治体の財産を流動化させることによって資金調達の幅を広げるというアプローチがあります。地方自治体の財産とは、地方自治法[31]において、①公有財産、②物品、③債権、④基金の４つに分類されます【図表１-17】。流動化とは、ここでは有効活用するという程度に理解しておいていただければ十分ですが、特に市場に出して民間に売却したり、貸与したりすることにより収益を得るということを想定しています。このように地方自治体の財産であっても、それを市場に出すということはビジネス性が色濃くなりますので、成功することもあれば失敗することもあるということが大前提となります。

30 PPP/PFI推進アクションプラン（令和３年改訂版）（令和３年６月18日民間資金等活用事業推進会議決定）、p.34　https://www8.cao.go.jp/pfi/actionplan/pdf/actionplan2.pdf

31 地方自治法第238条

【図表1-17】地方自治体の財産

<table>
<tr><td rowspan="3">①公有財産
・不動産
・特定の動産
・物権
・有価証券　等</td><td rowspan="2">(ⅰ)行政財産</td><td>公用財産（自治体が直接使用する財産）
〈例〉庁舎、消防施設など</td></tr>
<tr><td>公共用財産（住民が共同利用する財産）
〈例〉学校、公園、公民館、公営住宅など</td></tr>
<tr><td>(ⅱ)普通財産</td><td>行政財産以外の公有財産</td></tr>
<tr><td>②物品</td><td colspan="2">自治体が所有する動産　〈例〉自動車や備品など</td></tr>
<tr><td>③債権</td><td colspan="2">他者に金銭給付を請求できる権利　〈例〉地方税の収入金など</td></tr>
<tr><td>④基金</td><td colspan="2">ある特定の目的のために、あらかじめ準備しておく資金</td></tr>
</table>

（出典）総務省HP 用語解説より筆者作成[32]

どのような資金調達の仕組みを検討するにあたっても、メリットとデメリットを比較衡量することになりますが、とりわけビジネス性の強い資金調達においては、生じ得るリスクをどこまで許容するかという検討が欠かせません。つまり、リスクの大きさはどのくらいか、誰がそのリスクを負担するのか、リスクが顕在化した場合どのような影響があるかなどを踏まえ、リスクをどこまで受け入れるかを決めることで、自ずと取り得る選択肢が変わってくるということです。以下では地方自治体の財産のうち、公有財産と債権の流動化の手法の例を見ていきます。

第一に公有財産ですが、大きく(ⅰ)行政財産と(ⅱ)普通財産に分かれます。(ⅰ)行政財産とは、地方自治体において公用・公共用に使用する財産を指し、流動化によるファイナンスのために必要となる「貸し付け・交換・売り払い・譲与・出資の目的とすること・信託すること・私権を設定すること」が一部の例外を除き禁止されています。他方、(ⅱ)普通財産とは、行政財産以外のすべての公有財産を指し、基本的に行政財産のような管理処分の制約はありません。そこで普通財産である土地を信託銀行などに信託して運用してもらい、そこから出る収益から信託配当を得ることを目指す「土地信託」という手法があります。土地信託は目新しい方法ではなく、これまで多くの

32 総務省HP　http://www.gappei-archive.soumu.go.jp/db/22sizu/2206izuku/kyougikai11/k11-p30_32.pdf

地方自治体で成功事例と失敗事例を生み出してきました。例えば、東京都新宿区の淀橋第二小学校跡地土地信託事業においては、信託開始当初の2001年から2016年末までの累計で、区は約110億円の信託配当を得ています[33]。他方、大阪市では弁天町駅前開発土地信託事業（オーク200）にて約637億円の損失、住之江用地土地信託事業（オスカードリーム）にて約282億円の損失を発生させ、本信託事業が失敗だったと市HP上で認め謝罪しています[34]。こうした事例を積み重ねながら、総務省では制度改正を行い、地方自治体が実施できる土地信託の幅を広げようとしています。

第二に債権ですが、公有財産とは異なり、譲渡や処分に関する規定がなく、流動化による資金調達の対象となります。例えば、上下水道のように生活に不可欠な公営事業については、長期間にわたって安定した料金徴収が見込まれることから、「将来債権」の流動化のスキームの対象になりうるという議論があります[35]。

このように地方自治体が持っている財産であっても、流動化させることにより、資金調達の手段として有効活用することができます。ただし繰り返しになりますが、それと同時に流動化によるリスクと向き合うことになりますので、リスクをいかにコントロールするかということが重要になります。

⑥広告収入

地方自治体による広告収入としては、市HPへのバナー広告の掲示、公用車や広報誌への広告掲載などが挙げられます。これらの広告収入は、年間数十万円と少額なものが多い中、比較的大きな収入が得られるものとして、公共施設について民間企業にネーミングライツ（命名権）を付与し、自治体が対価を得るという仕組みがあります。

日本の公共施設では、2003年に東京スタジアムのネーミングライツを味の素株式会社が購入し「味の素スタジアム」となったのが最初であり、それ以

33 新宿区HP　https://www.city.shinjuku.lg.jp/kusei/file06_00018.html
34 大阪市HP　https://www.city.osaka.lg.jp/keiyakukanzai/page/0000290781.html
「土地信託事業に関する外部監察チームからの報告書の受領について」
35 三井住友銀行（2010）「地方自治体ファイナンス」関西学院大学出版会

降地方自治体におけるネーミングライツ活用の動きが広がりを見せています。2018年11月に全国1,788自治体に行われたアンケート調査研究（回収数1,217、回収率68.1%）によると、公共施設へのネーミングライツは173自治体（14.2%）の611施設に導入されていることが分かりました[36]。地方自治体の規模等によって傾向は変わりますが、施設の種類としてはスポーツ施設や文化施設が多く、契約年数は３～５年が９割以上を占め、契約金総額は全体の平均額が3,690万円（つまり単年で1,000万円前後）となりました。その内訳を見ると、スポーツ施設は6,490万円、文化施設は4,380万円、都市公園は860万円、歩道橋は120万円と、施設の種類や規模、露出度によって契約金総額は大きく異なることが分かります【図表１-18】。

地方自治体の資金調達の観点からは、民間企業にとって魅力的な広告媒体とみなされる限りにおいて、ネーミングライツは安定的な財源になり得るというメリットがあります。他方、地方自治体にとってのデメリットとして、頻繁なネーミング変更によるイメージの混乱や地域アイデンティティの喪失、スポンサーに不祥事や経営破綻が生じた場合の施設のイメージダウン、地域住民や施設利用者の反発などのリスクがあるという指摘もあります[37]。

36 畠山輝雄（2020）「公共施設へのネーミングライツの導入と地理学的研究の可能性」E-journal GEO、2020年15巻１号、p.p.29-43
https://doi.org/10.4157/ejgeo.15.29
37 木村俊介（2014）「ネーミングライツに関する考察」自治研究第90巻６号、p.p.24-28
http://hdl.handle.net/10291/21137

【図表１-18】公共施設のネーミングライツ（命名権）の売却事例

種類	自治体名	名称	契約年数	契約金額（年間）
スポーツ施設	横浜市	日産スタジアム	５年	４億7,000万円
	宮城県	フルキャストスタジアム宮城	３年	２億円
文化施設	大分県	iichiko総合文化センター	５年	5,000万円
	渋谷区	渋谷C.C.Lemonホール	５年	8,000万円
歩道橋	大阪市	阪急阪神連絡デッキ梅田新歩道橋	３年	600万円
		シュライカー大阪住之江公園前歩道橋	３年	30万円

（出典）総務省資料[38]及び大阪市HP[39]より筆者作成

まとめ

本節では地方自治体の財政構造や資金調達の多様化の仕組みについて見てきました。もちろん資金調達については、ご紹介した方法以外にも様々な方法が模索されていますので、本節だけでは十分網羅できたわけではありません。しかしそれでも今回このような説明を行ってきたのは、【図表１-14】でも示したとおり、本書のテーマであるSIBをはじめとする社会的投資は、地域性・社会性重視の領域と、収益性重視の領域が重なる部分を中心として広がっていると考えられるためです。

本書では、PFS/SIB自体の説明は第１章では行わず、第２章で行っています。それは、少し遠回りになるかもしれませんが、PFS/SIBの制度や仕組みを説明する前に、そもそもPFS/SIBというのはどういう考え方が背景にあり、そしてSIB以外の民間資金調達の方法としてどのようなものがあるかという概要を把握することが、SIBの特徴をはっきりと浮かび上がらせること

38 総務省「地方の資産・債務改革について」『資産債務改革の実行等に関する専門調査会　第４回提出資料 参考資料１』（2007年２月26日）、p.10
https://www.soumu.go.jp/main_sosiki/kenkyu/chikoujiken/pdf/070628_1_sa1.pdf
39 大阪市HP　https://www.city.osaka.lg.jp/kensetsu/page/0000196455.html

につながり、結果的にPFS/SIBの理解そのものを深めることになると考えたためです。

それでは、第1章のまとめとして第4節において、PFS/SIB的発想について整理していきます。

第４節　PFS/SIB的発想

PFS/SIB的発想と従来的発想の違い

PFS/SIBの具体的な説明に入る前に、本書のメインテーマであるPFS/SIB的発想について述べたいと思います。PFS/SIB的発想というのは本書の造語ですが、政策企画立案において、第１章第１節から第３節にかけて説明してきた、次の①〜③に基づく考え方で発想することを指すこととします。

【PFS/SIB的発想による政策企画立案】

①成果連動型報酬を導入できないか考える。
②水平関係のパートナーシップで課題解決できないか考える。
③事業の資金調達方法は色々あってよいと考える。

このように定義した場合、PFS/SIB的発想は様々な文脈で使用することができる思考法のひとつとなります。なぜPFS/SIBの制度の説明ではなく、PFS/SIB的発想の説明から行ったのかと言うと、制度自体をいくら理解したとしてもその根底にある発想を理解しておかないと、様々な環境変化に対応することはできないからです。逆に、発想の根幹さえ理解できていれば、環境変化に応じた制度設計や企画立案を柔軟に行うことができると考えます。

本書では特に行政の政策企画立案にPFS/SIB的発想を取り入れることで、社会的に意味がある（社会的インパクトがある）新たなアイデアが生まれるのではないかという問題意識を持っています。経済規模から見ても、社会において重要な役割を果たす行政ですが、先述したとおり、成果連動型報酬の概念は行政の現場においてまだまだ十分に知られておらず、PFS/SIB的発想で検討しているのは珍しいケースだというのが実態です。しかし逆に言えば、このことはその分PFS/SIB的発想を取り入れた際のインパクトはかなり大きくなる可能性があることを示しているとも言えます。

詳しくは第２章で説明しますが、SIBというのは、PFSの一形態の官民連携の手法で、行政が設定した社会課題に対し民間事業者がその解決策を示した上で自ら資金調達を行い、その実施成果に応じて行政から民間に支払いを行うという仕組みのことです。公共政策において官民連携の考え方や手法は様々ありますが、従来の民間委託や民営化、指定管理制度やPFIと比べると、かなり性質の異なる官民連携の考え方です。特に、成果さえ出すことができるのであれば具体的なやり方は民間にお任せするという委任の自由度の高さに加え、成果連動型報酬という成果に対してストイックな側面や、SIBの仕組みを活用して仲間を増やそうといった柔軟な側面を併せ持っており、様々な応用の可能性が広がる官民連携手法だという点は特徴的です。したがって本書では、SIBの特色である民間資金調達のメカニズムなどの制度面についてももちろん触れていきますが、SIBの魅力はそうした制度面にとどまらず、その発想方法自体にあることを強調しています。

つまり、PFS/SIB的発想と、従来の政策の典型的な発想を比較すると【図表１-19】のようになります。第一に、報酬の考え方が異なります。PFS/SIB的発想では、報酬は成果に応じて支払うものであるのに対して、従来的発想では、行政が定めたとおりに実施できたかどうかで報酬は決まるのであり、その通り実施して成果が出るかどうかは民間事業者にとってはあまり関係がないことになります。第二に、パートナーシップの考え方が異なります。PFS/SIB的発想では、官と民とが共にノウハウや強みを持ち寄って問題解決にあたるという意味で水平関係のパートナーシップを想定していますが、従来的発想では、特定の問題に対して官は指示する人、民は作業する人というようにあくまで上下関係が想定されています。第三に、資金調達の考え方が異なります。PFS/SIB的発想では、資金調達の方法は何かに限定することなくオープンに捉え、民間資金調達も視野に入れているのに対して、従来型発想では、行政が行う事業は基本的に、行政が予算化した公的資金のみを資金源として想定しています。

【図表１-19】PFS/SIB的発想と従来の政策の発想の違い

PFS/SIB的発想	従来の政策の典型的発想
①成果連動型報酬 （成果指標を達成できるか否か）	①報酬は一定 （行政の仕様どおりにできるか否か）
②水平関係のパートナーシップ （官民が互いのノウハウを持ち寄る）	②上下関係 （官は指示する人、民は作業する人）
③民間資金調達も視野に入れる （資金調達方法は色々あってよい）	③予算化された公的資金のみで考える （資金は行政の予算編成で調達）

ここでは、あえてPFS/SIB的発想と、従来の政策の典型的発想を対比して説明しましたが、両社は必ずしも常に対立する考え方ではありません。改めて留意しておきたいのは、本書では何も政策立案の考え方を全てPFS/SIB的発想に置き換えるべきだと述べているわけではありません。むしろ、PFS/SIB的発想がマッチしない課題やテーマも多くあることは間違いないでしょう。

政策を「理想と現実をつなげる手段」と定義づけた場合[1]、政策を生み出すための発想として重要なのは、「現実を理想に近づけることができた」あるいは「理想と現実をつなげるための課題を解決することができた」といった「結果」につながるかどうかという点に尽きます。その「結果」を出せるのであれば、PFS/SIB的発想であろうが、従来型の発想であろうが、また発想方法に馴染みがあろうがなかろうが、本来何だって構わないはずです。社会課題を解決するための政策をあらゆる角度から検討するにあたっては、少しでも多くの発想の引き出しを持っていた方がいいに決まっています。その中には、よく開け閉めする引き出しもあれば、ほとんど開けることのない引き出しもあるかもしれませんが、頭の中にいくら多くの発想の引き出しがあっても何の邪魔にもなりません。PFS/SIB的発想を持つということは、発想の引き出しを増やすということだとすれば、自分自身がアイデアを考えるときにも使用できますし、他の人が発想したアイデアを検討したり評価したりす

1　宮脇淳（2011）「政策を創る！考える力を身に着ける！「政策思考力」基礎講座」ぎょうせい、p.p.8-18

るときの物差しとしても使うことができる道具となり得ます。まずはPFS/SIB的発想で検討し、目的に合致しそうになければ従来的な発想に切り替えて検討するという風に、検討の順番を逆にするだけでも今までとは違った新しいアイデアにつながる可能性が十分あります。このように、アイデア出しする政策のバリエーションを増やすために、従来の政策の発想に加えてPFS/SIB的発想を併せ持つということであれば、比較的抵抗なく実践できるのではないでしょうか。

【図表１-20】政策企画立案の引き出し（イメージ）

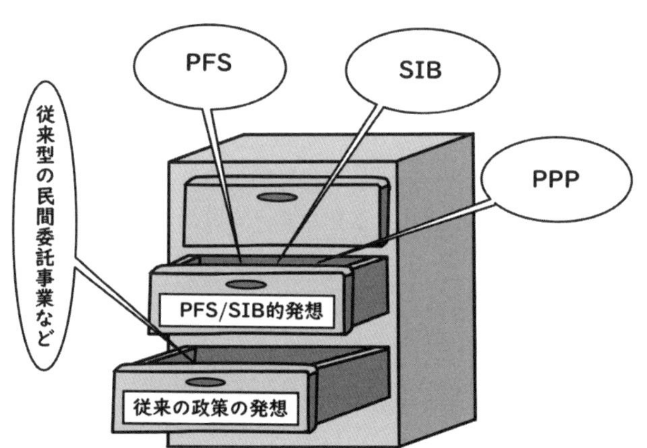

PFS/SIB的発想の実践について

これまでPFS/SIB的発想の３要素について述べてきましたが、それぞれは何も目新しいことを言っている訳ではありません。むしろ、そんなことわざわざ言わなくても当たり前なんじゃないのと思われるようなことばかりだったのではないでしょうか。成果連動型報酬という考え方は、大昔からある発想であり、私たちの日常にすでに根付いている考え方でした。水平的パートナーシップという考え方は、誰かと協力して物事を解決するというときには、感覚的には多くの方にとってすでに実践している話でしょう。また、本当に解決しなければならない課題に直面し、課題解決のために資金が必要なのであれば、あらゆる資金調達の方法を検討せざるを得ません。

しかし、少なくとも行政においては、それが当たり前とはなっていません。従来の発想とは異なるPFS/SIB的発想で政策を考えるということは、これまでの常識を疑って考えるということに他ならず、すぐに頭を切り替えることは容易ではありません。ましてや、それを現場に導入し施策として実践するというのは並大抵のことではできません。発想することと、実践することとの間には大きな壁があり、総論賛成（＝言ってることは分かるけど）・各論反対（＝自分の業務では取り組まない）となりがちです。

いくら素晴らしい理念の政策を立案しても、机上の空論では意味がありません。やはり、現場で実践できるということが重要です。そのためには、発想したアイデアを現場で実践可能な施策として設計し直し、関係者の理解や共感を得ながら実現するという作業が不可欠です。これは文字で書くとこれほど簡単で当たり前なことはありませんが、実際はものすごく難しく大変な作業です。そしてこの作業こそが、現場で執行される施策に血を通わせ、政策のクオリティを決定すると言っても過言ではないほど極めて重要なものなのです。したがって、この政策実践プロセスにおいて、当初の趣旨から外れた妥協を行ったり、関係者の意見を継ぎはぎにして盛り込んだり、形式的にこなすだけの対応をしたりしてしまうと、見栄えだけ綺麗に整っているだけで現場の実態にはそぐわない施策や、大した成果も出せずに結局長続きしない施策が出来上がるということになりかねません。

何度も繰り返していますが、PFS/SIB的発想で政策を考えることと同じぐらい、その発想の趣旨を変えずに現場で実践するということが重要です。本書の第３章では、PFS/SIB的発想と現場での実践の両面を兼ね備えた事例をご紹介します。実践については、置かれた状況によって何をどのように取り組むかは全く異なりますので、そのままコピーして真似るということは難しいかもしれませんが、PFS/SIB的発想を実践するケースとして参考になることは多々あるのではないかと思います。

Pay For Success & Social Impact Bond

第2章 制度としてのPFS/SIB

第１節　PFS/SIBとは何か

第１章では、政策企画立案の基となる考え方のひとつとして、PFS/SIB的発想について述べました。第２章では、具体的な制度としてのPFS/SIBの説明を行っていきます。その際特に、PFS/SIB的発想の要素を全て含めた仕組みであるSIB（Social Impact Bond：社会的インパクト債）の概要説明を中心に行い、その文脈の中でPFS（Pay for Success：成果連動型委託契約）についても説明を加えるという形をとっています。シンプルに考えると、SIBとはPFSに民間資金調達という要素を加えたものですので、SIBを理解すれば自ずとPFSについても全て理解したことになります。また、諸外国の議論と比較する場合、PFSという契約形態を取り上げて比較するよりも、資金調達も含めたSIBという制度同士を比較した方が、その背景にある思想や制度の規模感及び運用の違いなどを浮き彫りにしやすく、結果的にPFS/SIBについて理解を深めやすいのではないかと考えたためでもあります。

なお、第１章の内容と多少重複する内容もありますがあらかじめご容赦ください。それでは制度としてのPFS/SIBについて見ていきましょう。

なぜ世界はSIBに注目するのか

社会を取り巻く環境がめまぐるしく変化し多様化する現代においては、新たな社会課題もまた次々に生まれてきます。公（パブリック）と民（プライベート）との間の線引きもますますあいまいになり、この問題は公的機関がやること、あの問題は民間が対応すべきことと、かつてのように両者を明確に切り分けて考えることがあまり意味をなさなくなってきました。社会課題に対応するためには、官民がそれぞれの縄張内で別々に活動するのではなく、お互いの強みを持ち寄って、パートナーシップで解決するという視点が今まで以上に欠かせない時代となっています。

これまでの歴史における、関係者による地道な国際・地域貢献活動や慈善活動などの積み重ねに加え、SDGs（Sustainable Development Goals：持続可能な開発目標）という国際的潮流や、企業経営におけるCSR（Corporate Social Responsibility：企業の社会的責任）やCSV（Creating Shared Value：企業の共通価値の創造）の重要性の高まりなどを背景に、近年では「社会に善いことを行う」ということに多くの人、企業、団体、行政、国際機関、国際社会などの主体が改めて目を向け、その解決に貢献することに大きな価値を見出すようになりました。このことによって、社会に善いことを行う企業やプロジェクトに対して、より多くの資金を振り向けるという動きが世界的な流れとなっており、社会及び環境目的のための民間資金等による投資（社会的投資）が世界的に拡大しています。社会的投資においては、単に事業を計画通り実施したというアウトプット（結果）に留まらず、事業を通じて実際に社会に生み出されたインパクト（影響）を重視する社会的インパクト投資が欧米を中心に実践されてきており、日本においても社会的インパクト投資の考え方に基づく取組みが生まれてきています。

本章では、その中でも、官民連携で実施する成果連動型（成果報酬型）の社会的インパクト投資の一つであるSIBに焦点を当て、諸外国におけるSIBの考え方や日本国内の事例の比較を通じて、特に日本の地方自治体におけるSIB活用の特徴をみていきます。

SIBは、2010年に英国において世界で初めて導入され、2013年には米国及び豪州において各国初のSIB案件がそれぞれ組成されました。日本では、2015年度にSIBパイロット事業が実施されて以降、地方自治体が国予算や財団資金等を活用し、市民のがん健診受診率向上、糖尿病性腎症重症化予防等、各地域が抱える社会課題に対してPFS/SIBの考え方を用いた取組みがなされてきています。しかしながら、日本では英米をはじめとするSIB先行国に比べてSIBに関する実績はもとより関連情報自体が少ないこともあり、諸外国のSIBとは異なる性質を持った独自の取組みも生まれています。日本のSIBの特徴を理解するためには、海外のSIBの取組みと比較することが有効なアプローチのひとつとなりますので、以下では海外の取組み状況を整理しながら、SIBの制度概要を説明していきます。

SIBの仕組み

SIBについては統一された定義はなく、OECD（Organisation for Economic Co-operation and Development：経済協力開発機構）によると、SIBとは「政府機関が社会サービス提供事業者及び投資家と、事前に合意した社会的成果目標が達成された場合に報酬を支払うという仕組みを組み込んだ、民間セクターの投資家等からのイノベーティブな資金調達システム。米国では Payment-for-Success bonds、豪州ではPay-for-Benefits bondsとして知られている。」と説明されています[1]。日本政府の資料では、SIBとは「資金提供者から調達する資金をもとに、サービス提供者が効果的なサービスを提供し、サービスの成果に応じて行政が資金提供者に資金を償還する、成果連動型の官民連携による社会的インパクト投資の手法の一つである。」としています[2]。また学術的には、「社会的アウトカム（成果）を向上させるような予防的活動等に対する資金調達の拡大を狙いに設計された官民連携スキームである。金融の仕組みを活用して、サービス実施費用を政府からではなく、民間投資家から調達する点に大きな特徴がある」という定義もあります[3]。これらの定義に共通するキーワードは、①成果連動型、②官民連携、③民間資金調達という３点となり、第１章で説明したPFS/SIB的発想の要素と一致しています。PFSは①と②の要素を含む制度で、SIBになると①、②、③の全てを含む制度となります。

まず、①成果連動型かつ②官民連携スキーム（PFSの形態）については、各国概ね共通であり、主なプレイヤーとしては、発注元である国または地方自治体、SIB組成を行う中間支援組織、資金提供者である金融機関及び機関投資家、実際にサービスを提供するサービス提供事業者、事業評価を実施す

1　OECD（2016）*UNDERSTANDING SOCIAL IMPACT BONDS*, p.4
https://www.oecd.org/cfe/leed/UnderstandingSIBsLux-WorkingPaper.pdf

2　内閣官房日本経済再生総合事務局（2018）「ソーシャル・インパクト・ボンドについて」
https://www.kantei.go.jp/jp/singi/keizaisaisei/miraitoshikaigi/suishinkaigo2018/ppp/dai3/sankou2.pdf

3　塚本一郎・金子郁容編著（2016）「ソーシャルインパクト・ボンドとは何か―ファイナンスによる社会イノベーションの可能性―」ミネルヴァ書房、p.1

る第三者評価機関、サービス提供を受ける市民等です。なお、実際には中間支援組織や第三者評価機関を設定しないケースもありますが、成果連動型報酬の考え方を組み込むという点に変わりありません。

次に③民間資金調達スキームとしての特徴をみていきます。SIBは、官民の多様な主体が参加するパートナーシップの形態でありますが、特に投資家が含まれる点が従来のパートナーシップと異なります。有識者の解説によると、SIBは、発行主体が企業に限らず、一定の運用期間があらかじめ決められているという点では、その名称のとおり「ボンド（債券）」に近いですが、一般的な債券の特徴である元本保証や市場での流動性はありません。他方、業績や成果に応じてリターン金額が変動する点では「エクイティ（出資）」に近いですが、経済的な利益とともに社会的な利益（社会課題解決など）も同時に目指すものであり、一般的な株式投資とも異なります。すなわちSIBは、ボンド（債券）とエクイティ（出資）の性質の双方を部分的に持ち合わせた成果報酬型契約だと整理されています[4]。

4　塚本一郎・西村万里子（2016）「ソーシャルインパクト・ボンドとは何か」塚本一郎・金子郁容編著『ソーシャルインパクト・ボンドとは何か―ファイナンスによる社会イノベーションの可能性―』ミネルヴァ書房、p.p.41-73

【図表２－１】一般的なSIBスキーム

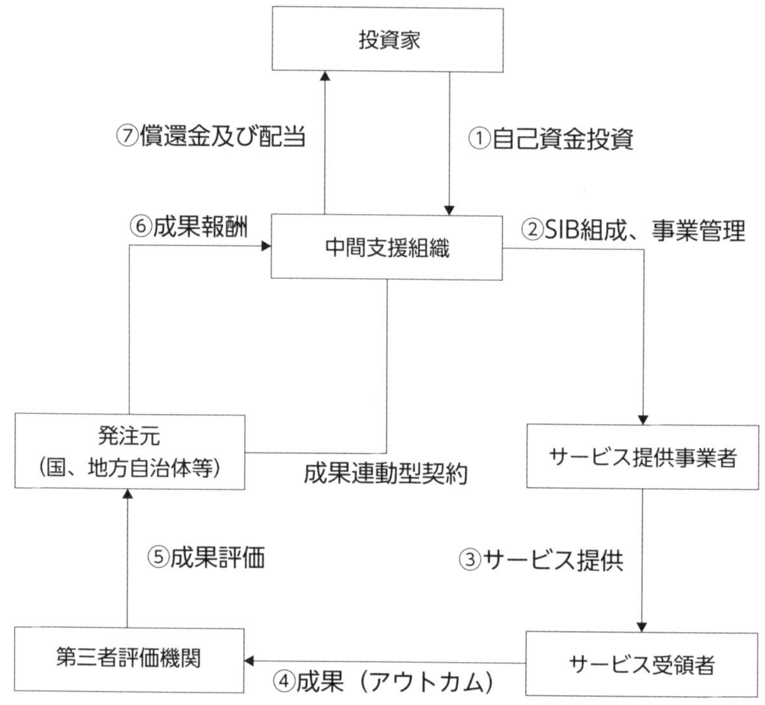

（出典）Brookings Institution資料[5]を基に筆者作成

SIBの意義については、ブルッキングス研究所が、SIBにより達成し得る事項を10の一般的主張としてまとめています[6]（訳：筆者）。

①民間資金の調達（Crowd-in Private Funding）

②予防活動への投資（Invest in Prevention）

③政府のリスク軽減（Reduce Risk for Government）

④成果志向（Focus on Outcomes）

⑤規模拡大（Achieve Scale）

5　Brookings Institution（2015）*The Potential and Limitations of Impact Bonds: Lessons from the First Five Years of Experience Worldwide*, p.6
https://www.brookings.edu/wp-content/uploads/2016/07/impact-bondsweb.pdf

6　Brookings Institution（2015）, p.p.36–47

⑥社会的サービスのイノベーション促進（Foster Innovation in Delivery）

⑦性能管理の推進（Drive Performance Management）

⑧協業の奨励（Incentivize Collaboration）

⑨事業評価文化の醸成（Build a Culture of Monitoring and Evaluation）

⑩効果の持続（Sustain Impact）

他方で、この10項目が実際のSIB事業において実現されたかどうかについては必ずしも明確な証拠があるとは言えないとも分析しており、SIBの効果については学術研究においても議論が分かれているのが現状です。例えば、SIBの効果を懐疑的に評価する研究においては、「SIBにおいて当初主張された、公的セクターの予算節約、イノベーションや証拠に基づく政策立案（EBPM）の促進、公的セクターからのリスク転嫁等についてはこれまでほとんど何の証明もなされていない」[7]、「SIB実施・運用にかかる固定費は、SIB契約が最低でも約2,000万ドル（約23億円）程度なければ採算がとれない」[8]、「（SIBの見えない取引コストや、投資家への支払、非柔軟な執行等に関する問題の存在を指摘し）SIBの実施は政策ニーズのあるコミュニティに対して、公的価値のトロイの木馬[9]を導入することになりかねない」[10]、といった主張がなされています。SIBの有効性が科学的に立証されたものではない以上、SIBを実践するにしても盲目的に行うのではなく、こうした懐疑的な指摘にも耳を傾ける必要があるでしょう。

---

7 Huckfield, Leslie（2018）*The mythology of the social impact bond: Social Finance*, Impact Investing and Financialization of the Public Interest 2017, Paris: Hamburg University Press https://researchonline.gcu.ac.uk/en/publications/the-mythology-of-the-social-impact-bond

8 Giacomantonio, C.,（2017）*Grant-Maximizing but not Money-Making: A Simple Decision-Tree Analysis for Social Impact Bonds*. J. Soc. Entrep. 8, p.51

9 トロイの木馬とは、ギリシア神話のトロイア戦争において、トロイアを陥落させる決め手となったとされる装置。木でできており、中に人が隠れることができるようになっていました。転じて、内通者や巧妙に相手を陥れる罠を指して「トロイの木馬」と呼ぶことがあります。（出典）ウィキペディア

10 Tse, A.E., Warner, M.E.,（2018）*The razor's edge: Social impact bonds and the financialization of early childhood services*. Journal of Urban Affairs, p.14 https://doi.org/10.1080/07352166.2018.1465347

PFS/SIBの現状

次に、世界で実際に組成されているSIBの現状についてみていきましょう。世界のSIB案件情報をまとめた"Impact Bond Global Database"[11]によると、2010年以降、世界各国でSIBの取組みが生まれてきており、2019年末までのSIB組成件数は25カ国137件となっています【図表２－２】。

【図表２－２】年別の世界のSIB組成件数

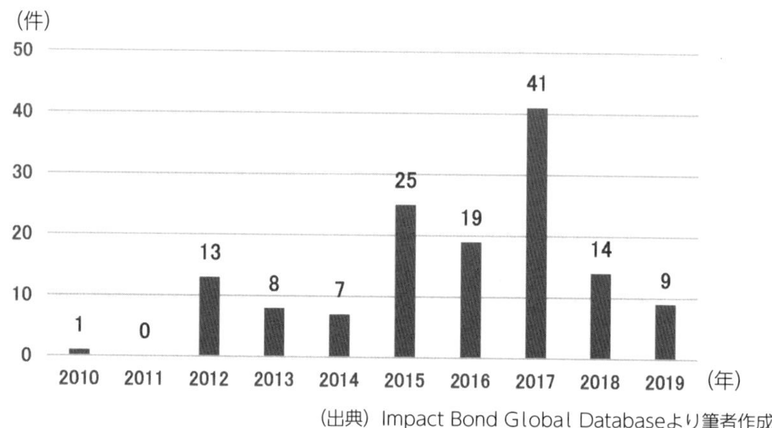

（出典）Impact Bond Global Databaseより筆者作成

また、SIBによる民間資金調達の合計額は約464億円、実施分野は、就労支援（32%）、ホームレス支援（17%）、ヘルスケア（16%）、子ども・家庭支援（15%）、教育（９%）、再犯防止（９%）、貧困支援（２%）であり【図表２－３】、国別に組成件数及び調達額をまとめると【図表２－４】のとおりとなります。

11 Impact Bond Global Database, hosted by Social Finance UK
https://SIBdatabase.socialfinance.org.uk/
ただし、本DBに登録されているSIBプロジェクトは2019年５月を最後に更新が止まっており、世界のSIB組成案件を正確に表していない可能性があることに留意が必要です。（最終閲覧日：2021年３月30日）

【図表２－３】世界のSIB実施分野

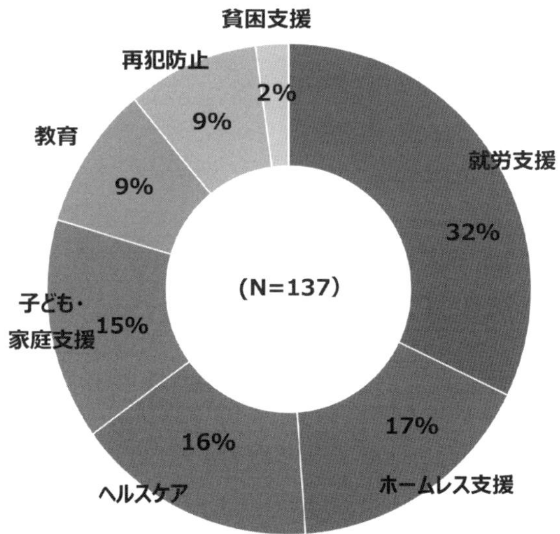

（出典）Impact Bond Global Databaseより筆者作成

【図表２－４】国別のSIB組成件数及び民間資金調達額

国名	件数	調達額 （単位：億円）
英国	47	65.1
米国	26	235.4
オランダ	11	14.4
豪州	10	51.5
フランス	5	2.4
カナダ	4	3.5
ポルトガル	4	2.0
イスラエル	3	12.9
インド	3	16.3
ドイツ	3	0.3

（出典）Impact Bond Global Databaseより筆者作成[12]

12 DB上には、日本も３件計上されていますが、一切の数値が入力されていないため、本表には含

SIBは、すでに発生している問題を解決するための手段としてというよりも、予防的介入を行うことで問題の発生を抑止するための手段として用いられることが元来想定されており、第三者評価機関等はその介入効果を評価することが期待されています。しかしながら、政策介入を行ってから、その効果の評価を下すことができる段階に至るまでには一定の時間を要することが多いため、SIB事業は単年度ではなく、複数年度での実施が中心となります【図表２-５】。また、SIBでは民間資金調達を行うため、投資家の投資意欲を引き出す内容に設計する必要がある上、通常の委託契約よりもスキームに入るステークホルダーが多く、固定費や運用費用が高くつきやすいという特色があります。このため、一定以上の事業規模がなければ成立しづらいという見方がありますが、民間資金調達額別のSIB組成件数をみていくと、０～１億円以下（26％）、非公表（20％）、１～２億円以下（18％）、10億円以上（９％）と続きます。これはSIBの本格実施に至っているケースが多くなく、単年度で小規模なパイロット事業を実施し、SIBの効果を見極めようというフェーズの国及び地域が多いことが影響しているのではないかと考えられます【図表２-６】。

めていません。また、調達額の換算レートは、三菱UFJリサーチ&コンサルティングHPより、当該SIB成立年の年間平均公表仲値（TTM）＝（年間平均TTS＋年間平均 TTB)/2 を為替レートとして換算。なお、イスラエル通貨は同レート数値がないため、同HPの為替相場の数値で換算しています。

【図表２-５】事業期間別のSIB組成件数

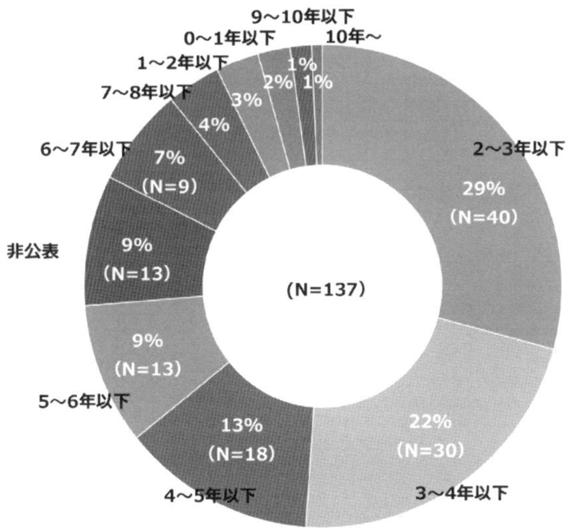

（出典）Impact Bond Global Databaseより筆者作成

【図表２-６】民間資金調達額別のSIB組成件数

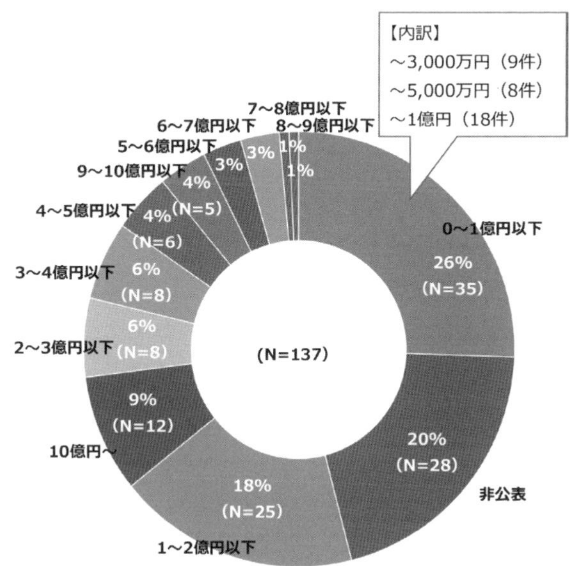

（出典）Impact Bond Global Databaseより筆者作成

第２節　諸外国及び日本におけるPFS/SIBの動向

諸外国におけるPFS/SIB

前節では、世界のSIBの全体像を概観しましたが、ここからはSIBを推進する諸外国の例として、英国（イギリス）、米国（アメリカ）、豪州（オーストラリア）の取組みやその背景を簡単に見ていきます。

⑴　英国（イギリス）

英国では、2010年の労働党から保守党への政権交代がSIB推進のきっかけとして挙げられます。保守党キャメロン首相（当時）は、中央政府及び地方自治体の財政難等を背景に、"Big Society" を提唱し、地方分権推進、強い市民社会形成の方向性を示すとともに、社会問題の解決と歳出削減の両立、インパクト投資市場の拡大を目指しました[1]。また、その政策の中でも、社会的投資を促進するための大規模な基金が設立されたことが、英国でSIBが多く立ち上がったひとつの主要な動機付けになっているという指摘がなされています[2]。

具体的な政策としては、2012年に内閣府主導のもと、休眠預金と国内の主要銀行から資金を集め、社会的インパクト投資市場へ資金供給を行うBig Society Capitalが設立されました。また政府のSIB推進のための取組みとして、成果に応じた支払に活用可能な基金、分野毎の成果１単位あたりの見積額を示すUnit Cost Database、成果に応じた支払や契約手法を研究・実践するOutcome Lab等が設置されました[3]。とりわけこうした基金は、アウトカ

1　労働政策研究・研修機構（2017）『ソーシャル・インパクト・ボンドの動向に係る海外事情調査―イギリス、アメリカ―』JILPT資料シリーズNo.189、p.p15-16
https://www.jil.go.jp/institute/siryo/2017/189.html

2　金子郁容（2016）「ソーシャルインパクト・ボンド推進における政府・中間支援組織・投資家の役割」塚本一郎・金子郁容編著『ソーシャルインパクト・ボンドとは何か ―ファイナンスによる社会イノベーションの可能性―』ミネルヴァ書房、pp.99-123

3　Global Social Impact Investment Steering Group（GSG）国内諮問委員会（2019）『日本におけ

ムファンドと呼ばれており、英国では2012年以降、2019年11月までに国の中央省庁を中心に７つのアウトカムファンドが設立されており、若年層対策やホームレス対策など対象分野を絞ったものから、実績の少ない新規分野を対象とするものまで、幅広く様々な社会的課題に対応する案件の形成に役立っています[4]。さらに他の施策としては、個人が行う社会的投資に対する減税制度（総額の30%）が創設されたほか、内閣府にソーシャル・インパクト・ボンド・センター（Centre for Social Impact Bonds）が設置され、SIBの基本情報から契約書のあり方、過去のSIB事例などの情報提供や、SIBの利用を検討している自治体や中央政府の各部門に対するワンストップ窓口の機能強化など、SIB促進に資する制度整備及び政策資源の充実化が図られました[5]。

このように英国においては、充実した制度設計に加え、複数のアウトカムファンドの存在を背景に、世界で最も多くのSIB（47件）が組成されており、その対象分野も再犯防止、就労支援、子ども・家庭支援、ホームレス対策、ヘルスケアなど幅広いのが特徴的です。

⑵　米国（アメリカ）

米国では、2008年のリーマンショック後に生じた民間寄付金財団への寄付金額の減少や、連邦政府助成金の削減が、SIB活用検討が進んだ背景として挙げられます[6]。具体的な動きとしては、2009年にオバマ大統領（当時）主導のもとソーシャル・イノベーション・ファンドが設置されたことをはじめとして、2012年には連邦予算において、SIBの実験プロジェクトに１億ドルの

る社会的インパクト投資の現状2018』、p.8
http://impactinvestment.jp/user/media/resources-pdf/2018_SIIF_impact_report.pdf

4　内閣府（2020）「国外のPFS（成果連動型民間委託契約方式）に係る支援制度の事例調査」、p.p4-9
https://www8.cao.go.jp/pfs/kaigaisien.pdf

5　神山哲也（2014）「地域の課題克服に活用されるソーシャル・インパクト・ボンド」『野村資本市場クォータリー』2014 秋号、pp.131-149
http://www.nicmr.com/nicmr/report/repo/2014/2014aut13.pdf

6　労働政策研究・研修機構（2017）、p.51

予算が計上されたことにより、SIBが公共財政の財源不足や仕組み自体に大きな変化をもたらす可能性があるとして注目が高まりました[7]。また2018年には「社会的インパクト・パートナーシップ法（SIPPRA：Social Impact Partnerships to Pay for Results Act）」が超党派の議員立法で成立し、SIBを軸とした成果連動型資金提供の導入を連邦政府レベルで全面的に推進する方針が規定され、その後10年間で連邦政府予算から少なくとも5,500万ドル（約62億円）はSIBプロジェクトの実施に充てられることになっています[8]。

他方、社会的投資に対する税控除などの制度化については、1950年代に制定された非営利活動に対する連邦法人所得税免税や寄付税制上の優遇措置等が制定されて以降大きな制度変化はなく、SIBは寄付税制の対象とはなっていません[9]。しかしながら、フィランソロピー（慈善活動）を趣旨とする大規模な財団や個人による資金提供は米国のSIBスキーム成立に大きな役割を果たしており、そうした慈善資金を呼び水として更に投資ファンドや金融機関が資金供給をするというケースも見られます[10]。

こうした環境のもとで行われる米国のSIBの特徴のひとつは、大手金融機関が積極的に関与している点です。例えば、ゴールドマン・サックス社は、これまで４件のSIBに投資家として参加しています。この狙いについては、CSR（企業の社会的責任）活動としてアピールしつつ、寄付と異なり幾ばくかのリターンを期待しているということに加え、もう１つのインセンティブとして米国の「地域再投資法（Community Reinvestment Act）」の存在を挙げる研究があります[11]。そこでは、同法は各地の連邦準備銀行等に対して、地域における銀行が低所得地域に対して差別的に融資を実施していないか検

7　杉本有造・ジョセフ・ガブリエラ（2013）「米国のソーシャルインパクト債（SIB）導入に関する一考察」『会計検査研究』No.48、pp.91-104
https://dl.ndl.go.jp/view/download/digidepo_10372463_po_j48d07.pdf?contentNo=1&alternativeNo=

8　小林立明（2019）「米国「社会的インパクト・パートナーシップ法（SIPPRA）」の成立と米国版成果連動型資金提供」多摩大学社会的投資研究所ワーキング・ペーパー・シリーズvol.1
https://tama-csi.org/wp-content/uploads/2020/09/2018.01.12%e3%80%80SIPPRA.pdf

9　神山（2014）、p.147

10 金子（2016）、p.p.101-103

11 神山（2014）、p.p.143-148

査し５段階で格付けすることを求めており、SIBに投資する目的や対象次第では、同法に基づく格付けに反映され、M&A（Mergers and Acquisitions：企業の合併や買収）の認可等で有利に働く可能性があるという指摘がなされています。

以上のように、米国のSIBは、公的部門のファイナンスの仕組みとしての側面が強調されており、実際のSIB事業においては投資家に配慮した設計がなされることも多いと考えられ、結果として１件あたりの事業規模は大きく、また投資回収に必要な事業期間は比較的短く設定されるという傾向があります。

⑶　豪州（オーストラリア）

豪州では、政府における財政制度改革の議論が社会的投資及びSIB推進の本格化のきっかけとなります。豪州連邦政府は、国内の進化するニーズへの対応及び経済成長促進を実現するために最適な財政制度のあり方を検証し、2014年に財政制度調査最終報告書（Financial System Inquiry Final Report）を発表しました。本報告書を受け、2017年に政府は豪州における社会的投資市場拡大を促進するため、社会的投資に関する豪州政府の原則（Australian Government principles for social impact investing）を策定し、2017年及び2018年連邦予算を通じて、豪州における社会的投資を推進するプログラムに10年間で3,000万豪州ドル（約23億円）を投入することを決めるなど、本原則を具体化するための取組みを進めています[12]。豪州ではこのような政府予算の効率化と社会的投資促進の議論を背景に、政府系の退職給付基金からSIBプロジェクトに投資を行うなど、SIB事業に投資を行う機関や支援団体の裾野拡大が進んでいます[13]。

また、豪州のSIBでは、SIBに先行的に取り組んでいる州政府や地方政府がその普及・拡大に大きな役割を果たしているという特色があります。例え

12 Australian Government The Treasury HP（最終閲覧日：2020.1.25）
https://treasury.gov.au/programs-initiatives-consumers-community/social-impact-investing

13 Australian Government（2017）*Social Impact Investing Discussion Paper*, p.9. https://cdn.tspace.gov.au/uploads/sites/72/2017/01/Social-Impact-Investing-Discussion-Paper.pdf

ば、2013年に豪州初のSIBを組成したニューサウスウェールズ州（NSW）政府は、州政府内に社会的投資局（Office of Social Impact Investment）を設置し、アウトカム評価のための技術的ガイドブック、ケーススタディ分析、契約様式、NGO（Non-Governmental Organization）向けガイダンス、財政モデルのテンプレートなど、SIBに関する数多くの支援ツール及び情報を同局のHP上で公開しています[14]。

このように豪州のSIBでは、社会的投資推進の旗を振る連邦政府と、個別のSIB事業設計のノウハウを蓄積し共有する州及び地方政府がそれぞれの役割を積極的に果たしており、また国内にSIB組成に必要なプレイヤーである、SIBに資金供給する投資機関や社会的サービスの提供を担う団体や企業等の広がりが存在している点が特徴的です。

日本におけるPFS/SIB

はじめに、日本政府のPFS/SIBに対する取組みの大まかな流れを整理しておきましょう。2015年、「まち・ひと・しごと創生基本方針2015」（2015年６月30日閣議決定）において、SIBについては「パイロット事業を検証しながら、こうしたものを含めた社会的課題の解決手法の活用に向けて、課題の整理等の検討を進めていくことが考えられる。」と明記され、同年度に横須賀市において日本初のSIBパイロット事業が実施されました。その後、「日本再興戦略2016―第４次産業革命に向けて―」（2016年６月２日閣議決定）、「まち・ひと・しごと創生基本方針2017」（2017年６月９日閣議決定）等の政府戦略においてSIB推進の方向性が示されるようになりました。また、2017年12月４日の第195回国会（参議院）においては、安倍総理大臣（当時）が「今後、自治体の方々が地域課題の解決に向けて様々な分野でソーシャル・インパクト・ボンドを活用できるよう、政府としても、ノウハウ集の策定や成果指標の整備、モデル事業の形成などにしっかりと取り組んでまいります」と

14 NSW Government, Office of Social Impact Investment HP.（最終閲覧日：2021.7.17）
https://www.osii.nsw.gov.au/

答弁するなど、政府として地方自治体がSIBの手法を用いた取組みを実施することを積極的に推進する方針がはっきりと示されました[15]。

その後、地域でSIBの手法を用いた実証事業やトライアル的な取組みが少しずつ行われるようになりますが、そうした動きをさらに加速させるため、政府はSIBの重要な要素である成果連動型民間委託契約方式（PFS）の普及促進に取り組むという方針を、「経済財政運営と改革の基本方針2019」（2019年６月21日閣議決定）や「成長戦略実行計画」（2019年６月21日閣議決定）等において打ち出し、そのための司令塔組織として、2019年７月、内閣府に成果連動型事業推進室（PFS推進室）を設置しました。さらに、2020年には、「成果連動型民間委託契約方式の推進に関するアクションプラン」（2020年３月27日成果連動型民間委託契約方式の推進に関する関係府省庁連絡会議決定）、「経済財政運営と改革の基本方針2020」（2020年７月17日閣議決定）、「新経済・財政再生計画改革工程表2020」（2020年12月18日経済財政諮問会議決定）において、特に医療・健康、介護、再犯防止、就労支援等の社会的事業においてPFS事業の普及を促進することが明記されました。こうした政府方針の下、内閣府PFS推進室を中心として、国の各省庁におけるPFS/SIBの取組みも活発になっています。具体的には、厚生労働省では保健福祉分野、経済産業省ではヘルスケア分野（医療・健康、介護）、国土交通省ではまちづくり分野、法務省では再犯防止分野において、国の事業への活用のみならず、地方自治体におけるPFS/SIBを活用した事業の創出を支援する取組みが進められています【図表２－７】。

15 第195回国会参議院会議議事録第６号。『官報号外』（平成29年12月４日）

【図表２－７】各省庁におけるPFS/SIBに係る取組み

	主な取組み内容
内閣府	★ポータルサイト構築、パンフレット作成、PFSに関する情報発信 ★共通的ガイドライン作成 ★成果連動型民間委託契約方式推進交付金等 ★PFS官民連携プラットフォーム ★地方公共団体におけるPFS事業案件形成支援事業 ★地方公共団体への講師派遣
厚生労働省	★保険者努力支援交付金【国民健康保険】 ★地域支援事業交付金【介護保険】 ★介護保険保険者努力支援交付金・保険者機能強化推進交付金 ★保健福祉分野でのPFS/SIBモデル事業
経済産業省	★ヘルスケア分野でのPFS/SIBモデル事業 ★ヘルスケア分野のエビデンス整備・SIB導入手引き作成 ★セミナー開催等を通じた普及啓発
国土交通省	★まちづくりファンド支援事業 ★まちづくり分野でのSIB導入案件に対する支援
法務省	・再犯防止分野でのSIB事業（非行少年への学習支援）

なお、表中「★」の事業については、地方自治体支援あるいは連携事業を指します。

（出典）PFS施策説明会（2021年３月18日）の各省庁資料[16]より筆者作成

こうした政府の動きもあり、PFS/SIB活用を検討する日本の地方自治体は徐々に増えてきています。しかしながら、これまでPFS/SIBに関する日本国内の報道や書籍等を通じた情報発信は極めて少なく、PFS/SIBという言葉自体が関係者以外ではほとんど普及していない、またはその限られた側面の情報にしか接することができていない状態でした。2019年に内閣府PFS推進室が発足してからは、PFS/SIBに関するまとまった調査報告書やガイドライン、取組み事例集などが関係省庁からも出され、内閣府のPFSポータルサイト[17]に掲載される情報が増えてきましたが、それでもまだ、一般的にはもちろん、行政の関係者の間においてさえその認知度や普及度は低いと言わざるを得ないのが現状でしょう。

---

16 内閣府HP　https://www8.cao.go.jp/pfs/seminar20210318.html
17 内閣府HP　https://www8.cao.go.jp/pfs/index.html

このように日本ではPFS/SIBの一般的な認知がまだまだ広がっていない状況ですが、内閣府PFS推進室のパンフレット[18]によると、それでも2019年度末時点で、50の地方自治体で59件のPFS事業が実施されており、PFSを活用する地方自治体数は年々増加しています。ただし、複数自治体が連携して組成するプロジェクトもあるため、プロジェクトごとにまとめて数えると、全部で35プロジェクトとなります【図表２－８】。また、そのうち民間の資金提供者が存在するプロジェクトをSIBとした場合、SIBプロジェクトは19件となります。

---

18 内閣府HP　https://www8.cao.go.jp/pfs/pamphlet.pdf

【図表２－８】日本のPFS/SIBプロジェクト

事業開始年度	自治体名	分野	事業規模（万円）	事業期間	SIB有無
2013年	品川区ほか	介護	－	－	－
2016年	東近江市	まちづくり	年度による	１年（継続）	○
2017年	八王子市	医療・健康	976	３年	○
	神戸市	医療・健康	3,406	３年	○
	伊那市ほか	医療・健康	成果達成者×７	１年	－
	天理市	介護	25	１年	－
	久留米市	まちづくり	900～1,000	１年（継続）	○
2018年	広島県ほか	医療・健康	2,229	３年	○
	大分県ほか	医療・健康	879	１年	○
	岡山市	医療・健康	３億7,038	５年	○
	川西市ほか	医療・健康	非公表	５年	○
	合志市	介護	900	１年	○
	大牟田市	介護	700～950	１年（継続）	○
	大阪府	子ども	900	１年	○
	池田市	子ども	900～950	１年（継続）	○
	佐倉市	就労支援	900～950	１年（継続）	○
	西条市	まちづくり	年度による	１年（継続）	○
2019年	多摩市	医療・健康	1,255	３年	－
	宇部市ほか	医療・健康	非公表	５年	○
	福岡市	医療・健康	5,760	３年	－
	浦添市	医療・健康	950	１年	－
	埼玉県	医療・健康	１億559	１年	－
	鎌倉市	医療・健康	708	２年	－
	山梨県	医療・健康	１億4,100	５年	－
	豊中市	医療・健康	6,100	３年	○
	横浜市	医療・健康	500	１年	－
	大牟田市	介護	1,364	４年	○
	堺市	介護	4,429	３年	－
	雲南市	介護	950	１年	－
	大川市	介護	749	１年	－
	奈良市	介護	950	１年	－
	美馬市	介護	3,840	５年	○
	岡山市	就労支援	２億3,504	４年	○
	鎌倉市	庁舎管理	－	２年	－
	東京都	子ども	年度による	２年	－

※事業規模は契約金額等の千の位以下切り捨ての数値。

※事業期間において、「１年（継続）」は単年度事業を複数年継続実施の意味。

（出典）内閣府PFSポータルより筆者作成

【図表２-９】日本のPFS/SIBプロジェクトの対象分野

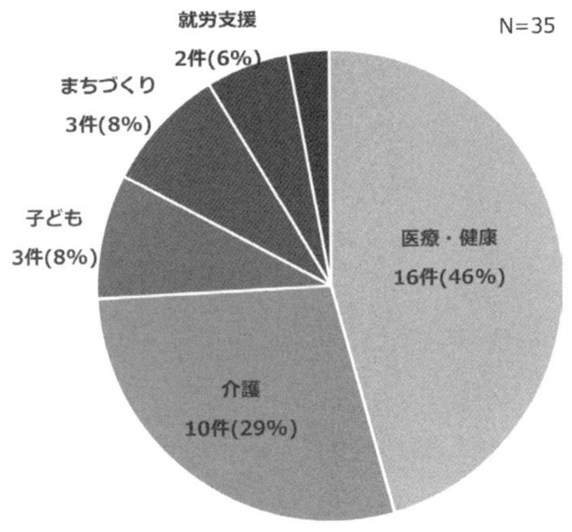

（出典）筆者作成

【図表２-10】日本のSIBプロジェクトの対象分野

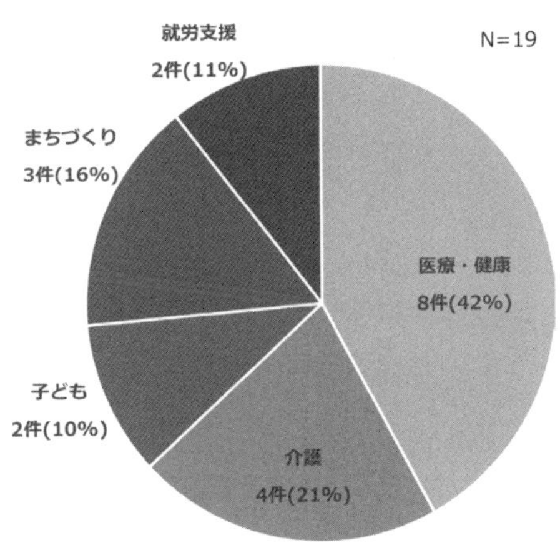

（出典）筆者作成

日本のPFS/SIBプロジェクトは、医療・健康及び介護のいわゆるヘルスケア分野に偏重していることが特徴と言えます【図表２-９、２-10】。具体的には、医療・健康分野では、がん検診受診率向上、糖尿病性腎症重症化予防、健康増進など、介護分野では、要支援・要介護改善、フレイル（虚弱）予防などを対象にした取組みがみられます。これはPFS/SIBに利用できる国の補助金として、当初厚生労働省や経済産業省のヘルスケア関連の支援施策が多かったという財源要因や、成果指標や事業効果を比較的数値化しやすいといった評価要因、また初期のパイロット事業を通じて浮き彫りになったヘルスケア以外の分野での成果連動型の政策介入の難しさといった事業性要因などが影響していると考えられます。

地方自治体のPFS/SIBに対する捉え方については、2019年に日本総研が実施した地方自治体向けアンケート調査[19]によると、SIB導入の検討状況については、「議論、検討の対象にはなっていない」（544団体、79％）、「一部、議論、検討しているが、具体的な動きにはなっていない」（102団体、15％）が上位となり、SIB導入済または導入に向けた具体的な議論を行った自治体は31団体（４％）という結果でした。また、成果連動型民間委託（PFS）導入の検討状況については、「興味・関心はあるものの議論、検討は開始していない」（345団体、88％）、「一部、議論、検討しているが、具体的な動きになっていない」（31団体、８％）が上位となり、PFS導入済または導入に向けた具体的な議論を行った自治体は14団体（４％）という結果となり、地方自治体にとってPFS/SIB導入はまだまだハードルが高いという現実がみてとれます。また、同アンケートによると、「既にSIBを導入している」、「SIBの導入を検討している」、「SIBに関する情報を収集している」のいずれかを選択した地方自治体が、SIB事業を推進する場合にボトルネック（障壁）となりうる点として挙げたのは上から順に、「SIBの事業構築コストに対する具体的成果（費用対効果）の創出」（43団体）、「成果を判断する指標の設定」（42団体）、「的確なサービス提供者の見つけ方・選定の仕方」（19団体）、「成果の正しい評価（正しい評価を実施できる組織等の探索）」（19団体）となっています。PFS/SIBでは、支払額が事業成果に連動する以上、事業の効果をいかに測定し客観的に評価するかという点が従来の施策以上に重要な意味を

19 日本総研（2019）「地方公共団体におけるまちづくり分野へのSIB活用に向けた意識・動向等の調査について（自治体向けアンケート調査の結果（確定値）について）」、実施期間：2019年９月27日～10月11日、対象：全国の都道府県市町村（1,788団体）、回答数/回答率：678件/37.9％。https://www.mlit.go.jp/common/001344037.pdf

持つことになるため、この点を曖昧なまま進めるのは地方自治体にとってはリスクになり、導入に向けた具体的な議論に至らないということになっていることが読み取れます。

こうした課題の存在により、日本の地方自治体におけるPFS/SIBの広がりはまだまだ限定的ですが、このような中においても、先行して取り組まれている35件のPFSプロジェクト（うち、SIB活用は19件）の内容はいずれもチャレンジングで、興味深い内容となっています。

日本のSIBは何がユニークか

英国・米国・豪州のSIBのうち、民間資金調達金額及び事業実施期間がImpact Bond Global Databaseにて公表されている案件を抽出し、民間資金調達金額を縦軸、事業実施期間を横軸として、各国のSIBを散布図にしたのが【図表２-10】です。なお、日本については、本データベースにほぼ情報が掲載されていないことから、【図表２-10】で示したSIBプロジェクト15件[20]を対象とした散布図を作成し【図表２-11】の中に並べました。

20 内閣府PFSポータルに掲載された日本のSIB事業19件のうち、東近江市及び西条市は単年度事業の継続事業であり年度毎の予算額が異なるため除外しました。また川西市や宇部市等による自治体広域連携案件は、事業規模が非公表であることに加え、事業期間は５年であるもののSIBを活用した資金調達を行うのは３年目以降の予定とされていることから除外し、計15件の散布図としています。

【図表２-11】民間資金調達額・事業実施期間別SIBプロジェクトの分布

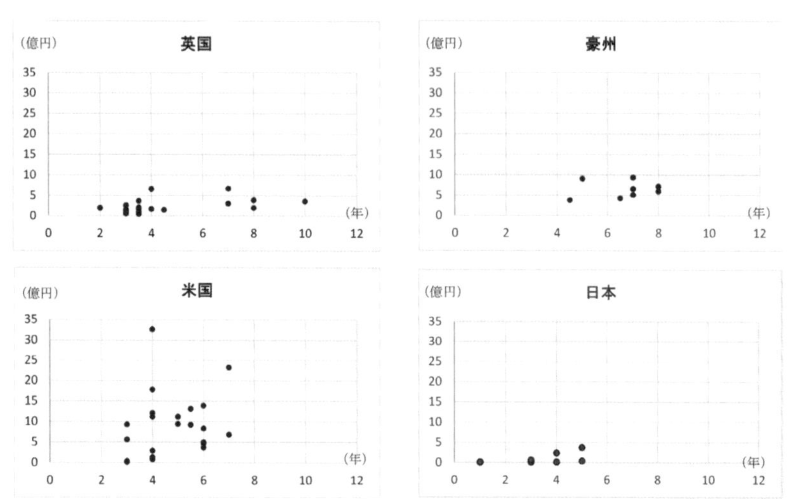

（出典）Impact Bond Global Database及び内閣府PFSポータルより筆者作成

まず諸外国のSIBの分布の特徴をみると、英国は１件あたりの資金調達金額が５億円以下の案件が大半である一方で事業期間は２～10年まで幅広くなっています。米国は１件あたりの民間資金調達金額が10億円を超える案件も多い一方で、事業期間は５年程度に設定されているものが多いです。豪州は米国と英国の中間あたりに位置づけられる規模の案件が多く、事業規模は５～10億円、事業期間は４～８年の間に概ね分布しています。これに対して日本のSIBは、諸外国のSIBと比較すると１億円未満の小規模な案件が多く、事業期間も１～５年までであり総じて短くなっています。なぜ日本のSIBは諸外国に比べて小規模で事業期間も短く、さらには日本特有の取組みも出てきているのでしょうか。

第一に、法制度及び実施体制の整備状況の違いが挙げられます。日本では社会的インパクト投資やSIBに特化した法制度は存在しません。またPFS実施を推進する体制として、英国や豪州のように、国や地方の取組みを面的に広げる仕組みもありませんでした。しかし2019年以降、日本でも取組みに前進が見られます。国レベルでは2019年７月に内閣府にPFSの司令塔部署としてPFS推進室が設置され、地方レベルでは、2019年２月に内閣府沖縄総合事務局がSIBを含むPFS事業の普及を目的に県内市町村をメンバーとする「沖縄県成果連動型推進プラットフォーム」[21]を発足、また2019年12月には神奈川県がSDGs実現に向けてSIBを含むPFSの導入・実践に県と市町村が連携して取り組む「SDGs成果連動型事業推進プラットフォーム」[22]を発足させました。こうした動き自体は大きな前進ですが、内閣府PFS推進室の設置や地方のプラットフォーム創設の直接的な効果として、新たなPFS/SIBプロジェクトが地方で組成されるようになるのは早くても2020年度以降の話となるでしょうから、本節で記載している2019年度までの35件のPFS/SIBプロジェクトの制度設計にはほとんど影響を与えていないと考えても差し支えないでしょう。このような中、2021年２月に内閣府PFS推進室は「成果連動型民間委託契約方式（PFS）共通的ガイドライン」をとりまとめ発表しました。これまでは地方自治体がSIBに取り組もうとしたとき、その拠り所になる日本語によるガイドライン等がほとんどなく、少ない前例を参考にしながら事業を構築するしかありませんでした。その結果として、SIB実施における不確実性は高くなり、たとえSIBを実施するとしてもリスクを抑えるために、まずは小さく始めようという発想になる傾向にあったと考えられます。

第二に、PFS支援施策の規模の違いが挙げられます。米国や豪州では、SIB実施を推進するために10年間という長期計画で数十億円規模の国予算を組んでいるのは既に述べたとおりです。他方、日本では内閣府のPFS推進事業として計上された一般会計予算額は2020年度で1,500万円でした。2021年度では8,500万円[23]と増加していますが、諸外国と比べると見劣りする規模感であることは否めません。日本においても各国と同様に、政府戦略等においてSIB推進の方針を明記しているものの、これまではあくまで地方創生推進交付金の一案件としての採択や、各省庁の個別テーマの調査事業等においてフィージビリティ・スタディ（実現性調査）を行うといった程度の対応に概

21 内閣府沖縄総合事務局HP　http://www.ogb.go.jp/zaimu/zaimu_yuushi/SIB
22 神奈川県HP　https://www.pref.kanagawa.jp/docs/bs5/seikarendou/platform.html
23 内閣府HP　https://www8.cao.go.jp/pfs/seminar/naikakuhu20210318.pdf

ね留まってきていたのが実態です。すでにご紹介した英国などでは、大小様々な規模のアウトカムファンドが官民に存在しており、SIB事業に際して資金調達がしやすい環境が整備されていますし、SIBを推進するような税制度も発達しています。こうした支援施策のダイナミックさを比べると、日本の支援体制は規模としては小さいと言わざるを得ません。

第三に、SIBのプレイヤー数の違いが挙げられます。英国の民間基金や非営利団体、米国の金融機関や慈善財団、更にスタートアップやソーシャルベンチャーを含むサービス提供企業の層の厚みと比較すると、日本は社会的投資分野に関する歴史的な積み重ねが浅く、数億円規模かつ複数年事業を実施するSIBの主要な担い手になりうる団体・企業等の層は必ずしも厚くはなく、諸外国と比べて大規模なSIBを組成するための体制を構築しづらい状況にあります。こうしたプレイヤー不足は地方に目を向けるとより顕著です。そもそも地方においてPFS/SIBを組成しようとする人がどれだけいるのかということは課題ですし、また仮にPFS/SIBプロジェクトを発足させようとしても、中間支援組織やサービス提供事業者になりうる機関がどれほどあるのかということも課題となります。少なくともPFS/SIBプロジェクトを企画し推進するためのプレイヤーが、日本においては英国・米国・豪州ほど身近に多く存在するほどには定着していないというのは確かであり、どうしても手探り状態で始めることになるため、事業規模としても小規模になる要因になっているということが考えられます。

更にこれらの要因に加え、思想の違いを背景とした社会要因に着目する研究もあります[24]。例えば、英国・米国・豪州が、歴史的にキリスト教のプロテスタントの影響を大きく受けた社会的背景から、民間における慈善事業や寄付活動が一般化し社会制度に組み込まれているのに対して、日本では福祉政策は政府部門が担うべきという考えが根強く、SIBの基本となっている英米との類似の社会制度や慈善事業の基盤や思想が十分に備わっていないため、政府に代わって社会的な事業を提供する組織、社会的なプログラムを評

24 杉本・ジョセフ（2013）、pp.91-104

価する第三者機関などのSIBの主要プレイヤーを探すにはかなりの困難が伴うのは必然であると指摘しています。こうした社会要因については、たとえそれが事実だったとしても、事象の要因として実際にどの程度寄与しているのかを定量的に示すことが困難であり、また一朝一夕に対応できることでもないので、それが要因だからといって何をどうすればよいのか、と実務の観点からはなってしまいがちです。しかし、こうした日本の社会要因についてもきちんと目を向け、欧米の施策をそのまま日本に当てはめるのではなく、思想の違いなどが背景として存在していることを理解し、日本あるいは日本の各地域で導入する際にはどのようにアレンジしていくかを考え、修正しながら導入を図ることが重要ということも言えます。

ここでは主に、諸外国のSIBと日本のSIBの違いを中心に比較し、日本のSIBの特徴について述べてきました。しかしながら、日本のPFS/SIBプロジェクトについても、それぞれの成り立ちは異なり、事業設計も各プロジェクトの内容に応じてアレンジが加えられていますので、同じ内容というのもあまり見当たりません。また、PFS/SIB事業を検討するきっかけが、首長などからのトップダウンか、現場職員からのボトムアップかということで、その後の庁内の意思決定プロセスや財政部局との協議の内容も異なってきます。そして予算源としては国補助金や財団助成金等で補填しながら進めるか、分野によって活用可能な市独自の基金や特別会計等を活用し、行政内部の予算化プロセスが厳しい一般会計からの支出をできるだけ抑制しようとしているケースも見られます。なお、本来政策効果の不確実性を下げるために、自治体間では政策決定の相互参照[25]が発生するとされていますが、SIBにおいては相互参照があまり進んでいません。それは、各PFS/SIBプロジェクトがそれぞれ非常に個性の強い内容になっていることに加え、SIB組成の知見を有する外部機関を相談相手として持っているかということや、首長の政治思想や中央省庁からのハイレベルでの出向者の有無など、各自治体固有の内部事

25 伊藤修一郎（2002）『自治体政策過程の動態―政策イノベーションと波及―』慶応義塾大学出版会。相互参照とは「自治体が政策決定に際して、他の自治体の動向を参考にする行動を指」（p.21）し、「不確実性が高い状況下で他者の行動を参照し、その情報によって意思決定に伴う不確実性に対処しようとする行動」（p.28）と説明しています。

情が大きく左右する段階であり、少なくとも現時点では他自治体での再現可能性は必ずしも高いとは言えない実態が見て取れます。

Pay For Success & Social Impact Bond

第3章 PFS/SIB的発想で考える

第１節　公共政策としての位置づけ

なぜ公共政策から考えるのか？

PFS/SIBは事業の成果を測定し、成果に応じて報酬を支払うという成果連動型の事業です。このような制度を用いた政策を企画立案するためには、政策の効果と成果指標をどのように設定するか、成果と手段との間の因果関係の有無をどのように判断するのか、といった問題を検討することが必要となります。また、成果を測定するためには実行が不可欠であるので、企画立案された政策をどのように実行に移していくか、という点も重要となります。もっとも、これらの問題はPFS/SIBに特有のものではありません。公共政策の分野において常に議論されてきた問題です。ここで公共政策という用語が出てきましたが、公共政策とは社会問題（政策問題）の解決の方向性と具体的な解決手段のことをいいます[1]。

PFS/SIBは成果を強く志向する制度であるため、その政策企画立案においては政策の効果を明確に測定できる形で解決手段を検討する必要があります。そのため、PFS/SIBの企画立案においては通常の政策にも増して公共政策の諸問題が顕在化します。そこで、PFS/SIBの公共政策としての位置づけを整理するとともに、公共政策における議論を紹介します。その内容には若干抽象的な議論も含まれるため、PFS/SIBに取り組むための実践的なガイド

1　秋吉貴雄・伊藤修一郎・北山俊哉（2020）「公共政策学の基礎〔第３版〕」有斐閣、p.3

ブックを目指す本書のコンセプトに反すると感じる方もいるかもしれません。しかし、公共政策の議論を参照することにより、PFS/SIBの制度設計や実施方法の検討の際に考慮すべき事項や留意点が明らかとなるため、PFS/SIBに取り組むための実践的なガイドになると考えます。

アート　or　サイエンス

■ サイエンス時代の到来

政策を企画立案するという行為は、どのような性質の行為でしょうか。この点について、公共政策はアート（技芸）なのか、サイエンス（科学）なのか、それともエンジニアリング（工学）なのか、という問題提起がなされてきました[2]。この議論は公共政策におけるもっとも根源的な問いの一つであり、政策企画立案の本質的な問題です。

政策を企画立案するという行為は、政策の目標を実現するための手段を考える行為です。たとえば、PFS/SIBを用いた政策を企画立案する場合、目標を設定し、その目標達成の有無を測定することができる指標の候補を探すことになります。このプロセスにおいて、ある物事とある物事の因果関係を見つけ出す作業が必要となります。この作業は、かつては個人の職業経験に基づく勘や暗黙知によって行われることもありました。しかし今日では、合理性や事後的な検証可能性が必要とされるため、資料やデータに基づき科学的に行うこと、すなわちサイエンスに基づくことが求められます。

サイエンスという言葉からは、定量的[3]な手法により政策決定をしていくことがイメージされますが、その内容については議論があります。その詳細をここで述べることはできませんが、統計学や数理的・計量的アプローチを用いて合理性のある政策を立案していくことを例として挙げることができます。統計資料やデータを活用すれば、これまで人間には見えてこなかった物

2　秋吉・伊藤・北山（2020）、p.17

3　定量とは数値で現れる要素のことをいい、定量的分析とは物事の変化や状態を数値に直して分析することをいいます。これに対し、数値化できない要素に着目した分析を定性的分析といいます。

事の関係を見つけ出すことも可能となります。例えば、重回帰分析[4]という統計手法を用いれば、関連する複数の事項（説明変数）のうち、どの事項（変数）がどの程度結果を左右しているのかを数値化し両者の関係を表すとともに、それを元にして将来の予測を行うことも可能となります。そのため、意外な要因が結果に大きな影響を与えていることが判明する場合もあります。このような手法は過去のデータから科学的に効率よく成果指標やロジックモデルを設定することに繋がりますので、今日の政策企画立案に不可欠なアプローチであるといえます。

■ EBPM（イービーピーエム）

政策企画立案をサイエンスと考える延長線上にEBPM（Evidence-Based Policy Making：データや証拠に基づく政策立案）という考え方があります（第１章第１節参照）。これは政策の企画を個人の経験やその場限りのエピソードに頼るのではなく、合理的根拠（エビデンス）に基づいて行うことをいい、政策効果の測定に重要な関連を持つ情報や統計等のデータを活用して政策の有効性を高めると共に、国民の行政への信頼を確保することを目的としています。

現在日本では人口減少や少子高齢化が進んでおり、行政機関はこれまでより少ない人的リソースや財源の中で行政サービスを維持していくことが求められています。そのためには行政資源を有効活用し、効率的に政策企画立案していくことが必要となります。EBPMはデータや証拠に基づいて政策立案を行う手法であるという点で合理性や事後の検証可能性が担保されますが、行政資源の活用による効率的な政策実現という点からも期待が寄せられています。

4　回帰分析とは、ある原因（説明変数／独立変数）がある結果（目的変数／従属変数）に対してどのように影響するかを分析する統計的手法のことをいいます。原因が一つの場合の回帰分析を単回帰分析といい、原因が複数の場合の回帰分析を重回帰分析といいます。

■ サイエンス（科学）で万事解決!?

サイエンスに基づく政策企画立案には因果関係を明らかにするプロセスが含まれますが、社会は多数の要因が複雑に影響しあって成り立っており、分析の対象が固定しておらず変化し続けていることもあります。そのため、本当に因果関係があるのか否か、その関係を明らかにすることは容易ではありません。

また、データに基づいて分析するといっても、その時点で必要なデータが十分に揃っていない場合もあります。分析方法に問題が潜んでいる可能性もあります。人間が気付きにくい物事の関係性を明らかにすることにサイエンスの醍醐味がありますが、逆に、その分析に問題があっても人間が問題に気が付かないおそれもあります。

政策企画立案をサイエンスのアプローチで行うことは有効な手段ではあるものの、即時に最適解が導かれるわけではありません。事後的に政策を検証した結果、前提としていた仮説に間違いがあると判明することは当然あり得ることです。そのため、サイエンスによる政策企画立案には、その時点で最善と思える仮説を定立し、仮説を実行しながら新たなデータを収集して仮説を検証し、仮説に問題があれば修正していくといったフィードバックを繰り返すプロセスが必要となります。政策は一旦立案すれば終了するものではなく、実践と検証が必要となります。その意味で、サイエンスに任せれば万事解決というわけではありません。

■ 政策は職人芸!?

公共政策をサイエンスと考える立場とは対極のものとして、公共政策はアート（技芸）であるという考え方があります。この立場は、政策企画立案や特にその実施には個人の経験に基づく職人芸的な要素が強く影響すると考えます。

政策を立案して実施すると多数の関係者に大きな影響を及ぼします。政策を実施することによりプラスの効果を享受できる人もいればそうでない人もいます。また、何かに予算を割くことは何かから予算を削ることにもなります。そのため、政策を企画立案する際には、多数のステークホルダーの利害の調整を図る必要があります。

企画した政策のアイデアを実際の政策にしていくプロセスも簡単なものではありません。所属部署の理解のみならず、関係部署の理解、財政部局との調整、議会対応、市民への説明などさまざまな調整を経なければいくら優れた政策プランを思いついたとしても実現には至りません。こういったプロセスにはコミュニケーション能力や調整力といった個人の技量が大きく影響します。

また、政策企画立案には職業的経験に基づく勘や直感も必要となります。政策企画立案をサイエンスによって行うにはデータが必要ですが、データは基本的には数値化できるものでなければなりなせん。数値化できなければ統計的な分析に用いることも困難であるからです。膨大なデータを集め、そのデータをもとに政策企画立案を試みることが有効であるとしても、数値化できない物事については基本的にはサイエンスの対象外となってしまいます。そのような数値化できない事情についてどのように汲み取り、どのように政策に反映させていくか、それはアートの対象であり、職人芸の領域です。

さらに、いかに理論的に優れた政策ができたとしても、それを現実にどのように実装していくかという問題があります。政策にはたくさんの人が関わります。これまで別のやり方でやってきた人やこれまで現場に関わってきた人の気持ちを無視し、「データに基づく理論的に優れた政策だから明日からこの通りにやってほしい」と突然頭ごなしに現場に投げただけでは、どれだけ優れた政策であっても、それがうまくいくとは限りません。

政策を実現するためには、政策自体の正しさとは別に、正しい方法で進める必要があります。これまでの経緯や地域の事情などを踏まえ、立案した政策がスムーズに実現するように進めていくことが重要です。このような点に鑑みれば、現場に政策を実装させていく過程はサイエンスの領域ではなく、個人の職人芸、つまりアートの領域であるといえます。

サイエンスに基づく政策の立案と政策を実装させるアートとの関係は、家を建てる際の建築士と大工の関係に例えることができます。建築士は建築基準法に適合し科学的に安全性が担保された設計図を書きます。実際に家を建てるのは大工です。大工は設計図の内容を理解し、場合によっては地域の特性や気候、天候などに応じて裁量の範囲内で建て方を考え、実際に家を建てていきます。いくら設計図の内容が素晴らしくても、それを大工が理解できなければ、設計図の意図や内容に沿った良い家を建てることはできません。

サイエンスの観点から正しい政策であることと、その政策が実現して成果が出ることは似て非なるものです。そして、政策が目指した目標が結果に繋がるように、その二つを繋ぐものがアートなのです。

■アートがサイエンスを支える

政策企画立案にはサイエンスとアートが必要であり、一方のみでは政策実現は困難であるため、両者の関係は政策目的実現のための両輪と例えることができます。もっとも、両者はそれぞれが不可欠というだけではありません。

サイエンスに基づいて政策を立案するためには、データや証拠が不可欠です。立案された政策は結果に基づいて検証されなければなりません。そのため、サイエンスに基づく政策企画立案は常に実際に実行した結果やデータを必要とします。

他方、個人の技芸・職人芸のみに依拠して目的を実現しようとする行為は、合理性が担保されず、また事後的な検証も難しいため、今日のあるべき政策の姿ではありません。アートの力を発揮するためにもサイエンスの力が求められます。

このようなサイエンスとアートの関係に鑑みれば、「アートなくしてサイエンスなし」「サイエンスなくしてアートなし」という関係にあるといえます。すなわち、サイエンスに基づく政策を機能させるためにはアートが必要であり、アートの機能を発揮するためにはその前提として合理性のある政策が必要です。その意味で、両者は互いに補い合う関係にあるといえます。

成果目標を設定し、事後的に成果を測定し、成果に応じて報酬を支払うというPFS/SIBにおいては、通常の政策企画立案以上に、因果関係の検証が強く求められます。それであればこそ、サイエンスを支えるアートの要素も重要となってきます。PFS/SIBにおいては、サイエンスとアートの強い協働が求められます。

公共政策がアートかサイエンスかという問題提起の正解は二者択一のものではありません。この議論は政策企画立案及びその実装方法を検討する際の視点（モデル）を示しているにすぎません。検討するタイミングによってどちらに重きを置くかというバランスは変わりますし、両者が表裏の関係にある場合もあります。

本書ではPFS/SIBの事例等を紹介していきますが、事業の分野によってサイエンスとして考えることが有効なものもあればアートとして進めることが有効なものもあります。また同じ事業であっても、サイエンスの視点で考える方がよい場面や、アートとして進める方がよい場面があるかもしれません。政策企画立案においてはこのような複数の視点があるということを知っておくことが重要であるといえます。

【図表３－１】

■ サイエンスとアートの境界

サイエンスとアートの境界自体も曖昧になってきており、必ずしもきっちりと分けることはできません。

サイエンスのアプローチでは、データをどのように集め、そのデータをどのように活用するかという点が重要となります。しかし、政策企画立案の基礎となる要素が必ずしも数値化できるものとは限りません。その結果、数値化できない要因は統計的な分析に用いることが出来ず、基本的にサイエンスの対象外となってしまいます。そのような数値化できない事情についてどのように政策企画立案において汲み取り、どのように政策に反映させていくか、それはアートの対象であると述べました。

もっとも、これとは別のアプローチとして、本来数値化できない事象を別の形で数値化し、サイエンスの対象に取り込んでいく動きもあります。

アメリカの政治学者ロバート・パットナム（Robert D. Putnam）はイタリア各州の民主主義のパフォーマンス効果に格差が生じた原因を調査し、ソーシャル・キャピタル（社会関係資本）の蓄積の違いが政策の成否に影響を及ぼしていると指摘しました[5]。ソーシャル・キャピタルの定義にはさまざまな立場がありますが、ここではイメージしやすいように市民間の連携、地域社会への信頼、地域の社会問題に関わる自発的団体の多様さなどと考えます。パットナムは、市民参加の水平的なネットワークの形態をとるソーシャル・キャピタルが政治や経済のパフォーマンスを高めると考えました。

パットナムの議論の特徴は、これまで数値化することが難しかった人と人との関係という要素について、完全ではないにしても数値化を行い、サイエンスによる分析の対象にしようと試みた点にあるといえます。その結果、従来はアートの領域のものと考えられてきたものがサイエンスの領域に入ってくるなど、両者の境界は相対的なものになってきました。

これからの政策企画立案においては、従来数値化できず十分に汲み取れなかった要素をいかにサイエンスによる政策の立案において考慮していくか、といった視点も併せて考えると意外な政策が見つかるかもしれません。

なお、政策企画立案がサイエンスかアートか、という流れの中で、ソーシャ

5　ロバート・D. パットナム著・河田潤一訳（2001）「哲学する民主主義—伝統と改革の市民的構造」NTT出版〔原題：Robert D. Putnam『Making Democracy Work: Civic Traditions in Modern Italy』(Princeton University Press, 1993)〕

ル・キャピタルの話をしたのは、両者が相対的になってきていることの具体例であることに加え、PFS/SIBを考える際にソーシャル・キャピタルという視点を意識することが課題解決のヒントになることがあるからです。PFS/SIBにはパートナーシップで課題解決を図るという発想があります（第１章第２節参照）。次節で紹介する事例の中にも、PFS/SIB事業により地域における人と人との関係が生じ、地域課題の改善に繋がった事例が報告されています。政策のパフォーマンスに影響を及ぼす要因がソーシャル・キャピタルにあるとすれば、PFS/SIBの発想は地域の課題解決の糸口となる可能性を秘めています。

行政の無謬性　～行政は間違わない!?～

行政は間違いを犯さない、行政は失敗しない、行政の判断は常に正しい……かつてはこのような考え方がありました。このような考え方を「行政の無謬性（むびゅうせい）」といいます（第１章第２節参照）。

世界の歴史を振り返ると、ヨーロッパの絶対君主政の時代では王権神授説などの考え方を背景に「国王は悪をなしえず」と考えられ、国家の責任は否定されてきました。近代国家においてもその考え方は引き継がれ、20世紀に入りようやく国も間違いを犯すという考え方が認められるようになりました。日本でもかつては国家は間違いを犯さないものと考えられており、明治憲法の時代も「国家無答責の原則」の下、国家の責任は否定されてきましたが、日本国憲法により初めて国家が間違いを犯すことがあるということが認められました。

もちろん、行政が間違いや失敗を犯すことは望ましいことではありません。政策を実行する以上、政策目標は達成され、成功することが期待されます。

しかし、行政が失敗を認めない態度は、「行政は間違いを犯してはならない」「行政は失敗してはならない」という規範的な考え方に繋がるだけではなく、「成功することしかやらない」「失敗するリスクのあることはやらない」

といった萎縮的な効果も生じさせます。その結果、政策として取り組める領域が限定され、難しい社会課題に向き合うことが出来なくなるおそれがあります。

世界では日々新しい社会課題が誕生しています。しかも、問題は多様化し複雑化しています。行政が有する既存の知識やノウハウだけで必ずしもすべての課題を解決できるとは限りません。このような時代に、行政が「成功することしかやらない」「失敗するリスクのあることはやらない」という態度をとることは許されるでしょうか。

むしろ、不確実な世界の中で、必ずしも結果が出るか分からない課題についても、その時点で最善と考えられる政策を立案して実行していくことが求められています。政策企画立案とは完全無欠で唯一無二の正解を探究する作業ではありません。その時点でベストと考える政策を立案して実行するものに過ぎません。

行政の無謬性という考え方からすれば、行政が作った政策が間違うはずがなく、どんな結果になろうとも修正したり変更したりすることはあり得ないため、いったん立案された政策は最後までやり遂げるしかありません。しかし、目を瞑って「間違っていない」「間違うはずがない」と唱えていても現実に起きている課題は何も解決しません。

政策を立案する立場でも政策を現場で実践する立場でも、政策が絶対に正しいものであるとは考えず、実行した結果やデータを検証し政策を修正するプロセスが重要であることはこれまでも繰り返し述べてきました。このような考え方と親和性が高いのがPFS/SIBです。PFS/SIBは必ずしも成果が出るとは限らないことについて仮説を立てて実行し、成果指標の達成具合により事後的に成果を評価するというプロセスを前提としています。そのため、PFS/SIBは結果に幅が出ることを前提としています。成功か失敗かではなく、目標達成率が50%であっても80%であっても失敗とは考えずに相応に評価する制度です。そうであるからこそ、PFS/SIBは大胆に社会問題にチャレンジできるという側面があります。もちろん、すべての政策がこのようなスタイルのものである必要はありません。必ず成果が出ることが期待される政策も存在します。しかし、PFS/SIBのように不確定なものにチャレンジできる選択肢があること自体が重要であると考えます。

因果関係

政策企画立案において因果関係の検討が重要であることは既に述べてきました。では、ある事象とある事象との間に因果関係があるということはどういうことでしょうか。

そもそも因果関係の定義については議論があります。しかし、ここではある物事と物事が連動する関係にあるという状態（相関関係）ではなく、「AがSじればBが生じる」というような原因と結果の関係にあることと考えます。

日本には昔から「風が吹けば桶屋が儲かる」という言葉があります。これは江戸時代に生まれたと言われる言葉ですが、ある事象の発生により一見すると全く関係がないと思われる物事に影響が及ぶことを意味します。この言葉では、「風が吹く」ことと「桶屋が儲かる」こととの間に何らかの関係があることを示されています。では、両者の間に因果関係があるといえるでしょうか。

「風が吹く」ことと「桶屋が儲かる」ことの関係を具体的に検討すると、両者の間には以下のような複数の事情が介在していると考えられています。

＜風が吹く→桶屋が儲かる＞

① 風が吹くと、砂ぼこりが立つ。

② 砂ぼこりが立つと、砂ぼこりが目に入り視力を失う人が増える。

③ 江戸時代では視力を失った人は三味線で生計を立てることが多いので、三味線を買う人が増える。

④ 三味線の胴の部分に張る皮の材料として猫がたくさん捕獲される。

⑤ 猫が減ると、猫が捕獲していたねずみが増える。

⑥ ねずみが増えると、かじられる桶が増える。

⑦ 桶の需要が高まり、桶屋が儲かる。

確かに①から②、②から③と順を追って関係をみていくとそれぞれの間に何らかの関係があるように思えます。原因と結果のような関係がありそうにも思えます。

しかし、よく考えてみると本当に原因と結果の関係にあるか疑問に思えるものや、結果に繋がる可能性が極めて低いと思えるものもあります。例えば②について検討してみると、きわめて強い風が吹き、砂ぼこりが強烈な勢いで舞い上がると、それが目に直撃して視力を失う人が出る可能性は皆無ではないかもしれません。しかし、現実にはそのような強烈な砂ぼこりが立つことは稀であり、仮にそのようなことが起きたとしても視力を失う人が出ることはもっと稀であるように思えます。①から⑦に至るプロセスをみると、それぞれの事象は無関係とはいえず、何らかの関係があるように見えますが、原因と結果の関係を見出すことまではできません。

これを政策企画立案に置き換えて考えてみましょう。例えば、不況に陥った桶屋業界を救済するための政策を立案する場面において、①から⑦までのロジックモデルを設定し、①から⑦の間に因果関係を認め、町中の風通しを良くしたり、大型送風機を設置するといった政策を実行すれば、桶屋は本当に儲かるでしょうか。この政策を批判された場合に、①から⑦までに原因と結果の関係があることが明らかであると再反論することは可能でしょうか。

以上の例は笑い話のように感じるかもしれません。しかし、実際の政策においてもこのようなことが生じている場合があります。政策を正当化するために、因果関係を強弁しているにすぎないと見受けられる場合もあります。

もっとも、それにもやむを得ない面があります。なぜならば、因果関係の有無は非常に分かりにくいものであるからです。因果関係の有無をどのように判断するかということは社会科学の重要な課題であるともいえますし、一定の関係のうち何をもって因果関係があると評価すべきか、という問題もあります。

例えば、次節で紹介するPFS/SIBの各事例では目標の達成を測るためにどのような成果指標を設定することが適切か、目標とする成果と指標との間に本当に因果関係があるかという点で試行錯誤がなされています。成果指標の設定を間違ってしまうと、効果に全く関係のない指標を設定することになるばかりか、効果に関係ない指標に基づいて報酬を支払うということになってしまい政策が何重にも失敗となってしまいます。

政策の効果は複雑であるため、因果関係の有無もそう簡単に分かるものではありません。しかし、だからこそ因果関係の検討は重要となり、政策企画立案の肝となります。

次節からPFS/SIBの実例を紹介します。それぞれの事例を読む際には、どの部分がサイエンスでどの部分がアートなのか、因果関係をどのように考えたかという公共政策的な視点で検討すると、より実践的な分析に繋がります。それらは、各事例の当事者が悩んだ点であると同時に、当事者としてPFS/SIBを立ち上げる際に誰もが直面する問題でもあるからです。

第２節　PFS/SIB的発想事例

1　SIBで地域の想いのバトンをつなぐ ～社会的投資が日常にある地域を目指して～ 東近江市（滋賀県）

【東近江市版SIBの関係者のイメージ図】

＜取材にご協力して下さった方＞※所属・役職は2021年３月31日時点

【地方自治体】○東近江市 総務部 まちづくり協働課 課長補佐 杉島和仁さん、溝江麻衣子さん
…東近江市版SIBの担当者。

【中間支援組織】○公益財団法人東近江三方よし基金 常務理事 山口美知子さん
…東近江三方よし基金立ち上げから携わる東近江市版SIBの旗振り役。

■「東近江市版SIB」という新たな発想

東近江市が取り組む「東近江市版SIB」は、そのオリジナリティの高さから日本のSIBの議論に一石を投じ、今なお日本におけるSIBとは何かを問いかけ続ける事業となっています。本節では、東近江市版SIBのどこに新しい発想があり、また先行者であるがゆえに直面する課題に対して東近江市の関係者がどのように取り組んでいるか、という観点を中心にご紹介していきます。

滋賀県の南東部に位置する東近江市は、滋賀県内で５番目に大きな面積（約388㎢）を有する人口113,494人（2021年４月１日時点）のまちです。東は三重県との県境にそびえる鈴鹿山脈、西は日本最大の湖である琵琶湖に囲まれた自然の豊かさに恵まれ、また、「三方よし」《売り手よし・買い手よし・世間よし》を是とする近江商人発祥の地でもあり、地域のつながりや自治、域内で事業を営む者を大切にしようという歴史・文化が脈々と受け継がれている地域でもあります[1]。そんな東近江市ですが、他の多くの地方自治体と同様、少子化、高齢化、若者世代の転出超過などが進み、人口はすでに減少フェーズに突入しています。

東近江市ではこうした課題に取り組む方向性として、「第２期東近江市まち・ひと・しごと創生総合戦略」（2020年３月策定）においては、「地方公共団体だけでなく、企業、NPO、市民など、地域に関わる一人一人が地域の担い手として自ら積極的に参画できるよう、多様な人材が活躍できる環境づくりを積極的に進めます。」という方針を打ち出しています。そして、「社会的課題の解決を実現する仕組みである東近江市版SIBなど新たな官民連携の取組を促進します。」と、SIBを地方創生実現の具体的施策として明確に位置付けています[2]。これは、地域課題の解決は、もはや市役所だけでは難しく、市民一人一人に地域課題を自分事として捉えてもらい、お互いが支え合いながら取り組まなければ、今後持続可能なまちづくりができないという危機感の表れに他なりません。

さて、ここで出てきた「東近江市版SIB」ですが、なぜわざわざ“東近江市版”と呼んでいるのでしょうか。それは東近江市が実施しているSIBは、

1　東近江市HP　https://www.city.higashiomi.shiga.jp/0000000608.html
2「第２期東近江市まち・ひと・しごと創生総合戦略」（2020年３月策定）、p.3
https://www.city.higashiomi.shiga.jp/0000006131.html

域外から民間資金を呼び込むことよりも、地域住民による少額の出資を広く集め、取組みを応援する人を増やすことを重視する、東近江市が独自に作り上げた仕組みだからです。そこでは行政の事業にSIBの考え方を持ち込んで、地域住民が地域課題解決に対してより強い参加意識を持つことができるような仕掛けを行っていくという発想がベースとなっており、具体的には、市の補助金制度にSIBの考え方を取り入れるというアプローチが取られます。補助金の執行事務というのは、ともすれば補助事業者が支出した費用の領収書のチェックなどの事務作業に追われがちになってしまいます。しかし、制度として成果連動型の視点を組み込むことで、より事業の成果を意識した補助金事務を行うことができるようになれば、より生きた予算の使い方ができるのではないかという考え方がありました。そして東近江市においてSIBを導入する補助金の対象となったのは、SIBの趣旨や考え方と比較的親和性が高い「コミュニティビジネススタートアップ支援事業」でした。同事業は、多様化する地域の課題や困りごとに対して、持続可能性のあるビジネスの手法で解決を目指す市民活動を後押しするというもので、2014年度より開始し、2014年度は４団体、2015年度は３団体に補助金を交付しており、2016年度からは成果連動型補助金改革型SIB活用を模索することとなります。

このように動き出す東近江市版SIBですが、何より驚くべきことは、取組みがトップダウンではなく、ボトムアップによって実現したという点です。それまで庁内どころか国内にもほとんど存在しなかったSIBという新しい概念を持ち込み、既存施策（補助金制度）を上書きする形で実現するというのは並大抵のことではなく、そう簡単に実現できるようなことではありません。それでは、一体どのように東近江市版SIBのアイデアが生まれ、どのように実現に向かっていったのかを見ていくことにしましょう。

■ ボトムアップによるSIBの導入

そもそものきっかけは、東近江市が主催する地域活性化に関する検討会における、社会的投資を地域でも浸透させていく必要があるという議論でした。検討会メンバーの龍谷大学深尾昌峰教授から、社会的投資を地域で実践するための具体的な方法のひとつとして、海外でSIBという仕組みがあるが日本にそのまま導入するには様々な課題があるので、ちょっと形を変えて東近江市で導入してみてはどうかという提案があり、それがすべての始まりとなりました。当時、東近江市職員の立場で、ボトムアップによるSIB導入のキーパーソンである、公益財団法人東近江三方よし基金常務理事（東近江市企画部総合政策課主幹（併任））山口美知子さんは、「深尾先生のご提案がなければ、今の東近江市版SIBはありませんでした。そして、当時の検討会に参加していた、まちづくり協働課の課長が深尾先生のご提案を前向きに受け取ってくださり、同課が担当していたコミュニティビジネススタートアップ支援事業で翌年度１件でもいいから実現できたらいいねと言ってくださったことが、具体的な動きにつながった大きな要因です。」と述べます。

しかしそれを現実の施策として実現させるには、大きな難所がいくつも待ち構えていました。まず、前例のないSIB事業の制度設計として何をどうすればよいのかを整理して詰める必要がありました。庁内関係者の誰もSIBに関する知識を持っていない状態だったため、契約行為を所管している契約検査課、法規を所管している総務課、予算を所管している財政課など、制度設計に関係しそうな部署の30代～40代ぐらいの若手職員何人かに声をかけて、協力してもらえないかとお願いすることから始めたそうです。「幸いだったのは、そのメンバーが、おもしろそうじゃないですかと言ってくれたことです。なおかつ、一般的には出資や投資という言葉自体は普通のことなので、それを行政の中でできるようにするだけですよねと前向きに乗ってくれました。その甲斐あって、実際に契約書をどうするかとか、予算の費目をどうするかとか様々な細かな検討も深めることができ、何とか全体の制度設計の絵を描くことができました。しかし、最も大変だったのは、そこからでした。」と山口さんは述べます。

制度の設計図ができた後は、組織としてその事業を実施することを決定するため、ボトムアップで庁内の意思決定プロセスに乗せることとなります。つまり、関係課長、次長、部長、政策監、副市長、市長、議会に対して順に説明を行い、理解を得なければ施策が実現することはありません。しかし、SIBを活用して補助金改革を行うということに対して庁内の理解を得るのは容易なことではありませんでした。そもそも補助金という仕組みによる支援の手法は、国も含めあらゆる行政機関が実施している事務の形態として完全に定着しているものです。そうした定番の仕組みに対して、当時日本国内で全く馴染みのないSIBという概念を持ち込んで、これまで特に問題なく実施してきた補助金事業をあえて変更しようというのですから、事務的にはある意味でリスクしかなく、懸念が示されるのは当然のことでした。

「なぜ補助金のままではだめなのか」「補助金改革をするにせよ、SIBという手法が妥当なのか」「SIBにより市民から出資を募るというのは、市民に事業リスクを転嫁するという風に受け止められないか」「福祉分野などは民間資金活用ということではなく、そもそも行政が費用負担して取り組むべき本来業務ではないか」「手続きが補助金執行事務以上に煩雑になり、行政コストも増えるのではないか」「単年度ベースで成果を評価することが可能なのか」「そもそも本当に出資してくれる人は集まるのか」など、説明を行うたびに様々な角度から質問や疑問点が投げかけられ、その場で答えられないことは翌日改めて説明に行く、というやりとりが約１カ月にわたり繰り広げられました。

山口さんは当時の状況を次のように振り返ります。「最終的に出資が集まるかどうか、事業がうまくいくかどうかは前例がない以上やってみないと分かりません。しかしそれでも東近江は市民共同発電所[3]などに市民出資するということに慣れているまちなので、住民の皆さんからの出資が集まる土台はあると考えていました。説明される側からすれば、どこまで聞いても半信半疑だったと思いますが、最後はそれじゃあ一度やってみろと言っていただけたのが本当に大きかったですし、そうした説明の前面に立ってくださっていた、まちづくり協働課の方々や、裏方で支えてくれた若手メンバーの皆さ

3　太陽光を利用した市民出資の共同発電所を設け、その売電益を地域商品券で還元する仕組み。
（出典）環境省「第２回循環共生型の地域づくりに向けた検討会」資料２：東近江市における取組みの紹介（2014年11月21日）、p.22
https://www.env.go.jp/policy/chiikikento/index.html

んがいなければ、決して実現することはなかったと思います。」

こうした経過を辿り、とにかくまずは実験的に成果連動の仕組みを補助金に入れてみようということでまとまり、2016年度に実証事業として実施することとなります。そしてその結果がよければ2017年度から改めて予算編成に組み込んでいこうということになるのですが、市の予算措置はあくまで従来の補助事業と同じ予算額のみで、SIB実施スキームにかかる必要な費用については、関係機関が国などから補助金を獲得して事業分を補填するなどしてスタートを切ることとなりました。

■ 地域ファンドを核としたスキーム

東近江市版SIBの中核となるのは中間支援組織としての役割を担う「公益財団法人東近江三方よし基金」（以下「三方よし基金」といいます。）です[4]。東近江市では、2010年以降地域活性化の手法としてコミュニティファンド設置の議論が始まり、2015年度に設置したコミュニティファンド検討会の議論を踏まえ、2016年度に東近江三方よし基金設立準備会が発足し、同準備会での検討を経て、2017年度に三方よし基金が一般財団法人として設立されます（2018年度には公益財団法人化）[5]。

三方よし基金は、SIBを行うための組織というわけではありません。地域の中で、様々な形で資金調達をしやすくする仕組みとして、行政の基金ではなく、市民の財団を作ろうという趣旨で生まれた組織[6]ですので、市民から預かった寄付金を原資として地域活動に対する助成を行ったり、地元の金融機関と連携して融資の仕組みやファンドの組成を行ったり、休眠預金の活用を担ったりという活動を行う中で、SIBの中間支援組織としての役割も果た

4　東近江三方よし基金HP　https://3poyoshi.com/

5　内閣府HP　https://www8.cao.go.jp/pfs/jirei/higashioumi01.pdf

6　公益財団法人東近江三方よし基金　定款
第３条（目的）　この法人は、東近江市の地域的課題を、同市の豊かで特色ある自然資本・人工資本・人的資本・社会関係資本といった「地域資源」を活かしつつ解決を目指す多様な主体並びにその取組みに対し、それらを市民自らが支える仕組みを構築することを通じて、「未来資本」を創出し、東近江市地域の活性化及び循環共生型の社会づくりに資することを目的とする。

しています。つまり、三方よし基金は地域の資金循環を支えるための組織であり、SIBはあくまで地域における社会的投資を広げるためのひとつの手段と捉えられています。

コミュニティファンドについては、これまで国内の多くの地方自治体が組成してきました。その目的は様々で、NPOなどの地域の市民活動を支援するものから、域内のベンチャー企業に出資し成長を支援するものなど様々ですが、成功しているものもあれば、失敗に終わっている取組みも多数存在します。そのような中で、三方よし基金はどのような点を重視して活動を軌道に乗せ、地域になくてはならない存在としての定着を図ってきているのでしょうか。

三方よし基金では、地域において自然資本（生態系・生物多様性等）という大きな資本の中に、社会資本（建設物・工場・道路・住宅等）、人的資本（人口・健康・教育・情報等）、社会関係資本（ネットワーク・家族・友人・規範等）という地域資源があるということをまずは認識しましょうと言っています。そして、そうした地域資源を活かすために、資金を地域内で回す仕組みを作るということを明確に目的としています。地域で回すお金というのは、寄附に限らず、信用金庫への預金も、タンス預金も全て含みますが、それらを市中に流通させて活用しやすくすることを目指しており、基金としての活動のベースが地域にかなり深く根差しているのが特徴的です。

三方よし基金の活動が地域に根付く過程について、山口さんは次のように説明します。「三方よし基金の設立前の議論から、地域の人と人とのつながりを大事にしたいよねとか、地域の自然の中で私たちの豊かな暮らしをしていたいとか、そうした将来像づくりをしてきており、その中でお金の話をどうとらえるかということも議論してきました。そして、三方よし基金を設立して、実際にお金が動き始めSIBなどをやってみると、やっぱりそうだったと感じました。つまり、想いがお金に乗ると、色々なことがつながり始めたり、動き始めたり、人の気持ちを変えたりするということにみんなが気づき始めました。今では寄付金もかなりの額が市内で動いていますし、何となく地域の皆さんにとって当たり前になってきているように思います。」

東近江市版SIBのスキームでは、三方よし基金、湖東信用金庫、プラスソーシャルインベストメント株式会社（PSI社）の間で締結した社会的投資推進協定を基に役割分担が行われています。SIBの対象に採択されたプロジェクトの具体的な資金の流れは【図表３－２】のとおりです。このスキームにおいて、東近江市として最もこだわったポイントは、小口の出資を集めるということでした（一口２万円で、３口まで）。大口出資があった方が金融機関の事務処理も楽になりコストもかかりませんが、できるだけたくさんの人に応援してもらうことに最大の意義があるという考えから、あえて小口の出資をたくさん集めるということにこだわったスキームとなっています。そうした仕組みを可能にしているのが、PSI社が運営する「エントライ」[7]という電子申込型のプラットフォームによる出資募集の形態です。電子申込型のためインターネットでの出資申込や、償還時の分配明細書やファンド報告書をPDF形式で配布することができ、そのため１口１万円からの小口投資など低予算でのファンド取扱業務が可能となっています。また「エントライ」のプラットフォームに情報を掲載することで、他の社会的投資プロジェクトの出資者にも情報を届けることができるため、社会的投資に関心のある潜在的出資者の開拓にもつながるという、まさに民間の強みを活かした官民連携の仕組みがベースにあることは注目しておきたいところです。

7　エントライHP　https://www.en-try.jp/

【図表３－２】東近江市版SIB事業の資金の流れ

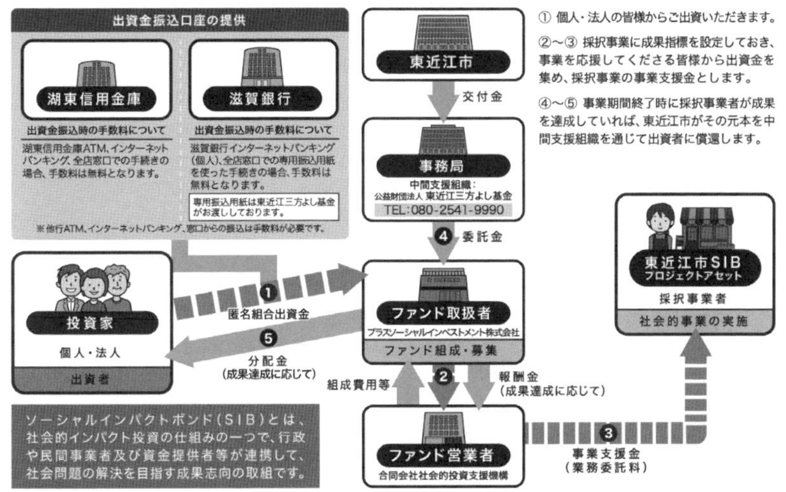

※2016年度は私募債（少数の投資家が直接引受する社債）で募集しておりスキームが異なる。

（出典）プラスソーシャルインベストメント株式会社HP[8]

①出資者は支援したいプロジェクトを選び、専用の口座にお金を振り込みます。
②ファンド取扱者（PSI社）は、集めた出資金をファンド営業者に渡します。
③ファンド営業者は、プロジェクト実施事業者（採択事業者）に、事業支援金を前払いします。プロジェクト実施事業者は、受け取った資金を活用して事業を行い、事業終了後に、第三者審査評価委員会による事業の成果の評価を受けます。
④成果目標の達成度合いに応じて、市役所から中間支援組織（三方よし基金）に交付金が支払われます。
⑤その資金を原資として、出資者に分配金が支払われます。目標を達成した場合は、出資した金額（元本）に利息が上乗せされた金額が償還される一方、目標未達の場合は、分配金は一切支払われません。

■ SIBは地域課題を地域住民に知ってもらう最高の道具

東近江市版SIBの仕組みを活用し実施している「コミュニティビジネススタートアップ支援事業」[9]では、2016年度から2020年度までの５年間で12件のプロジェクトを採択しています【図表３－３】。

8　プラスソーシャルインベストメント株式会社HP
https://www.en-try.jp/feature/shiga-higashiomi-sib/

9　東近江市HP　https://www.city.higashiomi.shiga.jp/0000011317.html

【図表３－３】東近江市版SIBのこれまでの採択事業

年度	事業名	資金調達額	出資者数
2020	Happy Food Networkプロジェクト	50万円	13人
	地域に根ざした外国人学校の仕組みづくりプロジェクト	50万円	15人
2019	ぶどうを作りワインを醸造・魅力ある地域経営に乾杯事業	50万円	20人
	田園にとけこむシェアオフィスsubaco.をはぐくむ事業	50万円	23人
2018	東近江市から始まる新しい子育てのシステムづくり	50万円	19人
	政所茶の販路拡大・ブランディング	50万円	17人
2017	東近江市の花「紫草」を活用した「耕作放棄地の再生」と「雇用の創出」事業	50万円	22人
	地球ハートキッズ　循環する共尊共栄へ　子ども未来創造アカデミー	50万円	19人
2016	がもう夢工房拠点整備事業	50万円	25人
	プロジェクト　クミノ	50万円	17人
	『東近江発！新しいせっけんブランドの立ち上げ』～”次世代による”第２次せっけん運動”ビジネス化計画～	50万円	21人
	ほんなら堂	50万円	23人

（左写真）2019年度「ぶどうを作りワインを醸造・魅力ある地域経営に乾杯事業」で使用する東近江市産ぶどう栽培の様子
（右写真）2020年度「地域に根ざした外国人学校の仕組みづくりプロジェクト」の舞台となる滋賀県内唯一の準学校法人格を持つブラジル人学校「日本ラチーノ学院」の様子

（出典）東近江市HP、プラスソーシャルインベストメント株式会社HPより作成

採択されたプロジェクトはいずれも地域課題の解決を目指す事業であり、分野としては、子育て支援、障がい者支援、子ども食堂運営、地域の交流拠点開設、地域の特産品開発及び販路開拓、伝統的技術の継承、外国人学校の持続可能な仕組み構築など、多岐にわたっています。SIBの仕組みを活用していることから、いずれのプロジェクトにおいても、定量的な目標と定性的な目標を織り交ぜた成果目標を掲げています。しかもそれらは単なる努力目標ではなく、成果目標を達成しなければ出資者に出資金を償還するための委託費用を受け取ることができないという重要な目標となります。またいずれの事業においても、市民の出資による応援のもと、取組みの認知度の向上や、支援者の輪を広げることなど、地域における支え合いの仕組みをつくることを念頭においており、事業者にとって出資者は重要な応援団でもあることから、おのずと成果目標を達成して出資金を償還したいという思いが強く働くこととなります。結果として、これまで採択された全12プロジェクトはいずれも成果指標を達成し、出資金も全額償還されています。

山口さんはSIBを「行政しか知らない地域課題を地域の皆さんに知っていただく最高の道具」と表現します。地域には様々な課題が山積していますが、行政から地域の課題や取組みについて発信しても、多くの場合一方通行になりがちです。しかし、寄付やSIBを通じて、住民がお金を出して応援するという仕組みが回ることによって、周辺で様々な支援の動きが生まれたり、人の行動が変わったりするということは先ほど述べたとおりです。特に東近江市で地域の住民がお金を出し合って応援するという支援の方法がうまく機能するのは、「顔が見える人が頼みにくるからお金を出す」ということが現場では起こっているためであり、顔が見える関係を地域内で作ることができる規模感が大事だと山口さんは指摘します。

■ SIB導入のジレンマ

これまで東近江市版SIBの成り立ちから概要を見てきましたが、もちろんSIBはあらゆる課題を解決してくれる魔法の杖ではありません。既存業務にSIBの仕組みを取り入れることによりセットで付いてくる課題が存在します。今後こうした課題をいかに克服することができるかが、他地域でSIBが導入されるようになるためのポイントになるでしょう。

第一に、SIBの仕組みを回すための事務量や経費の増加が挙げられます。SIBのスキームを組成することでプロジェクトに関わる人が増え、役割分担もまた複雑になるため、従来型の補助金執行業務に比べて事務量が増え、それに伴う人件費及び事業費などの必要経費が増えることは避けられません。もともと補助金事業としては、１件あたり50万円の補助金が数件程度という予算規模だったものが、SIB化することにより補助金相当分に加え、ファンド形成や償還にかかる事務コスト、出資に対する配当、第三者評価機関への委託費など、いわゆる中間コストが新たに発生します。もちろん、SIB事業によって事業としての成果は高まり、トータルでは費用対効果が改善することも想定されますが、少なくとも初期段階においては、補助金業務の執行に比べて行政コストが増加する可能性が高いと言えます。

第二に、妥当な成果指標の設定の難しさが挙げられます。成果指標については、現実的に達成し得る水準に設定するか、それともあくまで高い目標として達成が容易ではない水準に設定するかで考え方が大きく変わります。前者（達成可能な現実的な成果指標）であれば、事業者はリスクを感じずに参入しやすく、出資者に対しても元本割れのリスクが低くなり、出資を呼びかけやすくなります。地域住民と協働するきっかけづくりや風土醸成の手段としてSIBを位置付けるのであれば、地域住民が出資しやすい設計を行う視点は必要ですが、事業としてみると、達成が容易な成果指標を設定するのであれば、あえてPFS/SIBを持ち出す必要性があるのかという疑問が残ります。他方、後者（達成が困難な成果指標）であれば、民間事業者のモチベーションを高めるインセンティブになり得ますが、目標未達成となる可能性も高まるため、出資者にとっては元本割れのリスクが高まり、出資者の裾野を広げる際の足かせとなる懸念があります。東近江市版SIBの場合、市民との協働を図ることそのものが狙いでもあることから、前者（達成可能な現実的な成果指標）を意識した設計となっており、一口２万円というリーズナブルな出資額の設定もその一環です。この場合、事業の成果に着目する以外に、事業を育てるプロセスをともに歩み、関係者が特定のプロジェクトの支援を通じて共通の成功体験を得ることが重要になります。

第三に、客観的な事業評価手法の確立と事業の費用対効果の算出の難しさが挙げられます。第二の論点でもあったとおり、成果指標は委託事業者への成果支払金額に直結する指標であり、単なるスローガンではありません。また、費用対効果という際には、基本的には投入した予算に対して、いくらの金銭的リターンがあったかを算出することとなりますが、その際リターンとして創出した価値の定量化は、経済的価値に換算できるものばかりではないため算出が困難となります。また、リターンの大きさが、投入した政策の結果のみによるものであれば分かりやすいですが、必ずしもそうとも言えないことも多く、定量的評価と定性的評価をケースバイケースで組み合わせながら取り組むことが現実的なアプローチとならざるを得ません。特に東近江市版SIBのような取組みの意義を客観的に伝えるためには、費用対効果にとどまらず、地域における人のつながりやその広がりのインパクトをいかに評価するかが重要となりますが、これを算出することは簡単ではありません。

■仕組みと想いのバトンをいかに次につなぐか

行政組織では概ね２～３年程度の周期で人事異動があるため、特定の担当者でないと回せないという仕組みの事業はなかなか長続きしません。そのため、担当者の熱い想いにより当初は尖っていた事業であっても、業務として定着するにあたり徐々にその角がとれていき、誰もが担当できるような形に修正がなされていくということがよく起こります。その一方で、事業立ち上げ当初の狙いは薄まり、あたかも事業を回すこと自体が目的化しているかのような運用に変わってしまうということもしばしばあります。すなわち、事業の担当者が関係者と属人的な関係を築き、そうした人間関係を土台として作り上げられている事業の場合、その担当者がいる間は強固な事業となりますが、担当者が変更すれば安定性を失ってしまうということがあります。現実としてはむしろ、制度や事業を形骸化させず、事業設計当時のままの温度感を継続して運用しているという事業の方が稀かもしれません。また、一定の執行体制を組んで事業を進めた場合、事業継続のためには必然的に維持コストが発生することになりますが、この費用をどう捻出するかは政策執行の現場に恒常的な課題としてのしかかることになります。

2020年度より東近江市版SIBの担当となったまちづくり協働課課長補佐杉島和仁さんは「正直なところ当初はなぜ単なる補助金ではなく、SIBという複雑な手法を使うのかいまいち理解できませんでした」と振り返ります。しかし、実際にSIBの仕組みによって市民から出資が集まる様子を目の当たりにして、こんなに早く資金が集まるものなのかと驚いたといいます。「行政が補助金を出していると、ともすれば補助金を出す方と受け取る方という固定的な関係になってしまいがちですが、市役所と事業者や市民が新しい関係性を持つように広がりを持たせることは重要だと思うようになりました。この事業の社会的な意味が、市民もそうですが、庁内でも理解が広がることが大事だと思います。」と杉島さんは述べます。もう一人の2020年度からの新たな担当者であるまちづくり協働課 溝江麻衣子さんは次のように捉えています。「日々の仕事をしていると、どうしても目先の取組みや効果を追いかけてしまいがちですが、もともと行政の仕事の多くは目先の効果が見えにくいものばかりです。その中で市役所が取り組む事業の成果というものをどう考えるか、東近江市版SIBはそういう問題意識から出てきた具体的な取組みのひとつだと理解しています。」

従来の概念にない新たな制度を創設し、制度が回るように土台を固め、当初の目的を維持しながら持続的に制度運営ができるよう体制を整える。こうした一連の動きは１年や２年では決してできるものではなく、制度を回していく中で修正を重ねながら徐々に定着していくものです。そして取組みの各段階によって担当者が果たすべき役割も異なります。例えば、突破力や企画提案力が求められる段階、庁内での理解や協力者を増やす必要のある段階、制度として安定させるために体制を整える段階など、持続的な制度を構築し、効果的に現場で実践するためにはどの役割も欠かせません。各段階で必要な役割を果たすためには、人事異動による担当者の入れ替えもある中、取組みの本質的な問題意識を共有できるということが重要になります。本質的な問題意識を共有し各自なりに消化できてさえいれば、たとえ個々人で政策執行に対する考え方やアプローチが異なっていたとしても、制度は当初の意義を達成できる形で続いていくことが期待できます。これは当たり前のことに聞こえますが、共感を得ながら次にバトンをつなぐ方法にマニュアルはなく、担当者個人の問題意識による部分が大きいのが実態です。東近江市まちづくり協働課の担当者は、前任から引き継いだ東近江市版SIBという事業をどう終息させるかということではなく、どう消化して続けていこうかと考えるマインドを有しているということが、本事業を継続させている重要なポイントのひとつと言えるでしょう。

また、事業の継続性の観点からは、三方よし基金が庁外の組織として独立して存在していることも大きいと言えます。つまり、仮に市からの運営補助等がなくても公益財団法人として独自の資金で事業を存続することができるのであれば、市の単年度予算編成のたびに事業が存続の危機に陥るということもありません。三方よし基金という組織が存在する限りは、資金的には事業を継続しようと思えばできるという点がまず重要ですし、仮に市役所側の担当者が代わったとしても、三方よし基金には取組みのノウハウが蓄積されているため、分からないことは三方よし基金に聞けば大丈夫という状況が担保されている点も事業の継続に寄与していると言えます。

最後に、東近江市版SIBは国内の先行事例であるがゆえに、前例のない課題に立ち向かわなければならないという困難さと常に向き合うことになりますが、一方で国や他の地方自治体からの視察やブリーフィング依頼、研究会やセミナー等での発表依頼、各種報告書や事例集などでの掲載、テレビや新聞などのメディアでの掲載や紹介など、これまで多数の対外的発信を行ってきた結果、東近江市版SIBは、東近江市の政策を代表する取組みのひとつになっています。庁外に対する事業理解の醸成は、回り回って庁内や地域内での知名度の向上や理解の醸成にもつながることが期待できます。事業を持続可能なものにしていくためには、こうしたPR（パブリック・リレーションズ）を通じて、より市内外により多くの理解者や支援者を作っていくという活動も重要だということは見逃せません。

このように、東近江市版SIBという事業をいかに次につなげ、継続していくかということは、すでに事業を複数年間実施してきている東近江市ならではの課題となっており、その課題解決に向けて日々悩みながらも関係者で議論を積み重ねています。

■まとめ

おわりに、東近江市版SIB事業について、改めてPFS/SIB的発想による政策立案と、現場における事業実践の双方を重視する本書の観点から、ポイントをまとめておきます。

【PFS/SIB的発想による政策立案のポイント】

1．従来型の補助金制度を、成果連動型に変更するという発想の転換。
2．三方よし基金が中心となって、事業者及び地域住民とともに地域課題を解決しようとする水平的パートナーシップの存在。
3．SIBの手法を導入し、地域住民からの出資を通じた資金調達により、地域住民にとっての自分事化とファンづくりの仕掛けの実践。

【現場における事業実践のポイント】

1．これまでにない新しい概念を用いた事業をボトムアップで実現するための、まちづくり協働課のリーダーシップによる庁内協力者集めと庁内理解の醸成。
2．庁外に独立した組織として存在する三方よし基金の存在と、東近江市版SIBの趣旨を共有・消化し地域住民や関係機関と接するコアメンバーの存在。
3．国や他の地方自治体関係者へのブリーフィングや、メディアへの積極的な情報発信等を通じた、庁外に対する事業理解の醸成。

2　チャレンジを応援し合える地域の仕掛け ～他市事例の再現から、西条ならではのSIBへ～ 西条市（さいじょう）（愛媛県）

【西条市版SIBの関係者のイメージ図】

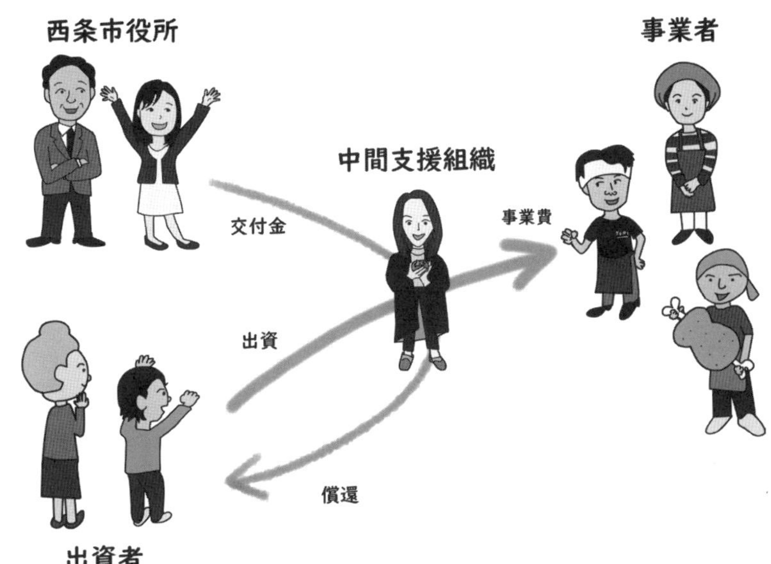

＜取材にご協力下さった方＞※役職は2021年３月31日時点

【地方自治体】○西条市 市民生活部 部長 曽我部道昌さん
○西条市 市民生活部 地域振興課 安永佐和子さん
…西条市版SIBの責任者及び担当者。

【中間支援組織】○プラスソーシャルインベストメント株式会社（PSI社）野口裕加さん
…西条市版SIBのファンド組成・管理運営を中心に担う実務者。

■ 自治体SDGsをSIBで成し遂げる

「地域に住む人たちが、お互いにチャレンジを応援し合えるような仕組みをつくりたい。」そう話す、西条市 市民生活部地域振興課　安永佐和子さんは、西条市にSIBの発想を持ち込み、掛け声だけではなく、その仕組みを地域に根付かせようと日々奮闘する現場のキーパーソンの一人です。

西条市版SIB事業は、2020年９月に日経BP主催「新・公民連携最前線まちのチカラを引き出したPPPアワード2020」[1]にて「SDGs賞」を受賞するなど、地域でSDGsに取り組む具体的手法としてSIBの発想を用いたモデル事例として評価されています。本稿では、西条市がSDGsを実践する手法としてなぜSIBに取り組むに至ったのか、そしてどのような人たちがこれまで関わり、どのように仕組みとして回しているのかを紐解いていきたいと思います。

愛媛県東部に位置する西条市は人口107,503人（2021年３月末時点）、愛媛県下では松山市、今治市、新居浜市に次いで第４位の規模の地方自治体です。経営耕地面積は四国一の広さを誇り、県下一の収穫量を誇る水稲、ほうれん草、きゅうり、アスパラガスなど多くの農作物に加え、瀬戸内の豊かな海が育んだ伝統の海苔や魚介類など、農業・水産業が盛んである一方、臨海部を中心に製造業をはじめとするさまざまな企業の事業所が約2,500立地する、四国屈指の工業集積地でもあります。また、環境庁（現環境省）の「昭和の名水百選」や、国土庁（現国土交通省）の「水の郷」に認定されるなど、「水の都」と呼ばれるほど、良質かつ豊富な地下水が自然に湧き出すまちでもあります。さらに2021年には、株式会社宝島社が発行する『田舎暮らしの本』（2021年２月号）の「2021年版 住みたい田舎ベストランキング」[2]において、全４部門（総合・若者世代・子育て世代・シニア世代）で全国第１位に輝くなど、全国的に注目度が高まっている地方自治体です。

このように自然と工業の両方に恵まれた西条市ですが、今後は急速な人口減少や少子高齢化が見込まれており、持続可能で活力ある地域社会をいかに形成するかということが大きな課題となっています。もちろんこれは日本全国の地方自治体のほとんどが抱える共通課題であり、何か一つの政策によっ

1　2020年から始まった公民連携による地域活性化を支援する日経BP総合研究所が主催するアワード。人口20万人未満の自治体における「健康・福祉」「賑わいづくり」「SDGs」の３テーマに関する公民連携の事業について、先進的な取組みを表彰し広く周知しています。

2　株式会社宝島社が移住定住の推進に積極的な市町村を対象にアンケートを行い、田舎暮らしの魅力を数値化してランキング形式で紹介（回答は645市町村）。人口10万人以上の「大きな市」と人口10万人未満の「小さな市」「町」「村」に区分し、それぞれ【総合】【若者世代】【子育て世代】【シニア世代】の４部門でのランキングを発表しています。
https://www.city.saijo.ehime.jp/soshiki/ijyusuishin/iju-inakagurashi-ranking2021.html

て解決できるような簡単な問題ではありませんが、西条市では課題解決のアプローチとして、「人と人のつながり、資金、自然、文化など、あらゆる地域資源を活かす地域内循環を生み出し、一人ひとりのチャレンジを支え合う仕組みを構築する」という方向性を打ち出しています[3]。

具体的には、「西条市版ローカルファンド構想」として、地域社会を支える様々な分野のチャレンジを資金面でも支えることができるよう、市民による市民のための挑戦を応援し合える地域内の資金循環の仕組みづくりを進めています。実はこの構想は、東近江市が先行して実施していた「東近江三方よし基金」による地域活性化の取組みの考え方を取り入れ、その仕組みを西条市の地域実情に合わせてローカライズさせながら柔軟に発展させようという発想により生まれたものです。

本節で取り上げる西条市版SIBは、この西条市版ローカルファンド構想を実現させるための具体的な施策のひとつとして位置付けられています。また西条市版SIBは、東近江市版SIBの仕組みを思い切ってそのままコピーするということからスタートしており、欧米的なSIBの形ではなく、地域内のつながりを重視した地域密着型の取組みとなっています。行政ではよく「成功事例を横展開する」という言葉が使われますが、実際に成功事例を真似して取り組もうとする場合は、「よその地域で成功したからと言って、自分の地域でもそれが成功すると言えるのか」という問いに向き合うことになります。新しいことに取り組むときに、初めからうまくいくことが確実だと言えることはほとんどありませんので、やってみないと分からないというのが現実だと思いますが、それでも行政として実施する以上は、できるだけ多くの人に理解してもらえるような努力をしながら、事業を構築していかなければなりません。このように他地域で実践している制度の勘所を理解し、それを自らの地域に合った形でコピーして新事業として真正面から実施するというのは、かなりの努力が必要となります。さらに西条市では東近江市の制度のコピーにとどまらず、2020年度より地方自治体として自治体SDGsを実践す

3　西条市HP　https://www.city.saijo.ehime.jp/soshiki/chiikishinko/localfund.html

る具体的施策にSIBを改めて位置付け直しており、仕組み自体に独自の味付けを加えながらどんどん進化させています。こうした政策立案を実践できる根本には、PFS/SIB的発想の存在が挙げられます。本稿では特にその点に着目しながら、西条市版SIBの取組みを追ってみたいと思います。

■始まりはトップダウンから

政策立案のプロセスではよくあることですが、西条市のSIBの検討はトップダウンで降りてきた話でした。当時総務省から派遣されてきていた副市長が、地域資源の域内循環を目指す東近江市の取組みを耳にして、東近江市をモデルとした取組みを西条市でもできるのではないかと発想したところから始まります。

トップダウンによるSIB検討の号令の庁内の受け皿となったのは、地域振興分野の企画部門であった地域振興課であり、2017年より同課に着任していた安永さんでした。安永さんは当時のことを「エス・アイ・ビーって一体何なのか全く分かりませんでしたが、とにかく東近江市の事例を勉強してこいという指示がおりてきたので、インターネットで東近江市版SIBについて勉強した上で、上司と一緒に東近江市にお話を聞きに行きました。今考えるとそんな段階の私たちの訪問に真摯にご対応くださり、地域に対する熱い思いを語ってくれた東近江市さんには感謝しかありません。」と振り返ります。

当時日本で実践している事例がほとんどなかったSIBの手法を用いて、補助金制度改革を進めていた東近江市では、その取組みの新規性から他の地方自治体職員や地方議員からの視察を多く受け入れており、西条市からの視察受け入れもその一環の対応でした。西条市からの視察隊に対する取組み概要説明を行った東近江市役所の山口美知子さん（現：公益財団法人東近江三方よし基金 常務理事）は、西条市からの視察は、これまで対応した視察団の中でも最も熱心な一団のひとつだったと振り返ります。「東近江に視察に来られる方は、すごい取組みですねとおっしゃってくださいますが、ほとんどの場合はそれで終わりで、自分の自治体で実際に導入しようというところまでなかなか辿り着きません。しかし、西条市は絶対に東近江市のノウハウを全て学んでやろうという気概を持っておられました。視察後も制度の細かいところまで何度も質問をされるし、視察も１回だけではなく何度も来られました。また、東京などでも関連のセミナーがあると、必ずと言っていいほど担当者が顔を出されており、「あ、またお会いしましたね」という感じで、自然とこちらも全てのノウハウをお伝えしたいという気持ちになりました。」。

一方、西条市の安永さんは、「山口さんの熱いお話をお聞きし、これは業務として誰かにやらされてやるような話ではない。こういう取組みは地域に絶対に必要だから、西条市でも必ず実現させたいという想いを得ました。」と語ります。西条市に熱い気持ちを持ち帰った安永さんは、ともに東近江市を視察した上司の市民生活部部長 曽我部道昌さん（当時：地域振興課長）と、庁内でSIBによる取組みの意義を説明し、東近江市と同様にSIBの手法を使った補助金改革の対象となり得る事業を探すことから始めます。しかし、SIBという聞きなれない手法をすぐに取り入れるインセンティブを感じない庁内との大きな温度差に直面します。行政の事業では、目新しさよりも確実性を重視するため、全く新しいコンセプトを業務に取り入れるというのはなかなか前に進まないことが多く、前に進んだとしても失敗しないようにあくまで既存業務をベースとして、その上に新しいテーマを追加するような、微修正を積み重ねながらの対応になるということが起こりがちです。しかし、東近江市が実践しているSIBの手法を用いた補助金改革というのは、行政の中心的な仕事のひとつである補助金執行事務の意義そのものを見直す試みでもあるため、そう簡単に庁内で合意形成ができるものではありませんでした。しかも二人が所属する地域振興課は部局の企画部門であり、現場の補助金制度を所管しているのは産業部門の別の課でしたので、他部局の案件に首を突っ込むとなると合意形成はなおさら難しい状況でした。

当時、庁内調整の前面に立った曽我部さんは「補助金を所管している担当課からすると、これまで特に問題なく行っていた補助金業務を、なぜSIBという手間もコストも余計にかかりそうな手法に変えないといけないのか分からないという反応になるのは理解できます。また、私達も当時十分SIBの本質について理解して説明できていたかと言われるとあやしかったと思います。」と率直におっしゃいます。

しかし、本件は副市長からのトップダウン案件です。関係者全員が心から納得ができていないかもしれないものの、とにかくトライアル的に一回始めてみようということでまとまり、西条市版SIBは東近江市版SIBのカーボンコピーを目標として、多くの不安を抱えながらもとにかくスタートすることになりました。西条市版SIBの仕組みに関わる主な関係機関は、西条市、投資家、愛媛銀行、中間支援組織（PSI社）、採択事業者で、具体的な仕組みの流れは次のとおりです【図表３－４】。

【図表３－４】西条市版SIB事業の資金の流れ

西条市版SIBの仕組み

愛媛銀行
出資金振込口座の提供
出資金振込時の手数料について
愛媛銀行本店と西条市内5支店窓口、「Money Tap」アプリでの振込手数料は無料となります。

協働協定
業務委託契約締結

西条市
④ 交付金（成果達成時）

この事業は、地域でチャレンジを応援することで市民の地域貢献の手段が広がり、多様な人の関わりで、より暮らしやすい地域を作っていこうとするものです。
また実施事業者にとっては、自分たちのチャレンジが地域にどのような効果を生むかを発信し、共感の輪を広げることで、そのチャレンジが地域に根付き、可能性を広げることにもつながります。

投資家
個人・法人
出資者

① 匿名組合出資金
⑤ ・償還金（成果達成時）
・出資特典提供（成果達成に関わらず）

ファンド取扱者
中間支援組織：プラスソーシャルインベストメント株式会社
ファンド組成・募集

組成費用等
②
報酬金（成果達成時）

西条市版SIB
プロジェクトアセット
採択事業者
社会的事業の実施

ソーシャルインパクトボンド（SIB）とは、社会的インパクト投資の仕組みの一つで、行政や民間事業者及び資金提供者等が連携して、社会問題の解決を目指す成果志向の取組です。

ファンド営業者
合同会社社会的投資支援機構

③ 事業支援金（業務委託料）

西条市版SIBの実施にあたって、愛媛県西条市、株式会社愛媛銀行、プラスソーシャルインベストメント株式会社の三者は、地域における社会的投資推進に関する協定（ローカルファンド構築事業の推進に関する協定）を締結しています。

（出典）プラスソーシャルインベストメント株式会社HP[4]より

4　プラスソーシャルインベストメント株式会社HP
https://www.en-try.jp/feature/ehime-saijo-sib/

①西条市、愛媛銀行、PSI社の三者による「地域における社会的投資推進に関する協定」及び業務委託契約に基づき、ファンドの組成が行われ、投資家は関心あるプロジェクトがあれば出資金をファンドに拠出します。
②ファンド取扱者である中間支援組織（PSI社）は、集まった出資金をファンド営業者に渡します。
③ファンド営業者は採択事業者に対して、前払いで事業支援金（業務委託料）を支払います。
④採択事業者が実施した事業の成果に応じて、西条市から中間支援組織に交付金を支払います。
⑤中間支援組織は受け取った交付金を原資として、投資家に対して、プロジェクト毎に用意している出資特典の提供と、事業成果に応じた償還金の支払いを行います。

■ とにかく始まった第１期SIB事業で発揮したパートナーシップ

新しい事業を始めるとなると、やりたいと手を挙げてくれる事業者をゼロから探す必要もあり、庁内のコミュニケーションだけではなく、庁外に対するコミュニケーションをどのように行うかということもまた重要となります。通常の補助金のスキームであれば、事業者を公募して、審査の上採択者を選定及び交付決定し、事業が完了すれば市から補助金の支払いを行うという流れになります。しかしながら、SIBの場合は事業に先立って出資を募り、出資で集めた資金を原資として事業を実施し、事業の成果に応じて助成金を交付することになるため、行政としても慣れ親しんだ補助金の手続きとは異なる手続きを踏まなければなりません。また事業の成果如何によっては出資金を償還するための原資となる市からの交付金を十分支出することができなくなることも想定されるため、補助金制度にはないリスクについても対外的に丁寧な説明が必要となります。

このように西条市版SIBをスタートさせることは決まったものの、地域において誰一人馴染みのないSIBの考え方を活用した制度であり、待っているだけでは事業者からの提案はなかなか出てこないだろうというのが関係者の共通認識でした。そこで、本事業の構想段階から一緒に検討を重ねてきていた愛媛銀行の出番となりました。愛媛銀行は地域銀行として営業担当を各エリアに張り巡らせており、西条市においても市内に５支店を構え、市内事業者の懐に入り込んだ営業活動を行っています。市内事業者にとっても、普段から様々な経営上の相談等に乗ってくれている地域銀行の営業担当が持ってきてくれた話ということで、単に市役所から施策情報を発信していたとすればスルーしていたかもしれない西条市版SIBについても、耳を傾けてもらいやすくなったという面がありました。そして、愛媛銀行の各支店の営業担当者による日頃からの地道な事業者へのアウトリーチ活動を基盤とした情報提供活動が実を結び、最終的には無事３事業者が西条市版SIB事業の第１期生として採択されるという結果に至ります。このように、新たな事業を進めるたびに出てくる課題に対しては、関係者が強みを持ち寄ってパートナーシップで解決するということを現場で実践し、実際に目に見える成果を出していくことで、更に関係者のパートナーシップが強固になるという好循環につながりました。

安永さんは愛媛銀行との連携について、「愛媛銀行の西条支店長がものすごく熱い人で、東近江市の視察にも参加してくれていました。東近江市の取組みを参考にして、西条市でどういうことをやりたいのかというイメージを事業構想段階から共有できていたことは大きかったと思います。西条支店長が代わられたSIB事業の第２期、第３期でも愛媛銀行さんが市内の事業者さんを積極的に回ってくださったことで、市役所だけだとリーチできない方々に事業の情報をお届けすることができたのではないかと思います。」と述べています。

何か一つの取組みに対して、関係者全員が共通のゴールイメージや温度感を共有するということは簡単に出来ることではありません。取組みの関係者も立場によって重視する事柄が違うため、仮に大目標で一致したとしても同床異夢となり、ポジショントークに終始してしまうということも珍しくはありません。それは行政の政策立案や事業執行においても同様です。この点について、曽我部さんは当時の状況をこう話します。「2017年に、愛媛銀行、プラスソーシャルインベストメント株式会社、西条市との間で締結した“ローカルファンド構築事業の推進に関する協定”が取組みの土台になっています[5]。協定にはSIBの個別案件組成について協力することが明記されています。しかし現場ではこうした協定があるからといって直ちにうまく連携を取って事業を回すことができるというわけではありません。ローカルファンド構想による地域内での資金循環の仕組みをつくろうという大目標も、誰かから与えられたものではなく、関係者自らが地域課題を認識する中で生まれたものだったからこそ、実際のSIB事業においても地域ベースで情報共有し、関係者が自分の役割を理解して率先して取り組むことができたのではないかと思います。」

こうして第１期西条市版SIBには、①はだか麦野菜スイーツ拡大プロジェクト、②地元食材提供による賑わい創出プロジェクト、③完熟果物ソース商品化プロジェクトという３つのプロジェクトが採択されました。これらのプロジェクトは、地域の特産品を活用した商品開発、中心市街地のにぎわい創出、農家の食品ロス対策という、いずれも西条市が直面している重要な地域課題をテーマとする内容でした。そしてそれは同時に、事業者自身のがんばりのみならず、地域に同じ問題意識を持つ仲間や応援団を作りながら進めていかなければ成功に結び付きにくい難しい題材でもありました。このため、地域住民が自らのお金を出資することを通じて、より多くの人がプロジェクトを自分事として捉え、地域課題に今までよりも主体的に関与してもらえるようにするというSIBのスキームが重要な意味を持つことになります。

各プロジェクトの事業者は、市役所から補助金をもらって行う事業であれば、それほど地域との関わりについて深く考えることはなかったかもしれないと口を揃えます。すなわち、自らの取組みに共感してくれた地域住民をはじめとする出資者一人一人の顔が見えるため、その顔を思い浮かべながら、事業を何が何でも成功させなければならないというプレッシャーを感じながらも、そして様々なトラブルに見舞われながらも、地域に役立つ事業を実施しているという実感を持ちながら事業を進めることができたと言います。その結果として、2018年度の３事業者をはじめ、2019年度及び2020年度に採択

5　西条市HP　https://www.city.saijo.ehime.jp/soshiki/chiikishinko/kyouteiteiketsu1227.html

された4事業者も当初設定した事業の成果目標を達成することができ、また市役所としても満額の交付金を支払うことで、出資者に対して出資分プラスアルファを償還することができました【図表3－5】。

【図表3－5】西条市版SIBのこれまでの採択事業

年度	事業名	資金調達額	出資者数
2020	たぬきまんじゅう販路拡大プロジェクト	50万円	30人
	「西条ジビエ」スタートアッププロジェクト	50万円	33人
	フレンチで地域の魅力をつなぐプロジェクト	50万円	28人
2019	丹原産はちみつ入り季節の果物ジャム開発プロジェクト	50万円	28人
2018	はだか麦野菜スイーツ拡大プロジェクト	100万円	33人
	地元食材提供による賑わい創出プロジェクト	50万円	19人
	完熟果物ソース商品化プロジェクト	100万円	30人

(左写真) 2018年度「完熟果物ソース商品化プロジェクト」での中間報告会の様子
(右写真) 2018年度「地元食材提供による賑わい創出プロジェクト」でのイベントの様子
(出典) プラスソーシャルインベストメント株式会社HPより作成

■ 仮説が現実になった瞬間

採択した事業者のすべてが成果目標を達成したのであれば、新事業の担当部署としてはさぞ胸をなでおろしたのではないかと思いますが、曽我部さんや安永さんは目標指標を達成したこと自体は事業者の努力の賜物であり素晴らしいことだと評価しつつも、SIBとして取り組む以上、事業自体の成果に加えてSIB事業の実施をきっかけのひとつとして、地域でどういう行動が新たに起こったかという点も重要だと指摘します。

事業の現場を回す安永さんは、実際にそうした新たな行動が生まれたと実感した瞬間があったそうです。どの事業者のプロジェクトにもドラマがありますが、と前置きしつつ、“地元食材提供による賑わい創出プロジェクト”の事業者である居酒屋「とりや　福」店主の福田晋一郎氏とのコミュニケーションについては、お互い苦労があったと振り返ってくれました。「晋一郎さんは、地域を愛しているという気持ちがあることは分かっていましたが、口下手で、はじめは私も真意をつかみかねていました。また、こちらの話もあまり伝わっていないんじゃないか、分かってくれていないんじゃないか、大丈夫かなという気持ちでした。そういう感じだったので、一応最低限のことができればそれでいいかなと、お役所仕事的な気持ちになることも正直何度かありました。そんなとき、晋一郎さんがたまたま書類の書き方の相談で市役所に来てくださり、SIB事業を振り返っていたときにこんなことをおっしゃったんです。」

『今まで行政の補助金を頼りにするみたいな気持ちもあったが、この取組みをやっていて、そうじゃないと思うようになった。自分自身でも自分ができることがもっとあると思うし、それをやっていきたい。お店を増やしていって、地域の賑わい、居酒屋の横丁をつくりたい』と。

安永さん個人にとっても、このやりとりはSIB事業の成果を実感する大きなターニングポイントになったそうです。「このお話を聞いたとき、SIB事業によって、人の気持ちが変わった、人の行動が本当に変わった。地域から出資を受けた事業者が目的達成のために、そして地域のためにやるという、東近江市で聞いたことが西条市でも実際に起こった、仮説が現実になったんだと思って感動しました。」と安永さんは述べます。

■東近江市版SIBの再現を経て、西条市のSDGsの取組みそのものへ

西条市が取り組んできた事業は、あえて一言で言えば、東近江市版SIBを西条市で再現するということでした。そして東近江市の背中を追いかけて取り組んだ２年間の関係者の努力により、西条市版SIB事業はその水準にかな

り近づいたと言えます。実際、国土交通省が推奨するまちづくり型SIB事業の成功事例として、東近江市版SIBと並んで紹介される機会も増え、それに伴い各方面からの取材や他の地方自治体からの視察の依頼なども増えました。しかし、西条市版SIBはそこには留まらず、さらに次のステージに移ろうとしています。それが、自治体SDGsの実践手段としてSIBを活用するというチャレンジです。

政府が策定した第２期「まち・ひと・しごと創生総合戦略」(2020改訂版)（令和２年12月21日閣議決定）においても、SDGsの理念を踏まえた地方創生の取組みを「地方創生SDGs」として推進することしており、SDGsの達成に向けた取組みを行っている地方自治体の割合を2020年度の39.7%から、2024年度には60%にする目標を掲げています[6]。国際社会の潮流としてはもちろんのこと、このように日本の政府及び地方自治体としてもSDGsに資する取組みに力を入れる流れは今後一層加速すると考えられます。そうした中で、SIBをどうするかという話に留めずに、地方自治体としてSDGsにどう取り組むかという大きな政策の議論の中で、SDGsを実現するための施策としてSIBを位置付け直すことで、SIBに取り組む意義がよりはっきりとしてきます。西条市におけるSDGs×SIBの取組みが今後更にどのように進化を遂げるか、多くの関係者が注目しています。

■まとめ

おわりに、西条市版SIB事業について、改めてPFS/SIB的発想による政策立案と、現場における事業実践の双方を重視する本書の観点から、ポイントをまとめておきます。

6　内閣官房 まち・ひと・しごと創生本部事務局『第２期「まち・ひと・しごと創生総合戦略」(2020改訂版)』(令和２年12月21日閣議決定)、p93
https://www.chisou.go.jp/sousei/info/pdf/r02-12-21-senryaku2020.pdf

【PFS/SIB的発想による政策立案のポイント】

1．従来型の補助金制度を、成果連動型に変更するという発想の転換。
2．地域課題に対して、地方自治体、地方銀行、中間支援組織がお互いの強みを持ち寄って解決しようとする水平的パートナーシップの存在。
3．SIBの手法を導入し、地域住民からの出資を通じた資金調達により、地域住民にとっての自分事化とファンづくりの仕掛けの考案。

【現場における事業実践のポイント】

1．まずは他自治体の成功モデルの完コピ（完全コピー）を目指してやってみて、徐々に地域の実情に合致した形に自己修正するという柔軟性。
2．出資者一人ひとりの顔が思い浮かぶほどに近い、出資者と事業者との距離感の実現。
3．事業者のやる気を引き出す現場担当職員の地域への入り込み活動の熱量と、その動きを見守りつつ庁内調整を担う上司の理解あるサポート。

3　SIBで市民の健康寿命を延ばす
～前例なき本格的SIB事業を回す現場の奮闘～
岡山市（岡山県）

【岡山市のSIB事業の関係者のイメージ図】

＜取材にご協力下さった方＞※役職は2021年３月31日時点

【地方自治体】〇岡山市 保健福祉局保健福祉部 保健管理課 健康寿命延伸室 副主査 矢吹大輔さん
…岡山市のSIB事業の担当者。

【中間支援組織】〇PS瀬戸内株式会社 原田亜弥乃さん
…サービス提供事業者とのやりとりや事業管理を担当する実務者。

■日本最大規模のSIBプロジェクトの誕生

2019年度より岡山市が国内最大規模となるSIB事業をスタートさせました。日本におけるSIBの取組みの中でマイルストーンとなる本事業の名称は「おかやまケンコー大作戦」（SIBを活用した健康ポイント事業）です。市独自財源に加え、国の交付金を獲得し、さらにSIBを活用した個人や企業からの民間資金調達を行い、それらを原資として市民の健康寿命延伸のための市独自の健康ポイント事業を実施するという内容で、事業期間５年、総事業費約3.7億円といういずれも日本最大規模、かつ日本初となる複数企業によるサービス提供、さらに日本で初めて地域金融機関（中国銀行）がSIBに出資して参画するなど、国内のSIB事業としては初尽くしの要素を多く含む本格的なSIBプロジェクトとなりました。本節では、岡山市が本格的なSIBに取り組むこととなった経緯と狙い、そして何より実際に本格的なSIB事業を執行する実務の中で浮かび上がってきた課題と現場の奮闘に特に焦点を当ててご紹介していきます。

岡山市は人口720,043人（2021年３月１日時点）で、近畿と九州を結ぶ東西軸と山陰と四国を結ぶ南北軸の結節点に位置し、2009年に全国で18番目の政令指定都市に移行した名実ともに中国地方の中心都市のひとつです。温暖な瀬戸内海特有の風土により「晴れの国おかやま」と呼ばれ、住みやすい生活環境が整っているとして、これまで人口も概ね増加基調で推移しています。

そんな市民が暮らしやすい都市を標榜する岡山市に大きな難題が突き付けられました。2014年、厚生労働省の研究班が発表した「全国20大都市の健康寿命ランキング」の結果において、岡山市の健康寿命は20都市中、男性18位（69.01歳）、女性15位（72.71歳）と男女とも下位であることが明らかとなったのです。健康寿命が短いということは、人生において健康な状態で生活することが可能な期間が短いということを意味します。つまりそれは同時に、市民の日常生活の満足度が低い期間が長くなるということはもとより、市の財政の観点からは医療費や介護費などの行政コストがかさむということでもあり、市役所の立場からすると見逃せない事態です。この状況を重く受け止めた岡山市は、保健福祉局に健康寿命延伸室を設置するなどの機構改革を行い、市民の健康寿命延伸を岡山市における重点政策領域のひとつとしました。実際、「第２期岡山市まち・ひと・しごと創生総合戦略」（2021年４月〔改訂〕）においても、４つの基本目標のひとつである「安全・安心に暮らせるまちをつくり、地域と地域を連携する」を達成するための５つの基本的方向のひとつとして「健康寿命の延伸と豊富な医療・介護資源を生かした地域づくり」を明記し、具体的な事業としてSIBを活用した健康ポイント事業が位置付けられることとなりました[1]。

また、SIB事業の実現の背景には、岡山市が2018年６月に選定された「SDGs未来都市」として特に注力する先導的取組みにSIB事業を位置付けていたことや、2019年10月に岡山市で開催が予定されていたG20岡山保健大臣会合に向けて、保健政策の主要な柱の一つとして健康寿命の延伸に資する取組みに対する機運が高まっていたことなどの外部要因があったことも見逃せません。政策決定過程は、政策そのものの必要性はもちろん重要ですが、こうした市としての対外的な約束や事業計画、さらには注目度の高い国際会議等のイベントなどによる社会的気運の動きも踏まえた総合的な判断による意思決定になりますので、政策の実現には、いわゆる「流れに乗る」ということの重要性も押さえておく必要があるでしょう。

健康寿命延伸の取組みは一自治体のみの課題ではありません。国の一般会計予算の約３割を占める社会保障費の抑制は、国の財政健全化の議論においては常に一丁目一番地の課題であり、政府においても大きな構想から個別政策に至るまで様々な対策を行ってきています。しかし、人口減少・超高齢社会に突入している日本では、社会保障費が毎年自然増加するという構造的な課題を克服する特効薬は存在せず、抜本的な課題解決の道筋は見えていません。こうした中で、国や地方自治体が医療費抑制のために重要と考えている取組みのひとつが健康寿命の延伸であり、それは岡山市においても同様だということです。「岡山市の財政状況〔第22版〕」（令和２年９月：岡山市財政局財政部財政課）[2]によると、社会保障関係経費は、2019年度までの10年間で1.6倍に増加、一般財源は159億円の増加となっており、財政運営にとっても大きな懸念材料とされています。岡山市におけるSIBプロジェクトは、このように国及び地方自治体のいずれの観点にとっても重要な課題に対して新たなアプローチで取り組むチャレンジであり、その成否については多くの関係

1 「第２期岡山市まち・ひと・しごと創生総合戦略」（2021年４月）、p.26
https://www.city.okayama.jp/shisei/cmsfiles/contents/0000028/28768/dai2kisougousenryaku.pdf

2 「岡山市の財政状況〔第22版〕」（令和２年９月）、p.17
https://www.city.okayama.jp/shisei/0000024771.html

者が注目する中で始まりました。

■ 岡山市の健康ポイント事業の経緯

2019年度よりSIBを活用して実施することとした健康ポイント事業ですが、健康ポイント事業そのものは岡山市としては2014年から実施してきた取組みです。当時筑波大学を中心とするコンソーシアムが、健康づくり無関心層も含めた多数の市民を健康づくりに誘引するインセンティブ制度として「健幸ポイントプロジェクト」の実証事業を始め、岡山市も事業参加したことがきっかけとなります。本事業は、市民の健康づくりへの参加を促し、健康状態の改善や医療費・介護費等の適正化を目指すもので、国庫補助金を活用して取り組んだ2014年〜2016年の３年間を岡山市では「第１世代」と呼んでいます。第１世代の事業においては、4,431名（定員3,000名）の市民が参加し、結果として歩数増加、BMI改善、医療費抑制等の効果が認められたことから、実証事業後も岡山市の単独事業として継続して取り組むことになります。

2017年〜2018年の２年間の健康ポイント事業は「第２世代」と呼んでおり、国の交付金を活用しながら２年間の総予算約2,600万円を確保し、岡山市が単独で「岡山丸ごと！健幸ポイントプロジェクト」として実施しました。予算上の制約もあり第１世代よりもコンパクトに事業の制度設計を行ったものの、第１世代を上回る4,996名（定員5,000名）の参加者を得て、事業後に行った効果検証では参加者のBMI改善等の効果が確認できました。そして、2018年以降は「第３世代」として更に社会的インパクトのある事業として進化させるために国の交付金やSIBを活用し、事業規模を拡大させ、より多くの関係者を巻き込む事業として挑戦することとなりました【図表３-６】。

こうした経緯を経て実施することとなった岡山市のSIB事業ですが、当然のことながら事業関係者にとっても初めての試みであり、また参考にできる国内のSIB先行事例も少なく、事業の組成は試行錯誤で行われました。そうした中で、庁内の予算獲得プロセス、SIBを実施するための市内関係企業への事前説明、事業運営のためのチームメイキング、実際の事業運営の中で発生するトラブルシューティング、さらには新型コロナウイルス感染症の拡大への対応など、その都度課題を乗り越えてきた現場の奮闘の経験は、他の地方自治体においてもPFS/SIBの導入を検討する際の貴重な情報となることは間違いありません。

【図表３－６】岡山市の健康ポイント事業の変遷

	第１世代	第２世代	第３世代
事業名（愛称）	健幸ポイントプロジェクト	岡山丸ごと！健幸ポイントプロジェクト	おかやまケンコー大作戦
実施期間	2014～2016年	2017～2018年	2018年～2022年
総予算	約３億円/3年	約2,600万円/2年	約3.7億円/5年
参加者数	4,431人	4,996人	15,000人（目標）

（出典）岡山市資料[3]を参照し加工

岡山市の国内最大規模のSIBプロジェクトの担当者である岡山市 保健福祉局 保健管理課 健康寿命延伸室 副主査 矢吹大輔さんは、SIB事業の組成と運用の両方の難しさに接した経験から次のように述べます。「健康ポイント事業により参加者の健康状態（BMI値など）が改善され、医療費も抑制されるということは第１世代・第２世代の経験から分かっています。しかし、SIBの議論でよく指摘される政策介入による直接的な行政コストの削減効果としては、健康ポイント事業にいくら予算を入れると本市の社会保障関係費（医療費など）が直接どの程度抑制されるかという寄与度を数字で表すことは簡単ではありません。」このように、投入する施策と行政コスト抑制の因果関係に否が応でも向き合うことになるのは、EBPMの要素を色濃く持つSIBの特徴のひとつです。

教科書的には、SIBによる政策介入とその成果（社会的インパクト）の間に因果関係が認められれば、政策によって削減できた行政コストの中から成果報酬を捻出することで、行政側は政策の費用対効果が改善し、民間側は受

3　https://www8.cao.go.jp/pfs/seminar/okayama_20200203.pdf

け取る報酬が増えるというwin-winの関係になるというストーリーが想定されています。しかし、現実には実施した政策の純粋な成果を正確に把握することは容易ではありません。例えば、ある高齢者が健康増進プログラムに参加してBMI値が改善したとします。その結果、仮に健康増進プログラムに参加した高齢者が病院に行く回数が減ったとしても、それは単に毎日の生活習慣を自分で見直したことによるかもしれませんし、健康増進プログラムという施策そのものが医療費削減にどの程度の割合で寄与するのかというのははっきりとは分かりません。SIBを用いた成果連動型事業では成果として、創出した結果（アウトカム）や社会に与えた影響（インパクト）を評価することが想定されていますが、取組みの結果とアウトカムが直結しているような場合でない限り、悩みの種になり得るということです。

SIBの目的はプロジェクトによって異なります。例えば、岡山市のSIB事業の場合、市民の健康寿命を延ばすことを目指しており、SIBの仕組みを通じて第１世代や第２世代に比べて参加者の目標値を高く設定しました。また特に、市内企業がプロジェクトに多く参加することを重視し、市内企業からの出資やサービス提供者の募集を行いました。その結果、23社の企業からの出資を得、サービス提供事業者は67社181店舗（2020年12月時点）まで拡大しています。SIB事業の成果として、行政コスト削減は重要な視点となりますが、政策目的をどの程度達成したかという点は少なくとも過小評価されるべきではありません。極論を言えば、仮に行政コスト削減効果が出なくても、政策効果が従来の施策より高くなったのであれば、SIBを導入した意義は大きいと評価することも可能です。行政コスト削減と、政策目的は別々に評価した上で、最終的には総合的に判断するというように、丁寧に分けて議論していく必要があります。

【図表３-７】おかやまケンコー大作戦　ポスター

（出典）岡山市

■ 岡山市のSIB事業の体制

こうした議論を経て出来上がった岡山市のSIB事業ですが、ここでその事業概要とSIBによる資金調達の仕組みと資金の流れを【図表３-８】から【図表３-11】のとおり整理しておきます。岡山市のSIB事業のスキームに入るプレイヤーは、岡山市、中間支援組織（PS瀬戸内株式会社）、ファンド取扱者（プラスソーシャルインベストメント株式会社（PSI社））、サービス提供事業者、サービス利用者、投資家（出資者）、事業評価機関（一般社団法人日本老年学的評価研究機構）となります。そして事業全体としては、岡山市が市一般会計予算（約1.3億円）、国庫負担金（約1.3億円）、市基金（約1.1億円）を原資として、中間支援組織との間で委託料最大支払額約3.7億円の成果連動型委託契約を締結します。その上で、中間支援組織はSIBのスキームを通じて、地元企業23社、個人65人から合計3,000万円の資金を調達し、その一部をサービス提供事業者に成果に応じた事業費として支払うことになります。なお、複数のサービス提供事業者を組み込んだこのサービス提供体制は岡山市のSIB事業独自の体制です。

【図表３－８】岡山市SIB事業概要

・名　　称：	SIBを活用した健康ポイント事業（おかやまケンコー大作戦）
・目　　的：	市民・在勤者の健康づくり、ヘルスケア産業の振興
・実施期間：	５年間（H30準備、R１～３大作戦実施、R４最終評価）
・対 象 者：	35歳以上の市民及び在勤者
・定　　員：	15,000名
・内　　容：	①運動、②栄養・食生活、③社会参加に関するサービス利用に応じてポイントを付与し、商品券等との交換を行う。更に、企業ランキング上位には、会社自体に健康経営の助成を行う。
・特　　徴：	①国内最大の事業規模（約3.7億円／５年間）、②日本初の複数事業者による出資（投資額3,000万円）、③日本初の複数事業者によるサービス提供（競合及び異業種の地元企業が生活習慣改善メニューを提供）。

【図表３－９】岡山市のSIB事業の資金の流れ

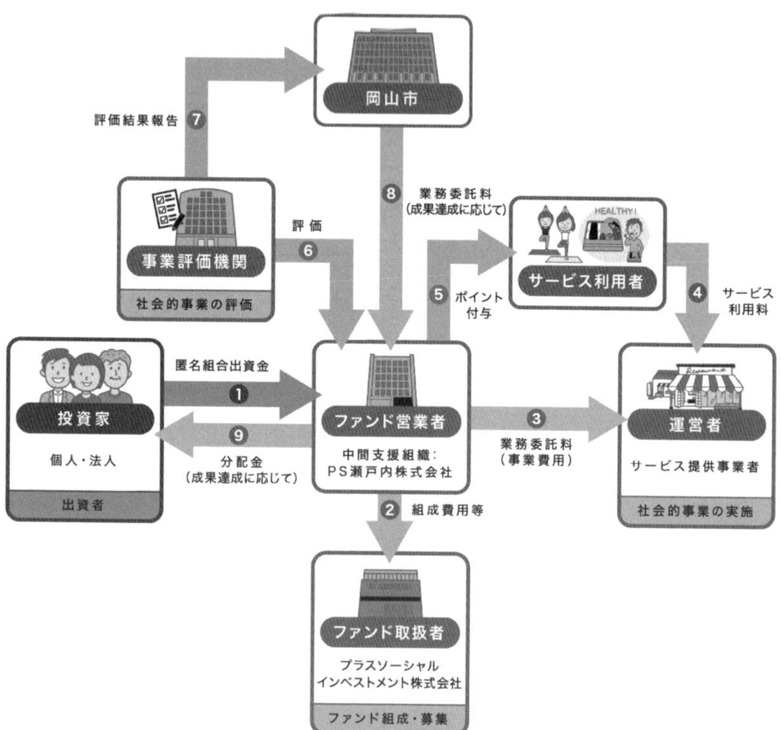

（出典）プラスソーシャルインベストメント株式会社HP[4]

①健康ポイント事業の趣旨に賛同した出資者は、ファンド取扱者（PSI社）が組成したSIB事業ファンドに出資金を振り込みます。

②ファンド取扱者（PSI社）はファンド組成費用等を受け取ります。

③ファンド営業者である中間支援組織（PS瀬戸内社）は、サービス提供事業者（生活習慣改善メニューを提供するフィットネスクラブ、食品提供事業者、健康増進イベント企画事業者等）に業務委託料（事業費用）を配分します。

④サービス利用者は、サービス提供事業者にサービス利用料を支払います。

⑤サービス利用者は、中間支援組織（PS瀬戸内社）からサービス利用状況に応じた健康ポイントが付与され、年度末にポイントに応じた特典が送られます。

4　プラスソーシャルインベストメント株式会社HP
https://www.en-try.jp/feature/okayama-sib/

⑥事業の成果は、事業評価機関（日本老年学的評価研究機構）により、毎年度BMIの改善状況等の第三者評価を実施します。
⑦事業評価機関は岡山市に、事業の評価結果を報告します。
⑧岡山市は評価結果に基づき、中間支援組織に対して成果達成に応じた業務委託料を支払います。この②～⑧を３年間繰り返します（ただし②については、ファンド組成費用は１年目のみで、２年目からは監査・運営費用のみ受け取り）。
⑨最終年度（2022年度）、事業全体の評価を行った上で、出資者に対して成果に応じた元本償還・配当を行います。

【図表３-10】岡山市のSIBファンド概要（匿名組合出資）

	区分	調達金額	償還率	損益分岐点 (売上ベース)
個人向け (A号匿名組合)	１口２万円	300万円 (65人)	最大119.12% 最小　0％	51%
企業向け (B号匿名組合)	１口50万円	2,600万円 (23社)	最大140.19% 最小　0％	78%

※別途企業向け（寄付者専用：C号匿名組合）で100万円調達（償還率０～100%　損益分岐点81%）
※損益分岐点とは元本保証になる水準。具体的には、中間支援組織が市から受け取る委託費が、成果連動支払額の上限額の51%（個人向け）または78%（企業向け）を越えれば、出資者に元本以上が償還されるということを意味します。なお、個人による投資のハードルを下げるため、個人向け（A号）は企業向け（B号）に比べて損益分岐点が低く、また償還順位を優先していることに伴い、償還率は企業向け（B号）の方が高く設定されています。

（出典）岡山市資料[5]p.4より抜粋し一部追記

5　内閣府HP　https://www8.cao.go.jp/pfs/seminar/okayama_20200203.pdf

【図表３-11】岡山市のSIB事業の成果指標

年度	内容	基準値	成果連動支払額
2018	－	－	－
2019	参加登録者数	15,000人	2,500万円
2020	生活習慣改善の意識	80%	2,500万円
2021	週２回以上の継続者数	9,000人	2,500万円
2022	健康状態の改善率（参加時比） ①BMI25以上の者のうちBMI25未満となった者の割合又は ②運動習慣のある者の割合の増加	①25% ②３ポイント	2,000万円

⇒　医療費抑制効果：３億7,440万円（参加登録者中の継続者数9,000人×医療費抑制効果10.4万円/人×国保加入率40%）

※委託契約による最大支払額約3.7億円のうち成果連動支払分は9,500万円。健康ポイント付与等にかかる事務固定費約6,000万円／年

（出典）岡山市資料p.5より抜粋し一部加工

個人からの出資については65名の出資を得ましたが、そのうち岡山市民は２割で市外からの出資が８割となり、先に見た東近江市や西条市におけるSIB事業が市民からの出資を目的とした設計となっていたこととは対照的です。これは事業のテーマや目的、出資の集め方、都市やコミュニティの規模など、様々な要因が考えられ、今後のSIB事業の組成においては示唆に富む対比となっています。また、企業からの出資については23社が出資を行い、予定金額を達成しました。これは中間支援組織から業務委託料を受け取るサービス提供事業者となるためには、出資者にならなければならないと規定する要綱としていたことや、G20保健大臣会合が岡山市で開催されるという外部の動きや、SDGsに資する取組みを企業が模索している中で、企業による社会的事業への出資という選択肢を示したタイミングなども要因となったのではないかと考えられます。

また、成果指標については、2019年度は参加登録者数という活動目標（アウトプット指標）として、過去の健康ポイント事業実績の約３倍高い15,000人という目標を設定しました。岡山市が過去から続けてきた事業に成果連動型の仕組みを導入する動機としては、民間の創意工夫とモチベーションを引

き出し、過去の事業の延長上にはない野心的な高い目標を達成しようという、強い成果志向が見て取れます。つまりこの成果指標の設定の考え方は、最低限達成しなければならない必達目標ではなく、より高い政策効果を目指すためのいわば取組みの目線を引き上げるための努力目標と言えるでしょう。なお、健康ポイント事業の成果は、金額に基づく成果としては直接的な効果が算出しにくいという面があるため、第三者機関による事業評価を行い、客観性を担保することも重要となります。

このような体制や成果連動の仕組みを備えて始まった岡山市のSIB事業ですが、ただでさえ前例のない国内最大規模のプロジェクトを試行錯誤しながら円滑に回す必要があった現場に、新型コロナウイルス感染症拡大に伴う環境変化や人々の急激な行動変化が直撃し、当初想定していたサービス提供のあり方も修正せざるを得ない状況となり、事業を再構築していく必要に迫られることになります。

■SIB事業を円滑に回し、環境変化に柔軟に対応する現場とは

SIBを活用した成果連動型事業では、民間事業者が行政に細かな進め方の指示を仰ぎながら事業を執り行うということは想定されていません。極端な話、成果さえ出せれば民間事業者がどのようなやり方をしようと行政としては事細かく口を出しませんが、その代わりに、もし成果が出なければその分を差し引いた委託料しか支払わないという考え方を基本としています。それを前提として岡山市のSIB事業では、行政と中間支援組織が成果連動型委託契約を結び、また中間支援組織は出資も行った個別のサービス提供事業者(13社）とそれぞれに業務委託契約を結び、参加者に対してサービスを提供するという実施体制を取っているということは先ほど見てきたとおりです。このため、中間支援組織においては、同床異夢になりがちな各サービス提供事業者が同じ方向性を向くようにとりまとめるという役割が期待されており、サービス提供事業者との関係性構築が重要なミッションとなります。この点について、岡山市のSIB事業の中間支援組織であるPS瀬戸内株式会社の現場実務の担当者である原田亜弥乃さんは次のように述べています。「SIB事業

に参画しているサービス事業者のスタンスとしては、各社の既存業務の延長線上の事業を実施する事業者もいれば、全く新しい事業を企画して取り組む事業者もいて様々です。各社で取組みの温度差が出るのはある程度仕方のないことですが、中間支援組織としては共通の事業目的を何度も説明しながら、各社が個別に抱える課題や取組み状況を把握し、サポート役に徹することを心掛けています。」

また、SIBは事業実施にかかるオペレーションコストが高くつくため、行政にとっては結局通常の委託契約の方が楽でコストもかからないのではないかという指摘が常に存在します。ここでいうオペレーションコストには２種類あります。１つ目は事業の成果を確認するためのデータ収集コストや第三者評価の費用等の目に見えて発生する追加的事業費。２つ目は行政職員が民間事業者をサポートすること等による事業費には計上されないものの実質的に発生している目に見えないコストです。

事業として成立させるためには、どうにかしてオペレーションコストを回収できなければなりません。矢吹さんはオペレーションコストについて、次のように指摘します。「オペレーションコストが発生する以上、SIBの事業規模はある程度大きくしないと基本的には採算が取れません。他方で、オペレーションコストそのものを下げることも考える必要があるでしょう。例えば、事業の中で客観的なデータを取ることが出来るのであれば、あえて第三者評価機関を設けず自前で事業評価を行うことで、目に見えるオペレーションコストを下げることも可能になります。また複数のサービス提供事業者が関わることでサービスのバリエーションが増えるメリットがありますが、オペレーションコストを抑える観点からはサービス提供事業者の数を絞ることも選択肢となり得ます。」。事業の質や客観性を確保することを考えると、オペレーションコストは下げればよいという単純な話ではありませんので、事業計画段階から事業実施段階に至るまで、オペレーションコストをどのようにコントロールするかはSIBの実務において大きな課題となります。

特に岡山市のような本格的なSIB事業の場合、事業に関わるプレイヤーが必然的に多くなります。そのためオペレーションコストの問題はもちろん、それ以外にも関係者がいかに共通の目的を持ち事業を継続することができるかという点も課題となります。制度の綻びやプレイヤー間の温度差にまつわる課題は、事業がうまく回っている間は表面化しなくても、一旦事業が予定どおり進まなくなると、そうした綻びが表出し、チームがばらばらになってしまい、最悪の場合事業そのものが成り立たなくなってしまうといった事態に陥りかねません。例えば、出資者からすると事業の成否が危うくなれば、出資分を回収することに目が向き、成果水準にかかわる指標をクリアすることのみに関心がシフトしてしまうことも考えられます。そのためにも、事業がうまく回るように中間支援組織が事業をマネジメントすることが重要となりますが、リスクが表面化し、事態が深刻化してからだと、打つ手も限られてしまいます。いかに事業のリスクをコントロールするかは、委託元である行政の立場としても注意を払う必要があります。

実際、新型コロナウイルス感染拡大の影響を受け、市民は三密（密集・密接・密閉）を避けるため、フィットネスクラブや飲食店に行くのを控え、ウォーキングなどの外出系の健康増進イベントにも参加するのをためらう人が増えました。その結果、岡山市の健康ポイント事業に参加するサービス提供事業者においては、経営状況が悪化し、自社の存続の危機に対応するための取組みを優先させなければならない事業者も増えました。こうした大きな環境変化によって、引きこもりがちになり健康状態が悪化する市民が増えることも考えられ、健康ポイント事業の意義はより一層高まったと言える一方で、従来の計画通りの取組みではこの環境変化に十分対応できないと言わざるを得ない状況になってしまいました。このような状況下において、中間支援組織としてどのようなことを意識して取り組んだかという点について、原田さんは次のように振り返ります。「新型コロナウイルスの影響により、サービス提供者の事業環境が激変し、待っているだけでは何も計画が動かないという状況でした。日々の対応に手いっぱいのサービス提供事業者に対して、当初計画していたイベントをオンラインに振り替えるならこういうことができないか、少人数にして実施するならこのようにできないかと、同業他社や同種の取組みの例なども参考にしつつ、具体的に取組みの提案をしながらコミュニケーションを図りました。中間支援組織としてサービス提供事業者の事業内容にあれこれ口出しするのは、やらされ感を醸成してしまうことになりかねず、あまりよくないことかもしれませんが、何も手を打たないと誰もお客さんが来ないという状況にあることは共通認識でしたので、サービス提供事業者も出来る範囲で最大限対応してくださっています。」

ここで言えることは、SIBを活用した教科書的なスキームを構築するだけでは、プロジェクトの現場は決してうまく回らないばかりか、無理をして維持しようとしたスキームが重荷となり事業継続のリスクにすらなり得るということです。形式的に整った体制を構築することも大切かもしれませんが、変化する事業環境に対して柔軟に対応できる現場体制でなければならないということも大きな教訓です。

また、岡山市ではSIB事業構築段階の準備活動として、第１世代・第２世代の事業に参加した事業者をはじめとして、フィットネス、飲食店、スーパーなど、健康ポイント事業のサービス提供事業者となり得る市内企業１社１社に対して第３世代事業の構想を説明して回ったり、業種別に説明会を細かく実施したりという地道な活動を１年近くかけて行っていました。そこでは企業に対して、「岡山市として第３世代で実施したい事業はどういうものなのか」「SIBという仕組みはどういうものなのか」「サービス提供事業者に対して期待することは何か」などを繰り返し説明し、また逆に企業からもニーズや要望などを聞き取りながら、制度設計を詰めていくという作業を積み重ねていきます。こうした活動はあくまで事業前のプロセスですので、なかなか目に見えず評価されづらい活動ではありますが、サービス提供事業者とのパートナーシップでSIB事業を円滑に実施するにあたっては非常に大きな意味があったと推察できます。こうしたサービス提供事業者との信頼構築のための活動が土台になければ、新型コロナウイルスによる環境変化に対応するために、岡山市、中間支援組織、サービス提供事業者が柔軟に対応することはより一層難しかったかもしれません。

このようにSIBのスキームを構築する時点で庁内外の調整などでかなりの事務量が発生していますので、成果連動型の事業だからと言って行政も民間事業者に運営を丸投げして、うまくいかなかったら委託料を低く支払えばそれでよしとするようなモチベーションでは、とてもではないですが割に合いません。行政機関としても成果志向の事業を実施する以上、民間事業者のノウハウを最大限生かすことができるようにお膳立てを行うことや、事業が成功するように柔軟な側面支援を行うことはある程度事業の設計段階から織り込み済と言っても差し支えないでしょう。他方で、委託元である行政が事業の側面支援をすればするほど事業の成果が高まる可能性があるとすれば、見方を変えれば、委託元が自らがんばればがんばるほど民間事業者に支払う成果連動型報酬の額が増える可能性があり、矛盾しているのではないかという指摘も想定されます。しかしながら、SIB事業を実施するそもそもの目的に立ち返ったとき、最も重視すべきは事業が成功することによる成果（社会的インパクト）をいかに出すかということであり、行政コストの削減額そのものはそれ自体が唯一の目的ではないということは初めに関係者間で確認しておきたい点です。

【写真】「岡山城　オシロ・デ・太極拳」イベントの様子（2020年８月９日）

（出典）岡山市より提供

■成果指標は必達目標か、努力目標か

東近江市の事例においても、SIB導入のジレンマのひとつとして取り上げましたが、SIBプロジェクトを回すにあたり重要な論点となるのが成果指標の考え方です。つまり、成果指標については、現実的に達成し得る水準に設定するか、それともあくまで高い目標として達成が容易ではない水準に設定するかという議論です。東近江市版SIBの場合、市民との協働を図ることそのものが狙いでもあることから、前者（達成可能な現実的な成果指標）を意識した設計となっていることはご紹介したとおりです。他方、岡山市のSIB事業の場合は、後者（達成が困難な成果指標）を意識した制度設計となっているのが対照的です。

SIBにおける成果指標の位置づけは、行政機関が政策目標として掲げる成果指標とはそもそも性質が異なるということをまずは理解しておかなければ、SIBを効果的に活用した事業の設計はできません。行政機関では総合戦略やまち･ひと･しごと創生戦略等の様々なビジョンや計画を策定しており、その多くで具体的な政策目標としてKPI（Key Performance Indicator：重要業績指標）を設定しています。また事業の効果を検証するために、あらかじめ設定した目標値の達成度合を確認する事務事業評価を実施する自治体も多いです。こうした行政機関が自らの行動に対して課す政策目標は、まさに行政機関として達成することを想定して策定した目標値であるため、目標未達の場合はなぜ目標を達成できなかったかを振り返り、必要に応じて施策の見直しを行うことが想定されています。他方、SIBにおける成果指標の原則的な考え方は、民間事業者の創意工夫を最大限引き出すために設定した目標値です。すなわち、目標自体は必達目標ということではなく、当該目標を達成すればこれだけ成功報酬を支払うというインセンティブとしての側面が多分に含まれています。その意味ではSIBにおける目標は成果を測るための基準であり、達成率が100%であるか否かのみで事業の成否を評価すべきものではないというのが前提となります。

岡山市のSIB事業の場合、第１世代・第２世代の健康ポイント事業の参加者が約5,000人に対して、SIB事業ではその３倍となる参加者数15,000人を掲

げています。この目標値について矢吹さんは「15,000人という数字は、民間事業者にやる気を引き出してもらうためのかなり高い数値目標として設定したものです。たとえ結果として、目標の８割の12,000人だったとしても、これまでの健康ポイント事業では達成できなかった水準の参加者数を実現したことになります。」と述べています。つまり、健康ポイント事業への参加者数をSIBの成果指標に置いているものの、参加者数が15,000人を超えたら成功、超えなかったら失敗という評価を即座に下すためのラインを示すものではないということが基本認識となります。

しかしながら、行政機関による政策目標と、SIBの成果指標を混同してしまうと、その線引きがあいまいになりかねません。そうすると、成果目標を低く見積もっておいた方が事業を成功させたとみなしやすくなるという本末転倒な思考が生じてしまいかねません。つまり、SIB事業において高い目標値を掲げない方が、行政内部や議会等で追求される心配が少なくなるという逆のインセンティブが働く可能性があります。これでは、SIBにより社会的インパクトを与えるという目的と真逆の事態となってしまいます。こうした事態を引き起こさないためにも、両者の目標を区別して理解しておかないといけません。その上で複数年事業としてのSIB事業には、毎年度アウトプット目標と、事業期間全体を通してのアウトカム目標があることから、一つの指標のみをもって事業の成否を評価することはできないということも理解しておく必要があるでしょう。

■ まとめ

おわりに、岡山市のSIB事業について、改めてPFS/SIB的発想による政策立案と、現場における事業実践の双方を重視する本書の観点から、ポイントをまとめておきます。

【PFS/SIB的発想による政策立案のポイント】

1．従来から実施してきた事業を、成果連動型で実施するという発想の転換。

2．本格的なSIB事業を現場で回すにあたり、特に中間支援組織によるサービス提供事業者との水平的パートナーシップを心掛けたアプローチの存在。

3．SIBにより、企業及び個人から事業資金を調達するという発想とその実践。

【現場における事業実践のポイント】

1．SIB事業の予算獲得にあたり、政策の必要性のロジカルな説明に加え、外部要因などの流れを味方につけた政策提案の実践。

2．サービス提供事業者集めにあたり、SIB事業検討段階から、市役所担当者が相当数の企業に事業説明のアプローチを入念に実施するという丁寧な準備。

3．新型コロナウイルス感染症拡大による事業環境の変化に対応するために、中間支援組織が中心となりサービス提供事業者に対する柔軟なサポートを行いつつ、事業継続と成果達成に向けて道筋をつけた双方向のコミュニケーション。

4　介護予防であしたを明るくする ～PFS/SIBという選択肢にゼロから挑む～ 堺市（大阪府）

【堺市のPFS事業の関係者のイメージ図】

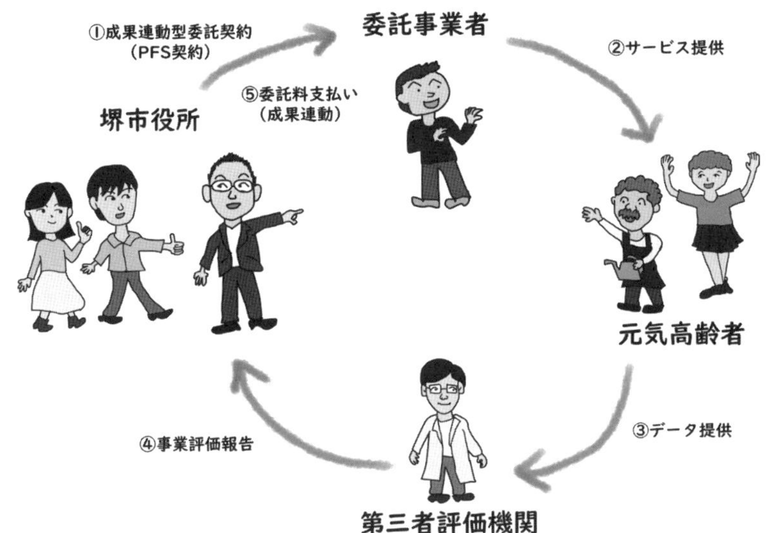

＜取材にご協力下さった方＞※役職は2021年３月31日時点

【地方自治体】○堺市 健康福祉局 長寿社会部 地域包括ケア推進課
課長補佐 花家薫さん、係長 井上京子さん
…堺市のPFS事業の担当者。
○堺市 市長公室 政策企画部 課長 手取祐介さん
…堺市でPFS/SIBを活用した企画立案に取り組んだ第一人者。

■ 介護予防にPFSという新たな一手で挑む

「介護が必要となった主な原因の70%は予防が可能な分野なんです。介護が必要になった後ではなく、元気なうちからしっかり予防する。この当たり前で、最も大事なことをどうすればできるのか、これが今回のPFS事業の最大のポイントです。」そう話すのは、堺市初のPFS事業である『介護予防「あ・し・た」プロジェクト事業』（以下「あ・し・たプロジェクト」といいます。）

を企画立案したキーパーソンの一人、堺市 健康福祉局長寿社会部地域包括ケア推進課 課長補佐 花家薫さんです。

「あ・し・たプロジェクト」とは、フレイル予防（元気な高齢者が加齢に伴い様々な身体機能を低下させることに対する予防）のため、「あるく（身体活動）」「しゃべる（社会活動）」「たべる（食生活）」という要素を盛り込んだ介護予防プログラムを提供し、高齢者自らが日常生活の中で介護予防に取り組むきっかけづくりを行う事業です。2019年２月に「あ・し・たプロジェクト」の実施を発表した際はSIBの活用を想定していましたが、事業者公募の結果、民間からの資金調達は実施しないPFSとして実施することとなります。本稿では、「あ・し・たプロジェクト」にSIBを活用しようとした経緯や予算獲得に至るやりとり、そしてPFSとして実施する中で起こった新型コロナウイルス感染症拡大に伴う想定外の計画変更など、ゼロからPFS/SIB事業を立ち上げ実践していく現場で起こったことを順に追っていきたいと思います。

堺市は人口825,632人（2020年９月１日時点）を有する南大阪の中核的都市です。歴史も深く、古代には仁徳天皇陵古墳をはじめとする百舌鳥（もず）古墳群が造られました（2019年７月には、百舌鳥・古市古墳群が世界遺産登録）。中世には、対明貿易や南蛮貿易など海外交易の拠点として発展し、外国の様々な文化や技術を取り込んでいきます。明治以後には、近代工業の発展、人口の増大、市域の拡大、交通の発達など、急速に近代化が進み、戦後は、臨海コンビナートと泉北ニュータウンの造成などを通じて、現在に至る産業と生活の基盤が構築されていきます[1]。

このように、歴史・文化・産業・生活、多様な顔を持つ都市として発展を続けてきた堺市ですが、2006年４月に全国で15番目の政令指定都市となるまでは、大阪市のベッドタウンとしての色合いが強くありました。しかし政令市移行後は、堺市ならではの積極的な公共事業投資や市民生活の水準向上のための社会政策を手厚く実施していきます。しかしその一方で、市議会など

1　堺市HP　https://www.city.sakai.lg.jp/shisei/gaiyo/profile/index.html

からは効率的かつ効果的な財政運営が行われているかどうかについて厳しい目が向けられるようになりました。こうした中で、データや証拠に基づく政策立案（Evidence Based Policy Making：EBPM）を一層進めることや、政策を実施した効果（アウトカム）や費用対効果をこれまで以上に意識することが求められるようになります。その中でも特に社会保障経費をいかに削減するかというのは大きなテーマであり、他の地方自治体と同様、堺市においても抜本的な解決策はなく、試行錯誤を繰り返してきました。そうした中、2018年度の予算編成において、総務省からの出向者であった財政局長（当時）が、全国的にヘルスケア分野を中心に取組み事例が生まれてきていたSIBに着目し、堺市でも社会保障費の削減に向けたSIB事業を2018年度予算の中で導入できないか検討するよう、財政課に対して指示を出しました。しかし、当時庁内でSIBについて知っている者はほとんどおらず、まずはSIBに適した事業が庁内にあるかどうか実態調査から始めようということとなり、企画部に予算をつけてSIBの実現可能性を検討するための調査を実施することとなりました。この調査事業の担当に指名されたのは、SIBの話題が出た当時に財政課に在籍しており、その後企画部に異動していた政策企画部課長 手取祐介さん（当時：市長公室企画部主幹）でした。

当時の状況について手取さんは「SIBの実現性を調査する担当者となって、次年度予算にSIB導入を検討する部署はないか呼びかけましたが、当初SIBを導入したいという部署はありませんでした。」と振り返ります。そうした中でも、調査事業として先行事例の研究や関係者に対するヒアリングを実施しSIBの理解を深めつつ、SIB事業の支援実績がある金融機関から講師を招いて職員向けのSIB勉強会を開催するなど庁内のSIBに対する取組みの機運醸成を図りました。しかし、第三者評価など従来事業と比べてコストがかかることや、成果指標設定の難しさ、また先行事例から見た運用の難しさなどから、勉強会に参加した部署もSIBの検討から手を引いていきました。このようにSIBの活用について当時の庁内は基本的に懐疑的な状況でしたが、そうした中で最後までSIBの活用に関心を示した部署が、地域包括ケア推進課でした。介護保険料の高さが政令市で第３位である堺市では、効果的な介護予防施策による要介護認定率の低下に向けた取組み強化が大きな課題となっており、介護予防事業を担当する同課は、課題解決の新たな突破口として、介護予防事業へのSIB導入の可能性を真剣に検討しようとしていました。

実は地域包括ケア推進課では、前年度の予算要求時に新規の介護予防事業を提案したものの、予算がつかなかったという苦い経験がありました。元気な高齢者に対する介護予防施策は、すでに要介護状態にある高齢者に対する支援策と比べると施策の優先順位が劣るのではないかと、財政部局に納得してもらうに至らなかったのが原因でした。要介護者を減らすためには介護予防が決定的に重要であるという強い問題意識を持っていた同課は、引き続き介護予防の取組みを検討していましたが、何らかの政策的位置づけや工夫がないと介護予防事業で新規予算を獲得するのは現実的に難しいとも考えていました。SIB活用の話題が降ってきたのはちょうどその頃のことでした。地域包括ケア推進課としては、SIB活用は財政課発信の話ということもあり、SIBを使えば予算要求に有利になるのではないかという思惑からSIBの勉強を始めます。また、政策としても介護予防が重要だということは関係者の間では共通理解がありましたが、これまで実施してきた既存事業にはないような新しい取組みを庁内だけで発想するということもまた難しく、施策のマンネリ化の問題も抱えていました。こうしたマンネリ化を打破するためにも、SIBにより民間と連携するスキームを構築することによって、新しいアイデアを民間から引き出すことが出来るのではないかと考えたこともSIB検討の後押しとなりました。

一般的に新しいことを始めるときには、トップダウンで進めた方が前例のないことであってもダイナミックに検討が進むことがあります。しかしその一方で、関係者の理解が進まない中取組みを実施することだけが決まり、形式的には取り組んでいるものの実態としてはあまり機能していないといった事態も起こり得ます。これに対して、下からのボトムアップで物事を進めると、前例にない物事についてはなかなか進まないためにダイナミックな動きも起きず、せいぜい現状の小幅な修正にとどまるということが多々起こります。庁内にSIBという新たな手法を導入するために、複数の部署と議論してきた経験から、手取さんはSIB導入の動機づけについて次のように話します。「堺市の場合、トップダウンでSIBを絶対やれと指示が出ていたわけではありません。地域包括ケア推進課もあくまで必要性の観点から、ボトムアップによるアイデアとしてSIB導入を検討しました。実感としては、事業としてやりたいことがあるけれど予算がないという部署にしかなかなか響きませんでした。しかもPFS/SIBは成果指標の設定も難しく、事業を必ずやりたいという情熱がなければ、手を出しにくい手法だと思います。」

こうした経緯をたどり、堺市では介護予防事業へのSIB活用を本格的に検討していきます。しかし、介護予防にSIBを活用した国内事例はなく、文字通りゼロからのスタートとなり、いざ検討を開始するとそこには苦難の連続が待ち構えていました。

■ 企画部門と事業部門の二人三脚による予算折衝

介護予防にSIBを活用するためには、まず何から考えていけばよいのかを整理する必要がありました。介護予防事業の内容自体はともかく、SIBについては未知の手法のため、SIBをどのように組み込んでいくかが検討のポイントとなります。SIB導入の検討を本格的に始めたちょうどその頃、民間企業が大阪でSIB研究会を開催するという話を聞き、花家さんと手取さん、地域包括ケア推進課 係長 井上京子さんを加えた３人で参加します。その後、この３人を中心として堺市初のPFS/SIB事業実現に向けた具体的な動きが巻き起こることとなります。

研究会への参加や先行事例の研究を通じて、介護予防事業にSIBを導入するにあたって浮上した課題は、大きく、①何を成果指標にすべきか、②評価機関をどうするか、③資金調達の仕組みをどう組み込むか、という３点でした。この点については、庁内勉強会の際にも力を貸してくれた金融機関や日本財団の担当者が、事業検討当初から伴走して知恵出しや、適切なパートナー探しのための企業紹介などを積極的に行ってくれたことが、事業設計や人脈形成の出発点として大きな役割を果たします。特に、日本財団からの紹介で、介護予防分野の権威であり、厚生労働省の検討会構成員や一般社団法人日本老年学的評価研究機構代表理事など、数多くの公職を務めている千葉大学（予防医学）の近藤克則教授と出会い、リアルやオンラインで何度も打ち合わせを重ねた結果、幸運にも「あ・し・たプロジェクト」の事業評価に力を貸してもらえることとなり、専門家による第三者評価の実施体制を整える目途をつけることができました。他方、資金調達については、庁内の次年度予算要求事業の登録が迫っていたこともあり、SIBによって誰からいくら資金をどのように調達するのかなどについては検討があまり進んでいませんでしたが、まずは事業費として必要になる金額を全額予算要求しておかなければならないと考え、資金調達部分は固まらないまま予算要求プロセスに突入することとなりました。

こうして始まった予算要求プロセスは困難を極めます。財政課に在籍した経験を持ち、花家さんとともに財政部局への予算要求の最前線に立った井上さんは、次のように話します。「事業規模としては当初1,000万円程度を想定しており、財政課にもそのように登録していたのですが、近藤先生や関係機関と事業内容を詰めていくと、介護予防事業を全市展開するのであれば5,000万円ぐらいはかかるという試算となり、予算の大幅な増額修正登録を行うことになるなど、走りながらの予算要求をしていたため、財政課からみた印象は最悪のスタートだったと思います。」

実際、財政部局は当初と全然話が違うじゃないかと不審感を募らせ、また、介護予防の効果についても費用対効果が得られるのか疑問であるとし、成功事例を見ながら取り組むべきではないかといった指摘などもなされます。予算要求プロセスにおいては、財政部局からの疑問や指摘にひとつひとつしっかりと答え、事業内容の妥当性や予算規模の根拠について説明していかなければなりません。当初より予算が膨らんだ主な理由は、第三者評価の仕組みが入ることなどSIBならではの事情が挙げられます。「あ・し・たプロジェクト」の場合、事業の対象となるのがデジタルに慣れていない高齢者であるため、データを取得するにあたってはまずは紙のアンケート等で取るしかなく、それをデータ化してしっかり分析していく場合、第三者評価に最低でも

1,000万円はかかるという積算になりました。また、事業により創出する社会的インパクトとして、市の扶助費（社会保障費など）の削減効果を高めるためには、ある程度大規模に事業を実施する必要があり、対象とする高齢者の人数を大幅に増加させたことも要因のひとつでした。こうしたことから、短期的な費用を単純比較する場合は、SIBを活用せずに事業を計画した方が安く済むということも分かってきましたが、一方で元気高齢者の介護予防に成功すれば、中長期的には行政コストが抑えられるということもある程度根拠を持って議論することができるようになりました。しかし、どこまでいっても中長期的な効果予測の信ぴょう性を証明することは簡単ではありません。財政部局との予算折衝は混迷を極めます。

秋頃から続いた財政部局とのやりとりですが、一旦年末段階で結論が出ます。それは、「あ・し・たプロジェクト」には予算措置しないという財政部局の厳しい判断でした。地域包括ケア推進課としても、そこまで言われるなら、もうSIBをやらなくてもいいんじゃないかという空気が漂います。そこで地域包括ケア推進課が所属する長寿社会部の部長も交え「あ・し・たプロジェクト」をどうするかを議論することとなります。SIBを活用して介護予防事業を実施するということについては、当初から長寿社会部内でも様々な意見がありました。これまで誰も実施したことのない事業ですので、懐疑的な議論があることは当然でした。しかし、予算要求プロセスにおける財政部局からの千本ノックを通じて深まってきた議論を踏まえ、改めて行った部内の議論では、将来の介護保険料支払を下げていくには、事業成果に応じて報酬を支払うSIBは介護予防分野のリーディングケースになるという議論が、いつの間にか少数意見ではなくなっており、それに勇気づけられた地域包括ケア推進課としても、もう少し踏ん張ろうと団結し予算復活要求プロセスに戻ることを決めます。

予算復活要求プロセスにおいては、企画部の手取さんも入り、SIBの活用はもともと財政課発信の話であったこと、介護保険事業特別会計を活用した事業であるため市の一般財源による実質的負担は12.5%（残りは国負担と介護保険料）であること、SIBを活用した日本初の介護予防事業を実施することによるPR効果としての意義もあることなど、改めて実施のメリットや行政負担の試算を精緻に整理した材料をもとに再交渉していきます【図表３-12】。その後の予算復活要求プロセスは年明けまでもつれこみ、その中で更に詳細な議論が行われていきます。そして最終的に遂に予算の満額復活（３年間で5,434万円）を勝ち取ることとなります。この予算獲得に至る一連の結果を踏まえ、手取りさんは「振り返ってみても、これは通常であればつかない予算。」と言い切ります。予算復活要求のために再整理した材料の説得力はもちろん重要ですが、それ以外の要素として、事業課と企画部が協働して予算要求に臨んだこと、財政課の事情に精通した元財政課職員が２名（手取さん、井上さん）いたこと、近藤先生の協力を得たこと、日本財団や金融機関担当者などの関係者が伴走支援して知恵出ししてくれたこと、担当部長が後押ししてくれていたことなど、数々の要素がかみ合ってはじめて予算獲得に至ったと言えます。

元来SIBは、予防という観点から活用されることを想定して出てきた政策手段です。しかし、予防政策というのは将来推計に不確定要素が多く、また政策の優先順位としても喫緊の政策課題としてみなされにくいということもあり、日本の地方自治体における通常の予算要求プロセスにおいては、予算獲得の難易度が高いというのが実態です。また、データや証拠に基づく政策立案（EBPM）の考え方は重要ですが、だからと言ってデータ取得のためにどれだけコストがかかってもよいということにはなりません。データ取得については、すでに存在するデータを活用することができるのであればそれに越したことはありませんし、データ分析も自前で客観的に分析できるのであればその方がコストもかかりません。「あ・し・たプロジェクト」のように、これまでに蓄積されたデータがない新しい分野でSIBを実施するというのは、評価にかかる行政コストが追加される分、予算要求プロセスにおいてはマイナス要素とならざるを得ません。PFS/SIB事業の予算獲得においては、このようにこれまでは明示的に考えるのを避けることができたことを、真正面から考えざるを得なくなるという実態があるということを理解しておく必要があります。

【図表３-12】「あ・し・たプロジェクト」により期待される効果（便益）の試算

総事業費 （投資額）	5,434万円 【内訳】 ・事業実施委託費：4,434万円 ・効果検証費用：1,000万円
要介護（支援）予防者数 （事業効果が及ぶ人数）	のべ336人 【積算根拠】 ①堺市内の元気高齢者数約17万８千人のうち、5,340人（３％程度）が事業に参加すると想定。 ②先行研究において、５年間通いの場に参加した人と参加しなかった人との間で、要介護状態になる人の差が6.3%となった例を基準値として設定。 ③のべ336人（5,340人×6.3%）には介護予防効果が出るものと想定。
介護給付費縮減効果 （事業効果の費用換算）	１億1,884万円／年 【積算根拠】 ①（要支援１・２にかかる１年間の介護給付費縮減効果）293人×27万５千円＝約8,057万円 ②（要介護１にかかる１年間の介護給付費縮減効果）43人×89万円＝約3,827万円 ※要介護度軽度化効果は、算出困難のため積算に含んでいない。

（出典）堺市講演資料（2021年１月22日）より抜粋し一部筆者加工

■行政らしさを脱却した、PFS事業の新たなブランディング

堺市の介護予防施策は、これまで体操教室など高齢者の筋力アップを目指す事業が中心でした。これは筋力アップがフレイル予防につながるというエビデンスが確立しているためでしたが、逆に、フレイル予防として筋力アップ以外の視点からの施策はあまり取り組まれていませんでした。そうした中で「あ・し・たプロジェクト」では、フレイル予防の視点を、筋力アップではなく、「外出」に求めます。WHO（World Health Organization：世界保健機関）が2020年に公表した「身体活動・座位行動ガイドライン」[2]では、高齢者が健康効果を得るためには１週間で少なくとも150分から300分程度の

2　WHO（2020）"*WHO guidelines on physical activity and sedentary behaviour: at a glance*", p.6
https://www.who.int/publications/i/item/9789240014886

中強度の有酸素性の身体活動（例えば、ウォーキング、社交ダンス、ガーデニングなどの運動）が推奨されていることなどから、フレイル予防施策として、高齢者が外出したくなる動機づけを行う新たな事業ができないかという観点から事業設計を進めていくことになります。

その中で改めて介護予防事業にSIBを導入する意義を考えたとき、堺市における議論の発端がEBPMや社会保障費削減の議論の流れだったことからすると、SIBの要素の中では、「成果連動型報酬」の導入がまずは重要ということになります。また、介護予防事業の内容のマンネリ化打破と新たなアイデアの導入という観点からは、官民の水平的な「パートナーシップ」により民間ならではの発案を引き出すことが重要ということになります。このため「あ・し・たプロジェクト」においては、①成果連動型報酬、②パートナーシップは必須の視点としつつ、SIBのもうひとつの要素である「民間からの資金調達」については、実施するかどうかは事業者の選択に委ねることとしました。それは「あ・し・たプロジェクト」の実施において特に重視したことが、東近江市版SIB事業や西条市版SIB事業のような地域住民の巻き込みや、岡山市のSIBによる健康ポイント事業のような複数の地元企業の参画ではなく、より多くの事業者が公募に応じてくれる可能性を少しでも高めることとしたためでした。これにより結果的に「あ・し・たプロジェクト」は、民間からの資金調達を伴わないSIB、すなわちPFS（成果連動型委託契約）を全国的に最も早い段階で実践するプロジェクトということとなり、以後PFSを活用した先進事例として国や地方自治体等からの問い合わせや取材、セミナー等での登壇依頼などが次々と舞い込むプロジェクトとなっていきます。

こうした検討を踏まえ実施した「あ・し・たプロジェクト」の受託事業者の提案公募の結果、７社からの事業提案を受けます。なお、その７社全てが大企業であり、自己資金で十分事業の実施が可能だということで、SIBによる民間資金調達を含んだ提案はありませんでした。そして厳正なる審査の結果、阪急阪神ホールディングス・ライフデザイン阪急阪神事業グループ（阪急阪神ホールディングス株式会社、株式会社ライフデザイン阪急阪神によるコンソーシアム）が受託者としてサービス提供を実施することに決定します。同社が提案した事業内容は、これまで堺市が実施してきた介護予防事業とは全く色合いが異なる内容で、PFS事業として実施する狙いを満たすものとなりました。花家さんは次のように述べています。「民間企業に自由に提案してもらうとこんなアイデアが出てくるのかと驚きました。例えば、男性の高齢者はこれまで市の介護予防イベントにはなかなか来てもらえませんでしたが、男性を取り込むためのイベントとして、「男・本気のパン教室」を実施するとか、楽しんで介護予防にもつながる取組みとして、元タカラジェンヌの方によるボイスレッスンなど、従来事業の延長では絶対に出てこなかったアイデアがどんどん出てきて、これまでにない角度からのアプローチが可能となりました。」

また、「あ・し・たプロジェクト」を行政的なお堅いイメージから脱却させ、より多くの元気高齢者がカジュアルに気負わず参加したくなるような取組みとしてPRするために、受託事業者の提案により事業全体としてのブランディングにも着手します。そこで生まれた新たなテーマは、『あ・し・たで65歳からの明日をつくる「堺サンドイッチキャンパス」』です。この「堺サンドイッチキャンパス」というネーミングに込めた想いを、ブランドステートメントとして言語化し関係者の共通認識づくりを行いつつ、堺市のみならず関係機関HPのほか、YouTube、インスタグラム（#堺サンドイッチキャンパス）などで積極的に発信しています【図表３-13】。このように事業をブランディングして取り組んでいくという発想は、従来の堺市の介護予防事業にはありませんでした。まさに、PFSにより民間事業者の自由度を高め、ノウハウをフルに発揮しやすい事業環境を整えたからこそ生まれた取組みだと言えるでしょう。

【「あ・し・たプロジェクト」として市内各所で行う主なプログラム】

○気づきの場プログラム　（大規模イベント年２回程度、サロン年12回程度） 　あした健康フェスタ、健康ウォーキング、あしたサロン、学びの場体験　など ○学びの場プログラム　（年10プログラム程度、月１回・６か月間） 　男・本気のパン教室、男・本気の木工教室、歌劇体験ワークショップ、防災マイスター、シニアヨガ、チアリーダー など ○活躍の場プログラム　（お披露目の場、年２回程度） 　カフェ開催、ステージ披露 など

（出典）堺市講演資料（2021年１月22日）より抜粋

【図表３-13】「あ・し・たプロジェクト」のブランドステートメント

あ・し・たで
65歳からの
明日をつくる

堺サンドイッチ
キャンパス

これまでの人生と、これからの人生、
どっちが多く学べるだろう。
多彩なプログラムで多才なまちへ。

「まだまだ元気だから」
だからこそ、これからも元気でいられるように
新しいことをはじめてみませんか。

でも、元気でいたい、健康でいたいからって、
なにをしたらいいか分からない。

元気に暮らすために大切なこと。
あるく、しゃべる、たべる「あ・し・た」。

堺のまちで、
「あ・し・た」をはさみこんだ、
具だくさんのプログラムがはじまります。
新しい学びを得ながら、
ひとやまちとつながっていくことで、
からだとこころの健康を支えます。

楽しみ、つながり、健康に。

（出典）堺市HP[3]より抜粋

3　堺市HP
https://www.city.sakai.lg.jp/kenko/fukushikaigo/kaigo/kaigoyobo/df_filename_ashita.html

【写真】堺サンドイッチキャンパスのイベントの様子

(左写真)男・本気のパン教室
(右写真)バレエ・ストレッチで姿勢改善教室

（出典）堺市HP

「あ・し・たプロジェクト」の事業期間は、2019年12月～2022年３月末までの実質約２年間です。事業評価は毎年行うこととしており、事業の実施前・中間・最終という段階別に行うモニタリング評価に基づいて成果連動支払を行う予定でした【図表３-14】。しかし、事業期間の開始早々に新型コロナウイルス感染症の問題が勃発します。コロナ禍においては、人々の三密回避や外出自粛が求められる中、特に高齢者を対象とするイベント等については、開催手法やイベント実施そのものの見直しを迫られる事態となりました。

【図表３-14】成果連動指標と支払条件

成果連動指標	支払内容	評価方法
活動目標（アウトプット） ①総参加人数：最大4,000人 ②うち継続参加人数：最大500人	全事業費の30% 全事業費の15%	参加実人数
結果目標（アウトカム） ③介護予防効果が出た人数：336人	全事業費の15%	要支援・要介護リスク評価尺度[4]

※残りの全事業費の40%（1,774万円）は、成果連動報酬ではない最低保証額。
（出典）堺市講演資料（2021年１月22日）より抜粋し一部筆者加工

4　辻大士・高木大資・近藤尚己・近藤克則（2017）「基本チェックリストと健診データを用いた縦断研究に基づく要支援・要介護リスク評価尺度の開発」日本公衆衛生雑誌64巻５号、p.p.246-257
https://www.jstage.jst.go.jp/article/jph/64/5/64_16-069/_pdf/-char/ja

12月のキックオフイベントには360人が参加し「あ・し・たプロジェクト」への関心の高さが窺えました。しかし、新型コロナウイルス感染拡大に伴い、４月に予定されていた1,000人規模のウォーキングイベントも中止とするなど、結局2020年度の大人数が集まるイベントの開催は12月の一度きりとなりました。８月には少人数で開催するイベントを徐々に再開していきますが、12月以降は新型コロナウイルスの再拡大の影響で改めてイベントは中止せざるを得ず、結局１年間で予定していた取組み全体の1/3程度しか実施することができませんでした。しかしこのような状況が長引けば、高齢者が今まで以上に外出しなくなる状態が固定化されてしまう恐れがあります。そうすると近い将来、介護が必要となる高齢者の数が大きく増えていく可能性があることから、元気な高齢者に対して介護予防事業を実施する重要性は、より一層高まったとも言えます。

こうしたことを踏まえ、地域包括ケア推進課では、「堺サンドイッチキャンパス」として実施を予定していたイベントを延期することとし、それに伴う委託契約期間の延長を行います。新型コロナウイルス感染症という異例の事態の発生が原因ではありますが、地域社会における介護予防事業の重要性を踏まえ、柔軟に契約内容を見直し、何とか取組みを継続させる方向で動くことができたのも、外部の関係者とのコミュニケーションや、庁内における説明をしっかりと行ってきた現場担当者の日々の努力の積み重ねがあってのことだということは、押さえておくべき重要なポイントでしょう。

■ 介護予防施策はPFSでどう変わるか

これまで見てきたように企画段階から実施段階に至るまで、様々な苦難に見舞われた「あ・し・たプロジェクト」ですが、花家さんはそれでもPFS事業を導入してよかったと話します。「介護予防というような膠着している分野に、役所だけでは思いつかない新しいアイデアやノウハウを入れるというのは重要です。しかも、成果連動型にしたことで、どの事業者さんも目の色を変えてやっていただいていて、とても前向きな協働ができています。私は長らく高齢福祉分野にいましたので、これまで福祉分野の方とのやり取りしかなかったのですが、PFSによって新しい企業の方とやり取りすることになって、職員としての経験値も上がりましたし、市の施策としてもすごく価値が上がったと考えています。」

「あ・し・たプロジェクト」は、介護予防分野でPFSを導入する日本のリーディングケースとなるため、市役所と委託事業者の双方に、成果指標を絶対に達成しようという強い共通認識がありました。花家さんは「委託事業者は、委託料の最低保証額である40%をとりあえずもらえるのであればよいというマインドでは困ります。最大限成果を出すために、委託事業者はもちろん、市役所も全力で関わります。協働してよい結果が出せれば委託料も100%出しますし、出し惜しみもしません。」と言います。教科書的には、PFS/SIBにおける成果連動型報酬では、行政は委託事業者の取組みにあれこれ口を出さない代わりに、事業がうまくいかなかった場合には行政が支払う委託料を減らすことで、行政側にとってはリスクヘッジの意味合いがあるとされています。しかし、「あ・し・たプロジェクト」では、成果連動型報酬については、企業のやる気を引き出すインセンティブとしての側面を徹底して重視しており、「失敗したら委託料の支出が減らせてチャラになるので行政は委託事業者に丸投げしておけばよい、という考え方ではなく、あくまで成果連動型報酬の100%基準達成を目指して、行政も最大限の努力をするというのが前提です」と花家さんは言い切ります。例えば、委託事業者もイベント周知のためには同社ならではのルートやツールを活用して広くPRを行いますが、市の担当職員もイベントに参加し、参加者の中でもリーダー的存在になりそうな方を見つけては積極的にコミュニケーションをとるようにするなど、取組みの普及のため、委託事業者と協働しているという点は、重要な現場の創意工夫と言えるでしょう。

コロナ禍の2020年度は、事業全体の中間評価を行うことができる状態ではありませんでした。他方で、地域包括ケア推進課では介護予防施策の介入対象となるグループに対するモニタリング調査を行い、同一人物の介護状態を追うパネルデータによる分析を継続しています。データは介護保険における介護状態との紐付けを行い、近藤先生のノウハウにより介護進行の遅延度合を評価しました。こうした分析から、介護予防に一定の効果が出ていることは言えそうだということは見えてきており、介護度の進行が遅延した人数336人という目標も、今後の新型コロナウイルスの状況次第ではありますが、十分達成できそうな見込みといいます。また実際にイベント参加者からは、「学んだ内容を他の人に教えにいきたい」「家族に成果を披露するためにもっと練習したい」「コーヒーの味比べが趣味になり外出する機会が増えた」などの声が挙がっており、「あ・し・たプロジェクト」が元気高齢者の外出の動機づけに一定の効果が出ていることを事業運営側としても実感しているといいます。

「介護予防はPFSが馴染む分野であることは間違いありません。」と花家さんは断言します。その上で、フレイル予防の対策として何が効果的であるかは個人によって異なるため、介護予防政策全体の中で、PFSを含めた複数の施策を併行して実施していく必要性を強調します。堺市では「あ・し・たプロジェクト」だけで、全ての元気高齢者の介護予防をしようと考えているわけではありません。「あ・し・たプロジェクト」に参加するのは、こだわりのコーヒーづくりに関心があったり、元タカラジェンヌの講師よるボイスレッスンに参加したいと考えるような特定の層の元気高齢者です。今までは役所の介護予防事業に参加していなかった層の元気高齢者にリーチし、介護予防の活動をしてもらえる動機づけを行うことができたのはPFSならではの成果ですが、従来からの定番メニューである筋力アップのための体操教室や、低所得者層向けの福祉施策なども、介護予防政策の全体パッケージのひとつとして引き続き重要です。つまり、PFSに馴染む事業はPFSで実施し、他の事業と補完し合いながら、政策全体として介護予防の効果を高めるという発想です。介護予防には決まったやり方というものがありません。だからこそ、PFS/SIBを活用して企業のノウハウや新しいアイデアを引き出し、様々なアプローチを試しながら、地方自治体に合ったやり方を取り入れていくということが重要と言えるでしょう。

■ まとめ

おわりに、堺市のPFS事業について、改めてPFS/SIB的発想による政策立案と、現場における事業実践の双方を重視する本書の観点から、ポイントをまとめておきます。

【PFS/SIB的発想による政策立案のポイント】

1．介護予防政策全体の中でPFS事業の役割を検討し、既存の他施策との補完関係の中でPFS事業ならではのターゲットに対象を絞った制度設計を行った。
2．マンネリ化してきていた介護予防事業に、新たなアイデアを入れようと、民間事業者がノウハウを発揮しやすいパートナーシップの形を模索した。
3．SIBの活用を検討する中で、民間資金調達にはこだわらないこととし、PFSによる取組みにシフトして事業構築を行った。

【現場における事業実践のポイント】

1．企画段階で分からないことは、それを知っている人に聞くためにどこにでも行くというスタンスで、事業実施の土台となる情報収集と人脈構築に取り組んだ。
2．予算要求プロセスでは、外部の専門的な知見をタイムリーに得つつ、企画部門と事業部門が協働して財政部局の質問に対応し続けた。
3．役所の論理や行政的な常識を前提とせず、成果目標を達成することを第一に考え、民間企業のノウハウや創意工夫を最大限生かせる環境整備を行った。

第３節　PFS/SIB的発想でゼロからやってみた

1　市議会議員がPFSを提案してみた ～枚方（ひらかた）市（大阪府）～ 木村亮太

■市議会議員として提案しました

まず、市議会議員という立場はこれまでの事例紹介で記載のあった市役所内部の方々とは少し違う立場になります。行政は実際に事業を実施していく立場であり、執行権を持っておりますが、一方で議会は議決機関であり、行政を監視する立場であり、行政に政策を提案する立場です。そのため「やってみた」というよりは「提案してみた、実施を促してみた」というのが適切な表現かと思います。これまでの行政職員の立場だと、いかにして内部で合意形成するための決裁を通していくかというところの困難があると思います。私の立場でいうと、その行政に対して外からどのように働きかけたのか、そして、その結果、今枚方市ではPFSの議論がどこまで進んでいるのかについて書いております。

結論を先に言うと、枚方市では、「令和３年度市政運営方針」[1]の中で「成果連動型民間委託方式（PFS）などの取り組みを検討」と言及され、2021年４月からは内閣府成果連動型事業推進室（PFS推進室）に業務研修という形で枚方市の職員が派遣され、今後PFSの実施に向けて進んでいくと思われる状況です。

私は行政内部の人間ではないため、市役所の中でどのような議論がなされていたのかについては私の立場からは把握ができないため書ききれていないこともありますが、そういった前提を踏まえて読み進めていただければ幸いです。

1　枚方市HP「令和３年度市政運営方針」https://www.city.hirakata.osaka.jp/0000034067.html

■議員になった理由とPFS/SIBを提案した背景

枚方市は、京都と大阪のほぼ中間に位置し、市の中央部を国道１号が縦断し、市の西部を京阪電鉄が、東部をＪＲ学研都市線が走っています。西に淀川が流れ、東には緑豊かな生駒山系の山々があります。ここは古くから人々が暮らし、平安時代には貴族の遊猟地として知られ、江戸時代には、日本橋から京都までの東海道53次に続き、伏見、淀、枚方と数えて、56番目の宿場町として賑わっておりました。近代になると近郊農村から住宅のまちへ徐々に変ぼうを遂げ、戦後は大規模な住宅団地の開発により人口は急増しました。1947年８月１日、大阪府下12番目の市として枚方市は誕生しました。当時４万人だった枚方の人口は現在約40万人となっております。住宅開発により急増していた人口は少子高齢化、人口流出（転出超過）により、2009年をピークに減少をし始め2020年12月末日には40万人を切っております。

少し自己紹介をさせていただくと、私は大学を卒業後、約３年半の民間企業経験を経て、2011年の市議会議員選挙にて、議員になりました。負担を先送りする政治ではなく、未来に責任を持った政治を掲げて、ジバン・カンバン・カバンと言われる「３つのバン」もない中で、有権者の皆様の信託を得て、当選させていただくことができました。

未来に責任を持った政治や、限られた税金を投入していくにあたっては、市民の方々への説明責任をできる限り果たすことが必要だということで、事業の１つ１つのチェックをしたり、行政評価はこうあるべきだという話をしたりしていました。

私がPFS/SIBのスキームを提案するに至ったのは、未来に責任という政治スタンスで政策提言を実施してきた中で、持続可能な自治体運営という点から、高齢化により致し方ない部分もありますが社会保障費の増大というのが避けて通れない課題と感じるようになったからです。お一人お一人の立場に立ってもいくつになっても健康でいきいきと暮らしていけることは重要だと思いますし、財政という観点からも健康な人が増えることで社会保障費の増大が抑制されることが望ましいと考えています。PFS/SIBのスキームを知る前から、効果のある健康寿命の延伸や介護予防などの取組みについて、１期目の後半に差し掛かる2014年ごろから議会で取り上げてまいりました。

具体的には、予防医療の点からは、特定健診やがん検診の受診率の向上について、また介護予防の点からは介護予防教室の参加者の増加を提案してまいりました。特定健診やがん検診の受診率が向上することで、早期に体の異常に気付き、生活習慣の改善をしたり、がんを早期に発見し早期対応したりすることで、早期予防につながるということが考えられます。また、介護予防教室の参加者が増え、運動をすることや人とコミュニケーションを取ることで介護を必要とする人が減り、結果として介護の重度化を防ぐことが期待されます。実際の因果関係というのはこのように単純なものではなく、非常に複雑になっているかとは思いますが、このようなシンプルなロジックモデルには一定の説得力はあると考えますし、そのため、行政も各種健診・検診受診率の向上や介護予防教室参加者の増加に向けて様々な取組みを実施しています。しかしながら、目標数字には達成しない状況も見受けられます。従来の取組みであればなかなか効果が上がっていない場合や目標数字を達成しない場合であっても、外部委託している事業であれば、一度契約して委託すると成果に関わらず費用をお支払いしています。一方で民間企業であれば、行政よりも成果にシビアにやっている側面があります。私は大学卒業後に民間のベンチャー企業でマーケティングを担当していました。当時はいかに費用対効果の高い広告を探すか、の日々でした。

例えば100万円の広告で100人の顧客獲得ができる広告媒体Aと、同じ100万円で10人の顧客獲得ができる広告媒体Bがあるとしたら、もちろん企業は100万円の広告で100人の顧客獲得ができる広告媒体Aに予算を重点投下します。

WEBの広告についてはそもそも成果報酬型、成果連動型のものが多いです。紙の広告と同じように、「このサイトのこのスペースに１か月間掲載すると100万円」、という広告形態もありましたが、一方で、WEBであればアクセス数やクリック数を確認することが可能ですので、表示回数に応じて報酬が支払われるもの、クリックに応じて報酬が支払われるもの、資料請求や商品購入に応じて報酬が支払われるものもありました。

このように民間企業であればそれぞれの広告媒体の費用対効果を見比べて、より良い広告媒体はないか、同じ広告媒体であっても見せ方を変えることでクリックされる比率を上げることはできないか、また資料請求や商品購入に至る比率を上げることはできないか、というように、費用対効果を見ていいものは続ける、悪いものは改善する、止めることを繰り返し、日々試行錯誤しながら実施しています。

限られた民間企業の経験ではありますが、このような仕事についていたため、市議会議員になってからの事業の費用対効果については問題意識を持っており従来の事業評価・事業スキームよりも効果の上がる方法はないか、成果連動型という形を行政でも実施できないかと考えていました。

■ 最初はSIBを健康福祉部局に提案

【図表３-15】PFS/SIB提案のアクションと枚方市の取組みの経過

年	木村のアクション	枚方市のPFS/SIBの動き
2016年	平成28年12月定例月議会で糖尿病重症化予防の提案。その中でSIBについても言及。	SIBについて検討するも現時点では実現に至らず。
2017年	平成29年６月定例月議会でSIBを提案。「成果連動型の契約だけでもできないか」と伝える。	
2020年	３月にPFSを知り、企画担当部局に伝える。 PFSの導入について令和２年６月定例月議会で提案。	PFSの研修を計画。市の幹部職員、市議会議員を対象に９月にPFSについての研修会を実施。
2021年	市政運営方針の内容を受け、担当部局に都度進捗状況を確認。	市政運営方針で「PFSの取り組みを検討」と表明。４月から内閣府PFS推進室に職員派遣。

もともと、SIBという概念自体は議員活動をしている中で知っており、議会で何度か提案をしておりました。

最初は、2016年12月の議会の一般質問で医療費の抑制の観点から糖尿病の重症化予防の取組みを提案し、他市ではこの取組みをSIBのスキームを使って実施しているということを言及しました。当初はこのタイミングでSIBについてもっと踏み込んで話をしたかったのですが、まだ日本全国的にも事例が少なく、早すぎるのでないかと考え、要望にとどめました。

具体的に提案したのは2017年６月の議会で、「官民連携による健康政策」という通告名で、SIBについての一般質問で取り上げました。当時の答弁としては、「SIBにつきましては、平成27年度以降、日本でもヘルスケア分野での取り組みとして、幾つかの自治体で試行事業が実施されているところであります。その成果や課題を注視いたしまして、検診受診率向上の取り組みでの活用可能性についても研究してまいります。今後も、民間事業者のノウハウを活用するなど、受診率の向上に向けてさまざまな角度から新たな取り組みについて検討してまいりたいと考えております。」と答弁がありました。そして、私からの意見としては、「SIBの課題としては資金調達や成果報酬型の契約ができるのかという課題がありますが、仮に民間からの資金調達ができないにしても例えば、成果を出した事業所には、成果報酬を与えるなどの委託契約形態の検討をするなど、あらゆる方面から民間事業者のノウハウを最大限活用し、がん検診の受診率向上に努めていただくよう要望します。」と述べ、民間からの資金調達を前提としたSIBというスキームが難しければ、民間資金調達の部分を抜いて、成果報酬型の部分だけの事業でもいいから実施するべきと伝えていました。ちなみに、当時はまだPFSという制度はなかった時代でした。

このようにSIBについては2016年、2017年に言及・提案しており、議会で提案する前後においても健康福祉部局とは他市の事例紹介等も含めて都度コミュニケーションを取っておりましたが、医療費の抑制や介護予防の重要性は市としても十分に理解はしているものの、成果連動型、官民連携、民間資金調達といったSIBのスキームはまだまだ行政ではなじみがなく、成果をどのように測るか、また複数年契約が可能か、など様々なハードルがあり実現には至りませんでした。

■ SIBの提案からPFSの提案に切り替え

私は京都大学公共政策大学院（以下「京大公共」といいます。）に2016年４月に入学し2018年３月に修了しました。京大公共には社会人大学院生もおり、省庁や、都道府県庁、市町村の職員の方も通っており、その方々を中心に京大公共で共に学んだ方とは卒業後もつながりがありました。また、京大公共の一つの特徴として自主研究活動が活発なことがあります。私も同期入学の社会人学生とお互いの情報交換も兼ねて、地域のソーシャルキャピタル研究会（SC研究会）というものを立ち上げました。私自身は京大公共を修了してからもSC研究会に参加できる日は参加しており、その時に、SIBの研究会を別途立ち上げているという話を伺い、そちらにも参加しました。本書で、第３章第２節の事例紹介に載っている岡山市の取組みや東近江市の取組みのお話をお聞かせいただいたり、西条市の視察に行ったりもしました。最初はSIBの事例を学んでいたのですが、SIB研究会の中で新しくPFSというスキームがあるという話を聞きました。

SIBとPFSの違いについては本書の中でこれまでも述べられてきた通り、民間からの資金調達をするかしないか、です。民間からの資金調達をするのがSIB、しないのがPFSです。議会でもこれまでSIBの提案をしてきたものの、実現しなかったのには大きく分けて３つのハードルがあります。１つ目が、EBPMにかかる部分である成果指標をどう設定するか、どう計測するかということ。２つ目が従来の行政であれば、成果は求めるものの内容に応じて委託費用が変わることはなかった中で、成果に応じて報酬を支払うという従来とは違う方式を採用できるかどうか。３つ目が民間からの資金調達が可能かどうか。従来の行政の発想に立つといずれもハードルが高いのは事実ですが、そのうちの１つでもハードルがなくなればより実現に近づきます。そういった点からは、私はSIBよりもPFSの方が実施に当たってのハードルが少ないと考えております。現に内閣府も当初はSIBのスキームをどんどん広げていきたかったと思うのですが、思うように広がらないこともあり、よりハードルの低いPFSというスキームを提唱しているのだと認識しております。

私自身、SIBについて議会で取り上げたときにも、「SIBのスキームをそのまま実施することが難しいのであれば成果に応じて委託費用を支払う部分だけでもやってほしい」という趣旨の発言はしておりました。

そのため、枚方市で実施するにしてもSIBよりもPFSの方がやりやすいのではないか、という考えを持ち始めました。

■次はPFSを企画担当部局に提案

当初は健康寿命の延伸、介護予防の充実という文脈で健康福祉部局とコミュニケーションを取っていたため、その流れの中で、SIBについても健康福祉部局に提案をしておりました。成果連動型のスキームなどは本書の説明では今後必要な発想だと説明をしてきており、私も民間企業での経験などからは必要性を感じているものではあります。しかしながら、行政の従来手法とは違うものであり、健康福祉部局としても導入についての判断が非常に難しかったのかと感じます。そこで、PFS/SIBのスキームは官民連携でもありますので、枚方市全体の官民連携を推進する部署である企画担当部局に話をしました。

このPFSの話をする以前から枚方市としても官民連携を進めていくべきという話がありました。また事業の費用対効果を高めていく、政策評価をしっかりとしていくという点からEBPMについても肯定的に捉えていました。そしてPFSという事業スキームを企画担当部局に説明するとともに、内閣府の中にも、PFS推進室という部署ができ、PFSの導入にあたって職員を派遣して講習を実施していることも議会の前に伝えると、「EBPMに取り組んでいく中でいかに成果を上げていくかというのは大事なので、こういう取り組みは考えていかないといけないですね」と、企画担当部局からは前向きな

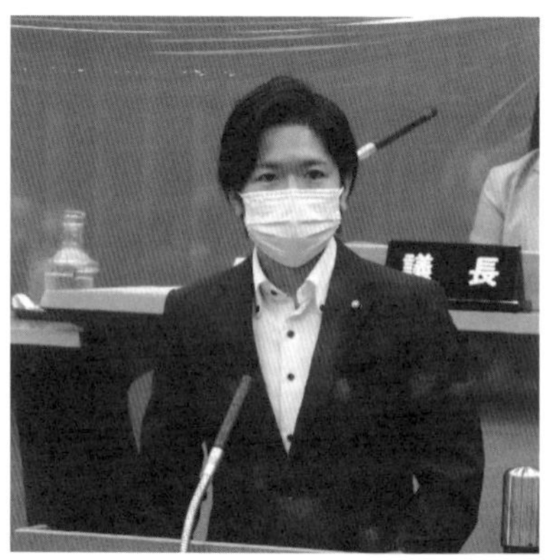

（写真は議会で一般質問したときの様子）

反応が返ってきました。

そして、このような前向きな反応を踏まえて、2017年６月の議会で最初にSIBの提案をしたときから数えると３年経過した2020年６月の議会でPFSの導入について提案をしました。

企画担当部局からは「PFS（成果連動型民間委託契約方式）による事業実施につきましては、内閣府が取り組まれている自治体への職員派遣による研修会などを活用する予定でしたが、新型コロナウイルス感染症の影響により取り組みを延期しております。引き続き本市における取り組みの有効性について検討を行っていきたいと考えております。」という答弁が返ってきました。

■ 市長、副市長や市の幹部職員、議員が参加した研修の実施

その後、2020年９月24日に市が主催で、内閣府PFS推進室の石田直美参事官を講師としたオンライン研修が開催されました。対象は市役所の幹部職員と、私も含めた市議会議員もゲスト参加しました。市役所の側からは市長、２人の副市長をはじめ、13人の部長クラスの職員など幹部職員が出席しました。さらに研修を主催した企画担当部局から、できる限り健康福祉関係の職員には参加して欲しいと声かけをしていただいたこともあり、健康福祉部局からは部長以外にも次長、課長代理などが参加し、合計で32人が参加しておりました。また、市議会議員は、31人（当時）中、21人が参加しておりました。

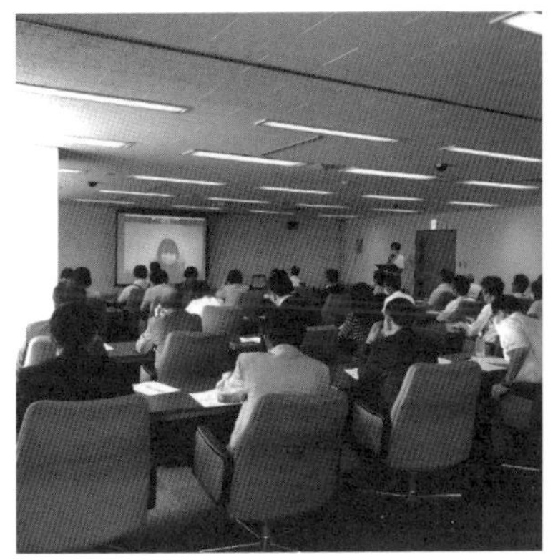

（写真は研修当日の様子）

PFSという枚方市にとってはほとんど聞いたことがない事業スキームであり、全国的な事例も少ないものではありましたが、具体的な手順の説明や、他市の先行事例の紹介、導入にあたり内閣府PFS推進室のサポートもあるという話を研修で聞くことができました。そのため、枚方市としても導入できるのではないかという雰囲気が研修前に比べてでてきたのではないかと感じ

ます。参加した市議会議員も「導入に向けた課題はあるが、メリットも大きいため、まずは他市事例をモデルとした取り組みからでも始められるのではないか」といった感想をSNSにアップしておりました。

このような市長をはじめとした市役所の幹部クラスと議員が一堂に会する研修というのは毎年定例で実施しているテーマ以外では、市主催で年１～２回程度で、議会主催のものが年に１回程度実施されております。そのような限られた研修の中でこのPFSというテーマが選ばれたことで、市役所内部でもPFSの重要性・有効性に対する認識がより高まったのではないかと感じております。あくまでも私は議会でPFSの導入を提案しただけですが、このように企画担当部局としてこのPFSというまだ日本でも事例が少ないテーマを幹部職員も議員も参加する研修という形にしていただいたことが、市の市政運営方針につながったのだと思います。

■ PFSという言葉が枚方市の市政運営方針に

そしてその後、冒頭に記載した通り令和３年度市政運営方針として市長が以下のように表明しました。

> 「国保データベースシステム（KDBシステム）等のデータを分析し、把握した地域の健康課題をもとに、医療専門職による健康教育、健康相談等を実施し、健康活動の活性化を図ります。併せてさまざまなツールを活用したデータ取得方法等を検討し、健康づくりなどの分野において、より効率的・効果的な施策の展開や、成果連動型民間委託方式（PFS）などの取り組みを検討します。」
>
> 「新しい生活様式が求められる中で、今までの考え方や取り組みにとらわれない事務事業の検証、見直しによる選択と集中の徹底やPFSなどの取り組みの推進、市有財産の有効活用、新たな財源の確保などにより、持続可能な行財政運営とまちづくりに取り組んでいきます。」

（出典）枚方市「令和３年度市政運営方針」[2]より抜粋

現在の具体的な動きとしては、内閣府PFS推進室に業務研修という形で枚方市の職員を2021年４月１日付で派遣しています。業務を理解しつつ、枚方市と内閣府PFS推進室とのパイプ役になってもらえればということだそうで

2　枚方市HP「令和３年度市政運営方針」https://www.city.hirakata.osaka.jp/0000034067.html

す。事例整理を行いつつ枚方市でできる内容を考えていただければと期待しております。

枚方市として今後PFSの実施を検討するにあたり、実際の業務を知っている人を増やすことは重要だと思っていますし、育成することに関しても内閣府PFS推進室に派遣するということも非常に意義があるところです。

職員派遣については、時々の市のニーズで市として取り組みたい・職員に学んでほしい内容について該当省庁等に対して先方の了承を得た場合にしているということです。今回2021年の４月１日付で派遣されているのは健康福祉部の20代の若手職員です。市としても正職員は2500人程度の中で、国や府への派遣というのは年間10人程度であり、最近では枚方市でも少しずつ増えてはきましたが、通常業務の忙しい中で、派遣に踏み切るのはとても覚悟のいることです。

このことからもPFSという事業における市の中の位置づけが垣間見えるところであります。健康福祉部局としても日々の業務、またコロナ禍で急遽の対応にも迫られるという非常に忙しい中、貴重な職員を派遣するという決断をよくされたと思っております。

■ 議員という立場と行政との関係について

議員という立場は職員の方と違い、市政のあらゆる分野が担当となっております。職員であれば、福祉部に配属されれば福祉関係の業務に、環境部に配属されれば環境分野の業務に携わることになり、職員の立場であれば所属部署の分野でやるかやらないかになります。議員であれば、自分で政策分野を選べます。今回のように、最初は介護予防・健康という文脈で話をしていても、PFS/SIBには官民連携や新しい行政スキームという側面もあり、そちらの角度からのアプローチが可能であったことも、今話が進み始めている要因だと思っております。部署を越えての政策提言をしやすいのも議員という立場だからこそ感じます。

また、行政と適宜コミュニケーションを取ることを心掛けたことが、取組みが進み始めた要因の一つとも感じております。

議会は議決機関であり、行政を監視する立場といわれますが、行政に政策を提案する立場でもあります。政策は役所が作って議員がチェックする、ではなく、議員が政策立案をもっとしていっても良いと考えています。官民のパートナーシップも大事ですが、私の立場からすると、議員と役所もいい意味でのパートナーシップを取って、そのまちのため、（私の場合は枚方市のために）という視点でやっていくのは大事だと感じております。

議員のことを職員は「先生」といって持ち上げますが、そういうことで勘違いしてはいけないというのは意識しています。私の場合は27歳で当選をさせていただきました。市の職員と話すとしても課長や部長の方々ですので、若くても40代、部長ともなると50歳代と自分の親くらいの年代の方で、職歴的にも上の人なので、偉そうにしないようにというのは意識しています。ついつい熱がこもって強い口調になっている場合もあります。ただ、私も選挙で選ばれていて、市民の信託を得ているという立場だからこそ、言わないといけないこともあり、そのため、時には厄介がられていることもあると思います。

市役所の職員は日々の業務で追われており、また職員配置の適正化が進み職員数は減少傾向の中で、日々の業務で忙殺されているように感じます。だからこそ、議員も政策立案能力を磨くべきであると感じます。もちろん職員の方々にも通常業務で忙しい中でも他市の事例や先進的な事例の研究をしていただきたいと思っておりますが、議員として職員に情報提供することも大事だと思っております。議員という立場だと行政内部のことや、現場のことがわかってない政策もあるかもしれませんが、このPFSの件に関わらず、私の場合は議会のあるなしに関わらず、他市の事例の紹介や国の動向などを情報提供するようにしております。

■ 議員も日々勉強が必要

議員というのは、身分上は非常勤特別職の公務員となっておりますが、いわゆる中央省庁や地方自治体の都道府県職員や市職員のような一般的な公務員とは大きく違うところがあります。それはなり方です。議員は選挙で当選することで議員になります。一方で公務員の方は公務員試験を受け公務員となります。そのため公務員の方は一定レベル以上の法的な知識などがないとなることができません。一方で、議員はそういった一定以上の知識が議員になるにあたって必須というわけではありません、学歴、経歴問わず、居住要件と年齢要件を満たしていれば選挙に立候補することもできますし、逆に憲法・法律に詳しくないと立候補できないということもありません。もちろん選挙期間中などにおいて、具体的な制度や市全体の課題について有権者から質問をいただくことがあり、それに対して明確に答えなければ、有権者の信託を得られないということもありますが、議員にとって一番大事なのは、まちへの想いや、政治への想い、各種問題意識であり、次に、それらを実現、解決するための知識であると考えております。しかし、想いだけでは課題解決や政策実現をできないこともあるので、知識も日々得ていくことが大事です。さらに社会情勢や経済状況の変化、また、技術革新や市民国民の価値観の変化などにより、当選した時点で一定程度の知識があったとしても、議員になってからも勉強の日々が続きます。

日々の勉強というと、議員控室には様々な研修の案内が来ており、そういった研修も受けておりました。また日々の議員活動という実践の中で学ぶことも多々あるのですが、どうしても好き嫌いで選り好みしてしまう部分もあります。行政の携わる分野は、教育、医療、福祉、健康、文化、産業、防災、土木、まちづくりなど非常に多岐にわたるため、道路族、文教族というように活動を通していく中で特定分野には詳しくなる一方でどうしてもおろそかになってしまう分野も出てきてしまいます。そのため、改めて政策を体系的に学ぶことができればと考えて京大公共を受験し、2016年４月から通い始めました。繰り返しになりますが、PFSについてもまさに京大公共に通ったからこそ提案をすることになり、実施に向けて進み始めているものだと思っております。

最後になりますが、枚方市においてのPFSは、実施に向けて今まさに進み始めたところです。今後枚方市の中でPFSが実践され、より限られた財源が有効に活用され、より効果の上がる事業が増えていくことを期待しております。

2　出向者が市役所でPFSを提案してみた ～堺市（大阪府）～

藤田　力

■ 市役所職員になってみた

PFS/SIBを具体的に実行するためには、事業の内容をどうするかを考えることはもちろん大事ですが、これまでの先進事例を見ると、事業を検討することの庁内合意をいかに得るかということも同様に重要な点だということが分かります。いくらPFS/SIBを研究しキレイな絵を描いても、役所内部（庁内）で企画が通らなければ、まさに絵に描いた餅になってしまいます。しかし、PFS/SIBのような新しい概念を既存業務に持ち込むことは、多くの役所においてはそう簡単なことではありません。「民間の創意工夫を最大限活用する」「成果を重視する」といったフレーズは、総論賛成・各論反対に陥りやすく、ともすれば行政サービスの民間化ありきの方向や、数字で評価しづらい事業も無理に評価させられることになるのではないかと警戒心を持たれることもあるでしょう。また、慣れ親しんできた従来業務のあり方をわざわざ変えてまで導入する必要はどこにあるのか、自らの首を絞めることになるだけではないかなど、他にも懸念点を挙げようとすればいくらでも挙げることができます。

こうした反応は全国の地方自治体共通であると考えられますが、それでもPFS/SIBを実践している地方自治体が存在することもまた事実です。これまでのPFS/SIB先進事例を見ると、そこには事業を推進するスーパープレイヤーがおり、彼らを支える良き理解者の存在がありました。PFS/SIBが未だ広く普及していない状況下では、彼らは庁内では何かよく分からないことをやっている人物とみなされることもあります。これでは、そのスーパープレイヤーが人事異動などでいなくなってしまうと、PFS/SIB事業自体も立ち消えになってしまいかねません。やはりどこかのタイミングでは組織としての仕事に落とし込んでいくことが必要不可欠となります。

PFS/SIB推進初期段階においては、庁内の関係者の理解が完全には得られないまま企画を進めなければならないこともあるため、ある程度個人の突破力に依存しなければ事業が具体化していかないという局面は確かにあります。その一方で、個人に依存し過ぎると、組織の仕事として定着せず庁内の理解も進まないというジレンマが存在します。こうしたジレンマを乗り越えるためには、もちろん組織におけるPFS/SIBの理解醸成を進めるための取組みが必要であり、業務マニュアルや成功事例の提供などを通じて、何かものすごく特別なことをやるわけではないということを地道に示していく必要があるでしょう。しかし、いくら知識として組織内でPFS/SIBの理解を広めたところで、自然発生的にプロジェクトが次々に出てくるような話でもありません。トップダウンの指示でとにかくやらざるを得ない状況になるか、もしくは目的意識をもった職員がボトムアップで事業の企画から練り上げていくというプロセスがなければ、現状ではPFS/SIBのプロジェクトがゼロから生まれることはほとんどないでしょう。

その意味では、組織の理解も必要ですが、きっかけとしてはトップダウンの指示あるいは個人の発想力・実践力が重要ということになります。ちなみに、トップダウンの指示があったとしても結局は具体的な制度設計を行うのはどこかの部署の企画ができそうな誰か（個人）に落ちていく話になりますので、その意味では結局は、度合いはともあれPFS/SIBを推進するプレイヤーの存在が必要となります。

こうした状況の中、本書でPFS/SIBの知識や事例を多少紹介するだけして、「それでは皆さん明日から頑張りましょう！」と言うだけでは、いかにも言いっぱなしで説得力もありません。本書の目的であるPFS/SIBの実務的な手引きとなるという目的も達成したことにはならないでしょう。他方で、地方自治体においてPFS/SIB的発想を持ち込み、実現させるということは、地方自治体の中にいる人にしかできません。そんな中、私は国家公務員として働きながら通っていた京都大学公共政策大学院を2020年３月に修了し、その翌月の４月から、第３章第２節(4)でも登場した大阪の堺市役所に出向することとなりました。市役所職員になったことで、地方自治体の中からPFS/SIB的発想により事業を提案し、実現に向けたアクションを起こすことが可能な立場となったのです。

本稿では、私が堺市役所においてPFS事業をゼロから企画した実体験を可能な限り書き記したいと思います。PFS事業をどのように企画したか、庁内の理解を得るために何をしたか、予算要求プロセスにおいてどのような議論になったのか、地方自治体の中で実際にPFS/SIB的発想で政策企画立案をやってみたからこそ分かったことがたくさんあります。

結論から言いましょう。残念ながら、私はスーパープレイヤーにはなれませんでした。つまり、PFS事業を企画立案し予算獲得を目指しましたが、実現には至りませんでした。しかしその過程では多くの気付きがあり、また当初は半信半疑だった庁内関係者が徐々に協力者になってくれる変化を目の当たりにしました。端的に言えば、そこには希望を感じました。しっかり事業を設計すれば次は実現できる、そう確信しました。

地方自治体においてPFS/SIB的発想で事業を提案する場合、誰もが多かれ少なかれ私が経験したのと同じような場面に遭遇すると思います。その意味でも是非とも、PFS/SIB的発想の企画提案を実現するための糧として、私の体験を踏み台にしてくださるとうれしいです。

■ 内閣府PFS推進室の事業に提案してみた

2020年４月１日、私は堺市役所の職員となりました。配属先は、産業振興局商工労働部ものづくり支援課。全国的にみても製造業に強みを持つ堺市において、ものづくりをがんばる中小企業や新事業の創出に取り組む市内企業を応援する部署です。

PFS/SIB的発想で企業の支援につながることを検討しようという想いを胸に、堺市役所で働き始めた矢先の2020年４月７日、新型コロナウイルス感染症の拡大を抑えるため、政府が大阪を含む７都府県に緊急事態宣言を発出しました。以降堺市では毎月のように補正予算を組んで新たな事業を企画し、しかも制度設計から執行までのスピード感も求められる局面に突入しました。出来るだけシンプルで新型コロナ対策として即効性のある事業を企画立案していくことが必要でした。着任早々そうした事務で大忙しとなり、じっくりPFS/SIBについて検討を重ねているような時間的余裕はないまま、あっという間に時間が経過していきました。

そうした中、ふと久々に内閣府PFS推進室のHPを覗いてみました。すると、内閣府がPFSを導入したいと考えている地方自治体をハンズオン支援（伴走して手取り足取り支援してくれること）してくれるという事業[1]を募集していることを知りました。募集要領をみると、地方自治体がPFS/SIB事業を企画し次年度の市の予算要求を行うことを目指して、専門家が一緒になって事業内容の検討をしてくれるというものでした。堺市で働き始めてから、PFS/SIB的発想で何ができるのかぼんやりとしか検討できていなかった私にとっては、これはまさに渡りに船の事業だと思いました。そして内閣府事業に採択されれば、業務としてPFS/SIB事業の検討を行いやすくなると考え、この事業に応募できそうなPFS/SIB事業のコンセプトを検討し始めました。

しかし真面目に考え始めると、自らの業務領域である産業振興分野で、PFS事業を組み立てるということはなかなかの難問だと感じていました。というのも、地域経済や産業政策の領域は、市役所の政策の介入効果が１対１で出ることはあまりありません。つまり、市役所の施策のみならず、他の外部要因と相まってはじめて市内企業の行動が変化したり、地域経済の変化が徐々に生じたりするものなので、産業振興分野の中でもどのようなテーマや事業内容にすべきかを悩みました。PFS/SIBについては大学院である程度研究してきたつもりでいましたが、いざ実際の業務の中で具体的に企画しようとしてみると、これだと難しいだろうなとか、これは色々反対されるだろうなとか、色々なことが頭をよぎるのでした。

そうこうしながら色々と一人で事業概要を考えてみた上で、応募前にとにかく一度内閣府事業の事務局（受託者:有限会社監査法人トーマツ）に相談してみようと思い電話してみました。事務局の担当者は、私が考えているこ

1　内閣府PFS推進室「地方公共団体による成果連動型民間委託契約方式（PFS）に係る事業案件形成支援事業」
https://www8.cao.go.jp/pfs/sienkettei.html

とを非常に熱心に聞いてくれた上で、PFSとしてより検討すべき論点などについて率直に指摘してくれました。また、産業振興分野におけるPFS/SIB事業はとてもおもしろそうだが、前例がなく、採択されるかどうかは分からないとも念押しされました。しかし折角の機会でこの段階で諦めるのは勿体ないと思い、私の上司であるものづくり支援課長に相談した上で、ダメ元でもいいのでと企画を内閣府に提出させてもらえることになりました。

６月、内閣府事業の採択結果の通知がありました。結果は「採択」でした。私が提出した事業の中身は、必ずしも十分に固まったものではありませんでしたが、これまでにない新たな分野へのPFS/SIB導入に挑戦する事業として、内閣府として期待値も込めて採択してくれたのではないかと理解しています。いずれにせよ、ともかく内閣府事業に採択されましたので、事業名を「地域産業施策におけるPFS活用推進事業」と名付け、具体的な検討に入っていくことになります。なお、内閣府HPにも事業名と事業採択者として堺市の名前が掲載されることとなるため、組織内の手続きとしては所属課内だけでなく、商工労働部長、産業振興局長、副市長という市幹部にも報告を入れました。これにより、PFS事業の可能性を検討することが、業務として位置づけられたということが始めの大きな第一歩でした。

■ PFS事業の本格検討に入る前の準備

さて、内閣府事業には採択されましたが、事業の中身はこれから考えなければならない点ばかりでした。内閣府事業の審査委員からも「PFS事業の対象をもっと絞って事業設計をする必要がある」というコメントをもらっていました。

７月からは内閣府及び専門家による伴走支援が始まります。そこから2021年１月までの半年間にわたり、内閣府PFS推進室担当者、事務局のトーマツ社、有識者を交えて、月に１回ペースでPFS事業の内容を検討し詰めるためのオンライン全体ミーティングを行っていくことになります。また、月１回の全体ミーティングのほか、日々事務局の担当者とディスカッションしながら事業内容を詰めていくことになります。まずやるべきことは、とにかく

PFS事業のテーマを絞り込むことでした。私は産業振興分野でPFSに最も馴染むテーマは、雇用（就労支援）だと考えていました。それは、海外のSIB事業で最も多いテーマが就労支援であるということもありましたが、地方自治体として雇用の安定は、地域経済の根幹を支える産業政策的要素と、市民生活の基盤を支える社会政策的要素の双方の側面を持っており、かつ政策介入の効果（アウトカム）が就労者数といった数値で比較的表しやすい分野であるという理由からです。

ただ、テーマを雇用（就労支援）にする場合、後々の庁内合意形成の段階のことを考えると、最初の時点で取り組んでおかなければならないことが2つありました。それは、①雇用には社会政策と産業政策の側面がある中でPFS事業ではどこに軸足を置くのかという整理と、②雇用政策担当部署の巻き込みです。

①社会政策×産業政策

社会政策と産業政策との関係について整理しなければならないとはどういうことでしょうか。これまでの国内外の先行事例をみても、産業振興の分野でのPFS/SIB導入事例はほぼありません。確かに先ほど述べたとおり産業振興分野にはPFS/SIBの考え方が馴染みにくい側面があります。しかし、それでは産業政策はPFS/SIBに全く適さないのでしょうか。

産業政策というのは、言ってしまえば、農林・漁業、建設業、製造業、サービス業などの産業を元気にするための政策、ということになります。例えば、産業の担い手は企業が中心であることが多いですが、企業の設備投資、人材育成、資金調達、経営戦略、技術開発、販路開拓などが円滑に進むよう支援するという役割があります。つまり産業政策は、対象（ターゲット）が企業であることが多く、対象を個人に落とし込むことができる領域が限られています。PFS/SIB事業の対象は必ず個人でなければならない、というルールがあるわけではありませんが、政策投入の直接的な効果を測るためには、政策のターゲットが「地域」「企業」といった単位だとすると、生じた現象（例えば、地域のGDPが増えた、企業の売上が上がった等）が本当に投入した政策の効果なのか、また政策の効果があったとしてそれは何パーセント寄与したのかというのは算出が困難です。それに対して、「個人」を対象とするような政策では、政策投入による結果（例えば、血圧が下がった、体重が減った、所得が増えた等）が目に見えやすい、つまり因果関係が説明しやすいことが比較的多いと言えます。そうすると、客観的に検証可能な成果指標を立てて、事業の成果に応じて報酬を支払うという成果連動型報酬の考え方が、企業を対象とする産業政策には当てはまりにくいということになってしまいます。

こうした中、産業政策の１つである雇用政策（企業にとっては「雇用」、就業者にとっては「就労」）は、企業またはそこで働く就業者をターゲットとしますので、産業政策の中ではPFS/SIBの考え方に馴染む可能性が比較的高い領域です。そこで整理が必要になるのが、就業者の中でも誰をターゲットにするかという点です。例えば、障がい者、ひとり親、高齢者、低所得者など、いわゆる社会的弱者と呼ばれるような層を対象とした就労支援とすると、社会政策としての色合いが強まります。一方で、企業の経営課題を解決できる専門人材などを確保しやすくするような雇用支援とすると、産業政策としての色合いが強まります。そもそもの成り立ちからして、PFS/SIBの考え方は社会政策としての色合いの方が強く、実際に海外や日本の先行事例でもPFS/SIB事業は社会政策の領域がほとんどとなっています。しかしながら、産業政策にはPFS/SIBの考え方が全く使えないと断定する理由もありません。

そこで今回は次のように考えました。そもそも市町村が実施する産業政策は、社会政策とのつながりがあるはずです。例えば、社会政策により市民の生活基盤が安定すれば、その上に成り立っている地域の経済活動も安定しますし、地域経済の安定は地域の企業の収益安定・向上にもつながるはずです。しかし、社会政策と産業政策の両者は全く別々のものと考えられがちです。実際の業務においても、社会福祉部局と産業振興部局が同じ課題に一緒に取り組むという姿はあまり見る光景ではありません。そうした中で、社会的課題の解決を発想の出発点とするPFS/SIBは、社会政策と産業政策を橋渡しする役割を担うことができるのではないかという仮説を立てました。それは例えばこういうことです。社会的弱者と呼ばれる方々が市内で就職したり、より働きやすい職場に就労するということは、社会的弱者の就労支援という意義にとどまらず、企業にとっても人手不足解消や社内人材の多様化にも資すると言えますし、また就労により個人の所得が増えれば、地域の商店などでの消費拡大などにもつながるとも考えられます【図表３-16】。

【図表３-16】PFS事業における社会政策と産業政策との関係

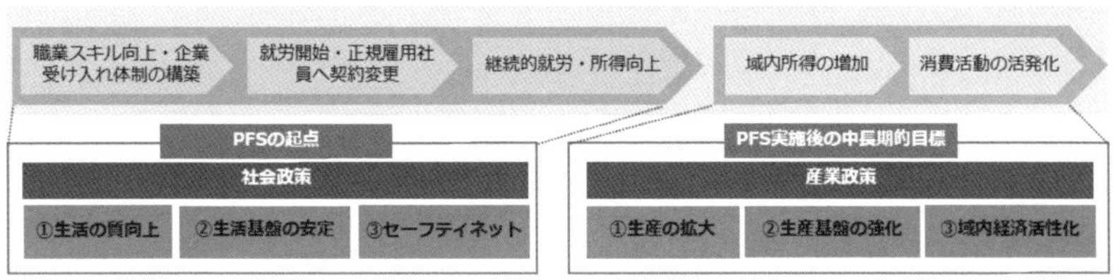

（出典）堺市資料

つまりここでは、「社会的弱者の就労支援を行うことで、地域経済にプラスの効果（アウトカム）がある」という因果関係を想定しているわけです。しかし、これだけでは「風が吹けば桶屋が儲かる」という話に近いでしょう。社会科学的には、その間にあるロジックツリーをひとつひとつ検証し、因果関係が成り立つかどうかを確認しなければ、仮説はいつまでも仮説のままです。PFS/SIBに取り組むということは、実際の事業の中でこの仮説の検証を進めるということでもあります。なぜなら、目標達成につながる具体的な成果指標を設定して事業を実施し、事業結果を指標に照らし合わせて客観的に評価するというプロセスは、まさに仮説の検証作業そのものだからです。

また、PFS事業として取り組むことで民間事業者は、ビジネスとしての実践可能性も同時に検証することができます。そして、民間事業として実践できる可能性が高いことが分かれば、PFS事業として実施した後、行政負担なしで自社のビジネスとして社会課題解決につながる取組みを展開することも十分あり得るということも、施策の出口戦略を考える上では重要な要素となります。

②庁内関係部署の理解

次に、庁内関係部署の巻き込みについては、これがなければ円滑な事業実施は不可能と言っていいほど現場では重要な点です。

雇用を切り口にするPFS事業を企画するのであれば、庁内の雇用政策関係部署の理解を得ることが不可欠です。しかし、事業の中身が曖昧なまま相談に行くと、よく分からないややこしい話を持ってきたと不審感を与えてしまう可能性があります。逆に、完全に出来上がった施策を後から持っていくと、事前に聞いていない話を突然押し込もうとしていると反感を買ってしまうかもしれません。したがって、事業内容の検討状況を踏まえ、どういうタイミングで関係部署に声がけするかということは、ボトムアップで物事を進める際には意外と重要な判断になります。

他部署にまたがる新規案件を企画するというのは、特にボトムアップの現場ではこうした難しさがありますが、私にとってまず幸運だったのが、同じ商工労働部内にある雇用推進課に、気さくに相談に乗ってくれる課長補佐がたまたまいてくれたことでした。私のような出向者にとって、庁内の人間関係の積み重ねがほぼないというのは、余計なしがらみがないという意味では強みですが、庁内に頼れる知り合いが少ないという意味では大きな弱みです。ですので、私から雇用推進課の課長補佐に、恐る恐る、まずは内閣府事業に採択されたこと、具体的な事業としては雇用をテーマにしようと考えていることなどを伝え、よければ事業の検討において都度相談に乗って欲しいとお願いをするところから始めました。有り難いことに、PFSの検討にも関心を持ってもらうことができ、その後も雇用関係の施策の実態やデータなどについて様々な助言をもらうことができました。こうしたことは政策立案過程においては表に出てこないほんの小さな話ですが、私がPFS事業の検討を進めるにあたっては、ものすごく大きな支えとなりました。

本格検討前の準備の話は、少し回りくどくて、まどろっこしく見えたかもしれません。しかし始めにこのプロセスを踏んでいたことは、その後の事業内容の検討を円滑に進めるにあたって大きな意味がありました。特に予算要求の段階で他部署への説明をしていく際には、①の考え方の整理と、②の雇用推進課のバックアップがなければ、なかなか前に進まなかったと思います。このような土台固めの作業を踏まえ、いよいよPFS事業の本格的検討に入っていきます。

■ PFS事業を本格的に検討してみた

2020年７月から内閣府と事務局の担当者とともに、PFS事業の内容の本格的な検討を始めました。以下では、予算要求に至る議論の流れと、予算要求プロセスにおける議論を中心にご紹介していきます。事業内容の具体化の手順や制度設計の詳細にご関心をお持ちくださった方は、事務局の報告書に詳しくまとめてもらっていますので、是非ともそちらも併せてご覧ください[2]。

さて、雇用（就労）をテーマとすることは決まりました。次に決めなければならないことは「誰の」就労を対象とするかです。社会的な課題感、企業ニーズ、市の政策の方向性、市内のデータに基づく現状などを踏まえた検討を行い、結論的には「女性」の就労に対象を絞り込みました。新型コロナウイルス感染拡大により、特に非正規で働く女性の雇用環境が悪化している現状もあり、月１の全体会議でも、概ね妥当なテーマ設定であるという意見でした。このため、メインの母集団としては、堺市内の女性非就労者のうち就労意欲のある33,100人として、よりよい職場環境や正規の職を求める非正規で働く女性も事業の対象に含めることとしました【図表３-17】。

こうして「PFSを活用した女性就労支援事業」を制度設計していくわけですが、次に行ったのは、女性の就労に関する課題の整理です。女性の就労支援サービスを展開している企業を複数社抽出し、企業目線での課題を聞き取ることから始めました。また、行政目線での課題については、女性一般につ

2　内閣府「令和２年度地方公共団体による成果連動型民間委託契約方式（PFS）に係る事業案件形成支援等業務結果報告書」(2021年５月)、p.p.17-38
https://www8.cao.go.jp/pfs/r2houkoku.pdf

【図表３-17】事業のメインターゲットとなる市内女性非就労者の規模

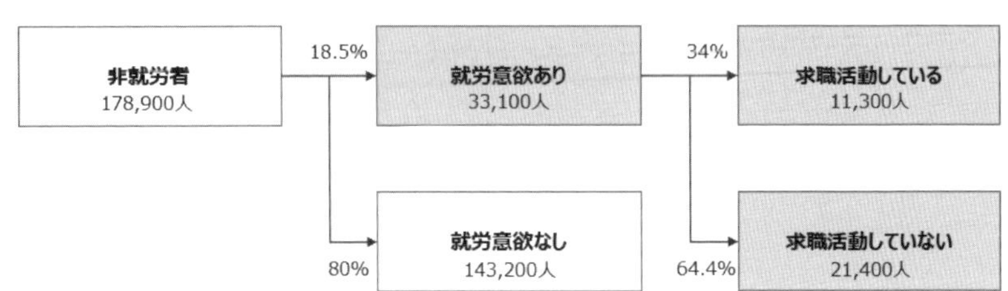

（出典）堺市資料、（原典）総務省「平成29年度就業構造基本調査」

いては雇用推進課に確認しましたが、ひとり親女性の抱える課題については、子ども青少年局の担当部署に聞きに行く必要があり、ここで初めて、庁内の他部局にPFS事業を検討しているという話を持っていくことになります。まず私は雇用推進課からのアドバイスを受け、どの部署の誰に説明にいけばよいかを確認しました。そして、子ども家庭課という部署に私一人で行き、PFSを活用した女性の就労支援の事業を検討していることや、次年度の予算要求も行っていく予定であることを詳しく説明したところ、そうなんですねという感じの反応を得て終わりました。しかし、翌日子ども家庭課から連絡があり、双方の所属課長を交えた場で改めてPFS事業について説明を聞きたい旨申し入れがありました。私がきちんと所属課長の了解のもと動いているのかどうかを念のため確認したいということだったと思いますが、これは子ども家庭課として当たり前のリスクヘッジだと思います。そこで私はこのことを上司のものづくり支援課長に相談したところ、「じゃあ説明に行きましょう」と即座に言ってくださり、ものすごく安堵したのを覚えています。これも政策立案過程においてはあまりにも小さな話ですが、私にとってはものすごく大きな一歩前進でした。

課長から課長にPFS事業で検討している内容を説明したことで、子ども家庭課への説明も円滑に進みました。またその後には、政策企画部がとりまとめをしていた堺市の次期基本計画やSDGs戦略、さらにはひとり親支援施策パッケージなどの中に、今回のPFSを活用した女性の就労支援事業を盛り込んでいくという話が出てきました。これは、商工労働部長をはじめとする市幹部に対して、本事業の報告を入れていたからこそ生まれた流れでした。どこでどういう化学反応が起こるかを事前に想定していたわけでは全くありませんでしたが、このように市の大きな政策の流れの中で位置づけられる方向性があったことも、PFS事業の検討を前に進めるにあたっては大きな推進力となったことは間違いありません。このように、所属課や、所属部内、所属局内、さらには他部局の事業関連部署や政策企画部署などに話が広がっていく中で、ついに次年度の堺市の一般会計予算要求のプロセスが始まります。

【図表３-18】PFSを活用した女性就労支援事業のフロー

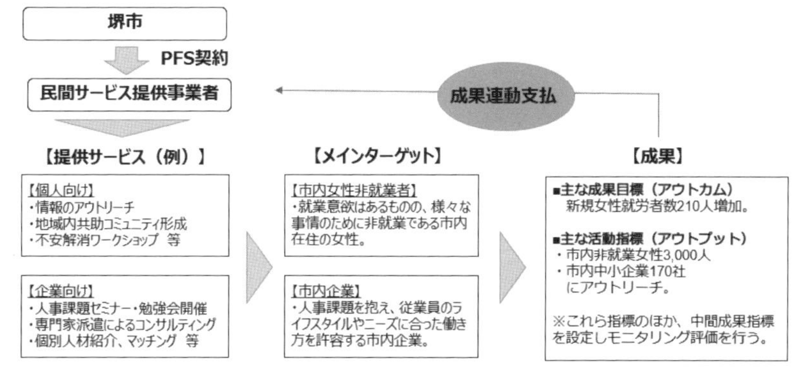

（出典）堺市資料

■ 予算要求プロセスとその帰結

堺市の2021年度一般会計の予算要求プロセスは、11月頃から本格化しました。まず事業担当課としては、次年度実施したい事業の概要や予算額を精査し、所属部局に提出します。例えば私の場合ですと、ものづくり支援課としてPFS事業を提案した上で、産業振興局として予算要求してよいか局内の議論を行ないます。所属部局として予算要求する事業として残れば、次は財政部局に予算要求資料を提出します。堺市の場合、財政課の担当者への事業説明から始まり、財政課課長補佐、財政課長、財政部長、財政局長と順に案が上がっていきます。その過程で事業の妥当性や予算積算根拠などについて、次々に疑問や質問が飛んで来ますので、予算要求を行う課はそれにタイムリーに答えていく必要があります。そうしたやりとりを踏まえ、財政課長段階での査定結果が予算要求課に通知されます。その査定結果に不服があれば、それまで予算要求してきた理由とは異なる観点から追加で説明を行い、再査定を求めていくことになります。再査定プロセスにおいても財政課からの疑問や質問に答えていき、最後は財政局長と所属部局長との局長間折衝が行われ、折衝の結果を踏まえた財政局長査定がなされます。もしまた、財政局長査定の結果に不服があれば、財政局からの指摘に回答を行った上で、最終的な判断を市長に仰ぎ、市長査定を受けるという選択肢が残されています。この最初から最後までのプロセス全体を約２～３ヶ月かけて行っていきます【図表３-19】。

【図表３-19】堺市の予算編成の流れ

10月中旬	予算編成方針決定	翌年度の予算編成での基本方針が市長より示されます。
11月下旬	予算要求	予算編成方針に基づき、各部局が来年度の事業実施に必要な経費を積算し、財政課に要求調書を提出します。
１月中旬	財政課長査定	財政課が各部局からの要求内容について、翌年度の収入見積もりと照合しながら、必要性・緊急性などを検討します。その後、そのまま予算化するもの、規模を縮小して予算化するもの、予算化を見送るものなどの決定をします。
１月下旬	財政局長査定	財政局長が、各部局からの要求内容について、そのまま予算化するもの、規模を縮小して予算化するもの、予算化を見送るものなどの決定をします。
２月上旬	市長査定	市長が、各部局からの要求内容について、そのまま予算化するもの、規模を縮小して予算化するもの、予算化を見送るものなどの決定をし、予算案の最終決定をします。

（出典）堺市HP[3]

3　堺市HP　https://www.city.sakai.lg.jp/smph/shisei/zaisei/yosan_kessan_shushj/yosanhenseikatei/toshoyosan-r3/ipan/yosanhenseihousin.html

今回私が提案したのは「PFSによる新たな女性就労支援サービスの市内実装推進事業」という名称で、事業実施期間は債務負担行為を含めた３年間、予算総額は約4,500万円（初年度は約1,521万円）という規模の事業です【図表３-20】。

【図表３-20】PFS事業の予算要求シート

令和３年度当初予算案

PFSによる新たな女性就労支援サービスの市内実装推進事業　【15,209千円】

事業目的

○8月の非正規雇用者数は前年同月比120万人減少し、減少した就業者数の7割が女性となるなど、コロナ禍では製造業をはじめ幅広い産業において**女性非正規就業者の雇用環境が急激に悪化。**
○雇用環境の悪化は、家計消費の減少や企業の生産活動の停滞をもたらし、**地域経済の基盤を毀損し得る重大リスク**。特に、産業構造に占める製造業割合や、女性非正規就業者の雇用の受け皿である中小・小規模企業割合が他都市より高い本市では、市内企業の生産性にも直結する課題。
○**本市における女性の雇用環境悪化を改善し、地域経済基盤の下支えを図るため**には、**民間活力の導入も含めたあらゆる角度から対策を講じて取り組むことが必要。**

事業のポイント

○中小企業における女性雇用環境整備支援及び女性就労支援に資するサービスを提供する民間事業者が、**本市内でサービスを展開し地域社会において定着を図る取組を支援。**
○事業実施体制として、政府が推進する**PFS(成果連動型民間委託契約）の手法を用いた公民連携スキームを構築**し、事業の有効性及び効率性を高める。
○現在非就業の女性が就業し定着するというプロセスは単年度のサービス展開では効果が限定的であり、複数年の継続的な事業展開を行う必要があるため、政策投入する最低期間を３カ年と設定。

※なお本事業は、令和２年度内閣府事業「地方公共団体による成果連動型民間委託契約方式（PFS)に係る事業案件形成支援等業務」において採択され、本年7月以来本市が内閣府及び有識者とともに事業スキーム等を検討してきた内容。　21

（出典）堺市HP[4]より抜粋

財政課の担当者はある程度取組みの意義を理解してくれたこともあり、比較的スムーズなスタートを切ることができました。しかし、財政課長査定の段階ではゼロ査定（予算措置しないという意味）という結果となりました。それまで財政課からの質問に答えるやりとりを繰り返してきましたが、それでも予算措置に至らなかったのは、事業として「費用対効果が見込めないの

4　堺市令和３年度当初予算　予算編成過程の公開（産業振興局）、p.21
https://www.city.sakai.lg.jp/shisei/zaisei/yosan_kessan_shushj/yosanhenseikatei/toshoyosan-r3/ipan/r3yosankatei/15youkyu.files/sinki-15-1.pdf

ではないか」「新規事業ではなく、既存の雇用支援施策の一環として取り組めばよいのではないか」「対象を真に困っている人に絞りきれていないのではないか」といった懸念を払しょくできなかったためでした。他方、PFSという手法自体を導入することについては、堺市では「あ・し・たプロジェクト」の前例があったこともあり（参照：第３章第２節(4)）、財政課からも特にネガティブな指摘をされることなく、基本的には賛同を得ることができていたのではないかと感じます。

ゼロ査定を受けてしまいましたが、PFS事業の内容はそれまで内閣府や事務局の助けを得て綿密に練り上げてきており、私としては事業の内容には自信を持っていましたので、ここであっさり諦めるわけにはいかないという思いでした。また幸運だったことに、私が所属する産業振興局の局長や商工労働部長がPFS事業の意義を評価してくださっており、全面的な応援があったことも大きな推進力になり、再査定のプロセスに戻ることになりました。再査定プロセスでは、財政課からの指摘を踏まえた対応として、国の交付金への申請、既存事業との違いの鮮明化、事業対象者の数値による再提示などを行い、改めて財政課との協議のテーブルにつき議論を重ねた上で、ついに財政局長折衝を迎えます。財政局長と産業振興局長との議論では、引き続き「真に困っている人を対象にできているか」「財政状況が厳しい中で優先順位を高くする理由は何か」「事業として成功する道筋が具体的に見えるか」など、PFSという形式云々ではなく、事業内容の詰めどころに関する質疑応答がなされました。こうして行われた財政局長査定の結果ですが、残念ながら疑問点の解消には至らなかったとされ、年末の段階で再びゼロ査定を受けることとなりました。

ここまで来ればもう最後まで食らいついていくしかありません。産業振興局長も商工労働部長もその覚悟でしたので、早速切り替えて最終の市長査定に向けた準備をしようという指示が出ました。この段階では、庁内の関係部署によるPFS事業への見方も、当初の「PFSって何ですか」と言われていた状況から、「PFSが実現するとおもしろいかもしれないね」というポジティブな見方に変わってきていました。女性の就労支援施策を社会政策の観点から、数ヶ月前から一緒にディスカッションしてきた子ども家庭課も、PFS事業の成り行きに関心を持ってくれており予算化を応援してくれるようになっていました。また、庁内の政策の方向性を決める政策企画部も、PFS事業が、EBPM、SDGs、女性活躍など大局的な政策の方向性と一致することから、担当者は応援する動きをしてくれていました。市長査定は年明けの１月を予定されていましたので、年末にかけてロジックを固める作業と分かりやすい資料の作成に時間を費やしました。

そしてついに、年を越して2021年１月、本当の最終回である市長査定が行われました。市長査定の場では、市長、３名の副市長、財政局、政策企画部、予算要求を行っている部局が集まりディスカッションを行います。ここでも様々な角度から議論がなされ、PFSの導入の是非という枠組の話ではなく、専ら事業内容としてどう評価するかという中身の議論が中心となりました。産業振興局からは企業の雇用や女性の就労をPFSで支援する意義を、政策企画部からは市全体の基本計画や女性活躍政策の一環としての位置づけを、担当副市長からは子ども青少年局と産業振興局との局間連携による社会政策と産業政策の相乗効果への期待などの意見がありました。他方、施策のターゲットの絞り込みが不十分ではないか、投入する予算額に対して成果目標が低いのではないか、市全体の施策の中での緊急性が高いと言えるのかといった厳しい議論も行われました。そして最終的に出された結論は、PFS事業の次年度の予算措置を見送るというものでした。

堺市は、2021年２月８日、2021年度予算案の発表とともに、堺市独自の財政危機宣言を行いました[5]。非常に厳しい財政見通しの中、政策予算全体の10%カットの実施など、庁内ではあらゆる施策をゼロベースで見直す作業が併行して行われていました。2021年度から2022年度を「集中改革期間」と定め、市政全般の抜本的な改革を行うとしており、2021年度予算において、政策の優先順位は否が応でもつけなければなりませんでした。PFS事業を企画した担当者としては、予算化されなかったことに対してはもちろん大変残念

5　堺市財政危機宣言
https://www.city.sakai.lg.jp/shisei/zaisei/yosan_kessan_shushj/index.files/zaiseikiki.pdf

な思いでしたが、実は人知れず感動もしていました。

PFS事業を提案した当初を思い返すと、関係者にPFSという言葉の意味を説明するところから始まり、得られる反応も懐疑的なものが大半でした。日本全体でもまだまだ普及していない概念ですので、そのような反応になるのは至極当たり前のことです。しかしそれでも手を貸そうと言ってくれる人が少なからずいて、予算要求プロセスが進み次年度の政策に関する議論全体が深まっていく中で、PFS事業についても複数の部署をまたがって徐々に肯定的な反応が返ってくるようになりました。そして最終的には、市長査定という場まで上げるほどに産業振興局全体のバックアップを得て、さらに副市長、政策企画部、子ども青少年局からも肯定的な意見をもらえるようにまでなっていました。財政局も担当者をはじめ、頭ごなしの反対意見ではなく、常に政策全体も踏まえた客観的かつ本質的な議論をしてくれました。立場の違いこそあれ、よりよい政策を追求したいという想いは同じだったと思います。そうでなければ、あれだけお互いに時間をかけて、政策議論を行うということにはならなかったはずです。

これが、堺市役所への出向者として私がPFS事業をゼロから検討し、実現に向けて挑戦した約９ヶ月間の出来事です。残念ながら私が提案したPFS事業は実現しませんでした。半年間伴走支援してくれた内閣府や事務局、有識者、ヒアリングに協力してくださった企業の方々の期待に応えることができず、大変申し訳ない気持ちに変わりありません。ただ希望が見えたことは、予算要求プロセスを通じて、PFSの導入自体は基本的には理解を得ることができていたことです。今回PFS事業が予算化に至らなかった理由は、PFSという形式の問題ではなく、女性就労支援の事業の中身を説得的に設計することができなかった私の力不足に尽きます。しかし結果として、庁内にPFSの大きな議論が巻き起こり、多くの市職員がPFSについて真剣に議論する輪の中に入りました。だからこそ私は今回のPFS事業の予算要求にかかる一連の議論は、庁内のストック（資産）として確実に蓄積され、必ず今後の政策立案につながると確信しています。

Pay For Success & Social Impact Bond

第4章 PFS/SIBの制度設計～計画の立て方・進め方

第４章では、地方自治体においてPFS/SIB事業を設計していくにあたっての一般的な手順について見ていきます。具体的には、内閣府PFS推進室による「成果連動型民間委託契約（PFS：Pay For Success）共通的ガイドライン」（以下「内閣府ガイドライン」といいます。）[1]の実施手順【図表４－１】を、主に地方自治体の一職員として何をどのように検討すればよいのかという観点を中心に、読み解いていきたいと思います。説明の形式としては、内閣府ガイドラインの各ステップの項目毎にまとめられた概要（四角囲み）をそのまま抜粋した上で、これまで本書で取り上げてきた内容や事例と関連づけながら解説を行います。もしPFS実践の手続きにご関心があれば、内閣府ガイドラインを片手に本章を読んでいただけると、更に理解を深めることができますので、是非ご参照ください。

また、経済産業省、国土交通省、法務省をはじめ、国の関係省庁や民間企業等においても、PFS/SIB事業を企画及び実施するにあたって参考となるノウハウ集や手引書等をそれぞれの観点から作成しており、内閣府のPFSポータルサイト[2]にて公開されていますので、より精緻な検討を行いたいという方はそちらもご確認ください。なお、各資料については、本章の最後に一覧としてまとめています。

1　内閣府「成果連動型民間委託契約（PFS）共通的ガイドライン」（2021年２月）
https://www8.cao.go.jp/pfs/guidelines.pdf
2　内閣府PFSポータルサイト
https://www8.cao.go.jp/pfs/index.html

【図表４－１】PFS事業の実施手順

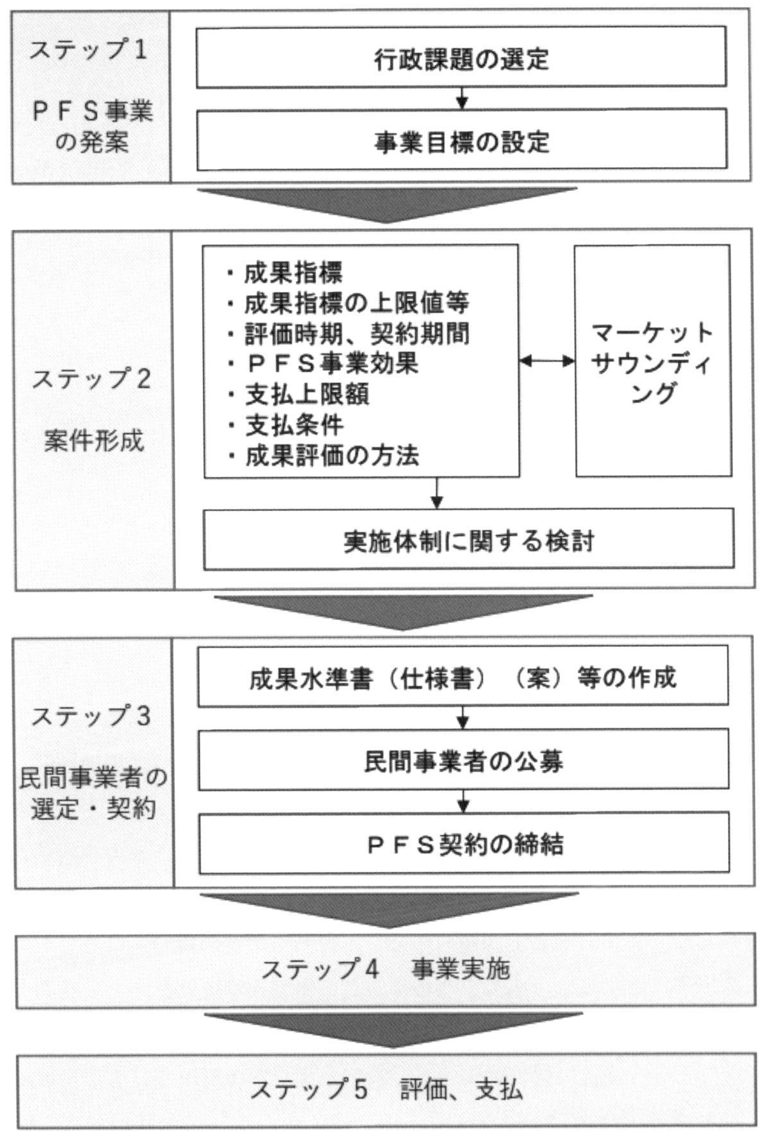

（出典）内閣府ガイドライン、p.8より抜粋

ステップ１　PFS事業の発案
〜PFS/SIB的発想で考え、一歩踏み出す〜

１－１．対象とする行政課題の選定

⑴　地方公共団体等は、PFS事業の実施を検討する際、官民連携の有効性を確保していく観点から、以下のものについて、検討することが望ましい。
①　解決を目指す行政課題に関して、地方公共団体等において解決のための事業の実施方法が明確でない一方、民間事業者側にノウハウの蓄積がある
②　より高い目標を設定することで、民間事業者のノウハウ等をより引き出し、成果を改善することができる
③　当該行政課題の解決に向けた民間事業者の事業活動について一定の裁量を与えることができる
⑵　地方公共団体等は、これまでに、直営又は従来型の委託等により、行政課題の解決に向けた事業を実施している場合、期待する成果が出ていないと判断される事業について、PFS事業への切り替えを積極的に検討することが望ましい。
⑶　地方公共団体等は、民間事業者から行政課題を解決する事業の提案があった場合も、⑴及び⑵の事項を踏まえ、PFS事業として実施することが適当かどうかについて検討することが望ましい。

（出典）内閣府ガイドライン、p.10

「１－１」のスタートとして、⑴では、官民連携の有効性を確保するという観点を発想の起点とすることを推奨しています。これは、PFS/SIB的発想による政策企画立案のうち、「②水平関係のパートナーシップで課題解決できないか考える。」の観点です（参照：第１章第２節 パートナーシップという考え方、第１章第４節 PFS/SIB的発想）。そこではまず、地方自治体だけのノウハウでは十分に解決出来ない行政課題が存在することを認めることが出発点となります。そして課題の中でも、民間事業者が持つノウハウを最大限引き出すことにより、成果を改善することができる可能性がある課題を選ぶという考え方を採ります。ただし、ステップ１の検討段階だとしても、検討しようという動機の違いによって、政策企画立案の現場では実際に取るべき行動や考え方は変わってきます。例えば、次の①〜③の状況では、同じ「１－１」の段階だとしても、検討すべき内容や手順が異なるはずです。

① 所属課内でPFS/SIB導入に関する動機付けはなく、上司にもまだ相談していない中、一担当者としてPFS/SIBに関心を持って自らの業務領域の中で何かできないかと考えている状況。

② 特定の行政課題の解決に向けて、既存業務では手詰まり感があることは課内の共通認識としてあるものの、PFS/SIB導入を検討してみようというところまでは議論が及んでいない状況。

③ PFS/SIB導入の検討を行うこと自体は所属課で共通認識として持っている一方で、具体的にどのような行政課題を選定すべきか検討している状況。

これらの状況を先にご紹介した事例とそれぞれ重ね合わせるとすれば、①は課題を探すところからのボトムアップ（参照：第３章第３節(2) 出向者が市役所でPFSを提案してみた）、②は認識済の課題が存在するところからのボトムアップ（参照：第３章第２節(4) 堺市）、③はとにかく検討することだけは決まっているトップダウン（参照：第３章第２節(2) 西条市）、という状況に近いと言えます。①では、仮説を立て、データの確認や庁内の関係者や民間事業者のヒアリングを行い、「女性の就労支援」という行政課題を選びました。②では、「高齢者の介護予防」という行政課題が、課の本来業務としてもともと設定されていました。③では、「東近江市版SIBのようなSIB導入を検討する」という命題がトップダウンで与えられており、そのための制度設計を検討する中で、地域の特産品開発やSDGsというテーマを設定していきました。

日本でPFS/SIB事業がなかなか広まっていかない大きな原因のひとつは、このステップ１のハードルの高さにあると言ってもよいのではないかと思います。特に、①②のボトムアップでの実施が広がらない限り、PFS/SIBの取組みの裾野が拡大していきません。しかし、ボトムアップでPFS/SIBを考えると言っても、具体的に何をどのようにすればよいのか一般的にはなかなか想像しにくいというのは間違いありません。また、各地方自治体を取り巻く状況も異なりますので、成功事例集などで見た行動をそのまま明日から取り入れようとしてもあまりうまくいきません。だからこそ、行動段階以前の発想段階まで一旦立ち返る必要があります。そして、他市の事例を学び再現できるようにするには、実際に政策立案の現場で誰がどのように動き、物事がどう進んだかという現場実態まで深追いし、ノウハウとしてそのまま取り入れることができる要素にまで分解していくことが重要になります。こうした観点から改めて、内閣府ガイドラインのステップ１からの手順とともに、各事例のスタート地点での自治体職員の行動やマインドを振り返っていただくと、具体的な行政課題設定の際の参考にしやすいのではないかと思います。

１－２．事業目標等の設定

> (1)　地方公共団体等は、PFS事業の対象とする行政課題の現状等も踏まえた上で、次の①及び②に関する事業目標を設定する。
> ①　PFS事業の対象者層
> ②　PFS事業実施後の対象者層の改善目標

（出典）内閣府ガイドライン、p.11

「１－２」は、予算要求前の準備段階で最も時間をかけて行う作業のひとつであり、また予算要求時の財政部局とのやりとりにおいても議論の中心となる、いわば事業の肝となる部分です。実際、第３章第３節(2)の事例においても、財政部局とのやりとりで終始指摘を受け、最後の最後まで論点として残った問いは、「事業のターゲット（対象者）の設定は適切か」というものでした。当たり前ですがそれは、実施しようとしている政策が誰に対するものなのかが明らかでないと、政策がうまくいったのかどうかの判断もできなくなってしまうためです。また、財政部局からすると、支援対象としての優先順位が相対的に高くない対象者に予算を投入するということは出来るだけ避けたいという気持ちがありますので、既存施策との重複回避や費用対効果の観点からターゲットの絞り込みを求めます。

PFS事業の対象者層を特定するにあたっては、庁内関係部署や民間事業者の取組み状況のヒアリングなどを通じて、行政として既に実施している施策の対象者層や、民間事業者ならではの方法でリーチしている対象者層を把握しながら、PFS事業としての対象者層の絞り込みを行っていくことになります。また合わせて、PFS事業実施の対象者層の改善目標（事業目標）を設定する際には、成果連動型報酬の仕組みを導入することを前提として、誰がどういう状態になれば成功と言えるかを想像することが出発点となります。そして、成功に至るまでの階段をイメージして、成果指標（アウトカム）や活動指標（アウトプット）を時系列に並べてみます（参照：第1章第1節　成果連動型報酬という考え方）。例えば、第3章第3節(2)の事例では、【図表4－2】のような階段を描き、検討を進めました。その際、国の調査統計資料や地方自治体の統計データ（国勢調査、税統計、市民経済計算など）を活用し、PFS事業の対象者層の絞り込みと、事業目標を決めた根拠となるデータの裏付けの整理を進めておくと、後々財政部署との折衝でも重宝します。

【図表4－2】女性の就労、職場定着までのプロセス

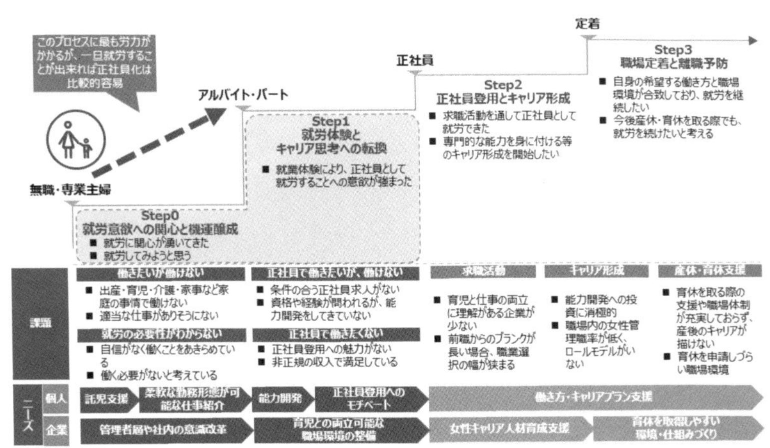

（出典）内閣府報告書[3]

3　内閣府「令和2年度地方公共団体による成果連動型民間委託契約方式（PFS）に係る事業案件形成支援等業務結果報告書」（2021年5月）、p.18
https://www8.cao.go.jp/pfs/r2houkoku.pdf

ステップ２　案件形成
～決まった形はなく、何を優先するかの順位付けをしていくイメージで～

２－１．成果指標の設定

> ⑴　地方公共団体等は、PFS事業の成果指標について、次の①から③の点に留意しながら、１－２において設定したPFS事業の事業目標の達成状況を定量的に示すものとして設定する。
> ①　事業目標との間に一定の因果関係があること
> ②　成果指標値の改善状況を把握するためのデータが収集でき、測定可能なものであること
> ③　成果指標値の変動要因について、PFS事業以外の要因が相対的に小さいと想定されるものであること
> ⑵　設定したPFS事業の事業目標について、同様の事業目標によるPFS事業の実施例がある場合、地方公共団体等は、当該先行事例の成果指標を活用することが可能であるが、地域の実情や特性に留意する。

（出典）内閣府ガイドライン、p.12

「２－１」では、「１－２」で検討した成果に向けた階段の中で、PFS事業のアウトカム（成果目標）として相応しい指標を選びます。というのも、「１－２」で掲げた事業目標は、PFS事業の直接的な効果からさらに一歩先に進んだ長期アウトカムかもしれません。PFS事業の成果連動型報酬を支払うために行う事業評価という観点からは、PFS事業期間中における成果指標は、初期アウトカムまたは中期アウトカムとしておく必要があります。例えば、３年間の事業であれば、３年間を通じてどこまで成果を出すことを求めるかという指標の設定を行います。また、その成果目標に向かう階段として、年度毎に中間評価を行うための成果指標を置くなどの設計をしてもよいでしょうし、定量化しづらい指標についてもアンケート結果をスコア化（数値化）するなど工夫の余地はあります。

２－２．成果指標の上限値等の設定

> ⑴　地方公共団体等は、支払額が最大となる場合の成果指標値（以下「上限値」という。）及び支払額が最小となる場合の成果指標値（以下「下限値」という。）に

> ついて、以下を考慮の上、２－４及び２－５との関係を含めて、事業全体を総合的に勘案し、設定する。
> ①　上限値：政策的に達成が必要な成果指標の目標値
> ②　下限値：成果指標の現状値、既存事業による実績値
> (2)　その際、地方公共団体等は、マーケットサウンディングを活用すること等により、民間事業者が想定する事業活動の実施方法における実績値を参考にする等、上限値の達成可能性の難易度に留意する。

（出典）内閣府ガイドライン、p.14

「２－２」では、PFS事業の結果として、何がどのような状態になることが最高の結果であるかを考え、先行事例の研究や民間事業者への取材を通じて、成果指標の上限値を定めます。ただし、この上限値の考え方次第では、PFS事業として目指す成果の意味合いが大きく変わるということに留意が必要です。例えば、地域の関係者が同じ目標を共有し地域課題に取り組むこと自体に価値を置き、ある程度成果の達成を現実的に見込める水準を上限値とするケース（参照：第３章第２節(1)東近江市）と、民間事業者のモチベーションを最大限引き出すために成果の達成が難しい水準を上限値とするケース（参照：第３章第２節(3)岡山市）では、成果指標の上限値が持つ意味合いが異なります。設定した成果指標の上限値を必達目標と位置づけるとすると、それを達成しないと業務として成立したことにならないという最低水準を定める従来的な業務委託契約と実質的に変わらず、わざわざ成果連動型報酬の仕組みを導入する意味合いが薄れてしまいかねません。というのも、そもそも成果連動型報酬を導入する意義は、社会課題解決として最大限高い成果を目指し、民間ならではのノウハウを引き出すための動機づけを行うという点にあるのであって、設定した成果指標が未達成の場合に、民間事業者に対して懲罰的に報酬を下げることを示して脅しをかけたいという趣旨ではありません。成果指標の上限値を設定する際には、後々事業評価を行う際に問題が起きないよう、上限値の意味について関係者と共通認識を持っておく必要があります。

2－3．契約期間（評価時期を含む）の設定

(1)　地方公共団体等は、民間事業者の創意工夫を引き出し、成果指標値を改善するため、民間事業者の事業実施期間を複数年とすることが望ましい。
(2)　地方公共団体等は、成果指標値の改善状況の測定等及び成果評価を実施する時期（以下、「評価時期」という。）について、成果指標ごとに、次の①及び②を考慮して設定する。この際、必要な場合は、民間事業者の事業活動の実施終了から一定期間経過後に評価時期を設定する。
①　民間事業者の事業活動の影響が現れる時期
②　成果指標値の改善状況の測定等及び成果評価が可能な時期
(3)　地方公共団体等は、評価時期を含む契約期間が複数年となる場合、２－６で設定する支払条件を踏まえ、年度ごとの支出上限額を定めた債務負担行為を設定する。

（出典）内閣府ガイドライン、p.15

「２－３」では、契約期間の設定を行ないます。PFS/SIBで取り扱う社会課題は、短期的には成果が表れにくいものも含めて対象になります。したがって、従来的な行政による単年度事業を前提とするのではなく、PFS/SIBでは複数年かけて成果達成を目指す事業として設計することが一般的です（参照：第２章第１節)。地方自治体の場合、複数年事業として制度設計を行うとすれば、単年度事業を複数年繰り返して取り組むやり方と、債務負担行為[4]により将来の取組みを約束する手法を用いて、複数年の一括契約を交し事業を実施するやり方が考えられます。単年度事業を繰り返す場合（参照：第３章第２節(1) 東近江市、同(2) 西条市）は、次年度に事業が継続される保証はない状態ですが、制度として試行的に実施するといった説明はしやすく、特に取組み初期における庁内の合意形成の難易度は下がります。他方、債務負担行為による複数年事業を実施する場合（参照：第３章第２節(3) 岡山市、同(4) 堺市）は、複数年契約を結びますので、腰を据えた取組みが可能となりますが、単年度の積み重ねではなく複数年一括で実施しなければな

4　債務負担行為とは、一般的には、次年度以降に支出する義務がある金額を決定することをいいます。なお、債務負担行為について、地方自治法第214条では「歳出予算の金額、継続費の総額又は繰越明許費の金額の範囲内におけるものを除くほか、普通地方公共団体が債務を負担する行為をするには、予算で債務負担行為として定めておかなければならない。」と定められています。

らない理由や説得的な事業計画を示すことができないと、庁内合意や予算化は難航することになります。民間事業者のノウハウを十分に引き出し、成果志向で取り組むという観点からは、行政側の手続きの都合のみで単年度事業を前提として設計するのではなく、まず初めに複数年事業をスタンダードとして検討してみて、単年度事業を繰り返す場合とのメリット・デメリットを比較した上で、どうするかを決定するという発想の転換が必要になるでしょう。

2－4．PFS事業効果の算出、評価

(1) 地方公共団体等は、PFS事業による効果について、次の項目に関し、可能な限り定量的に算出、評価する。
① 社会的便益の創出効果
② 成果改善効率の向上効果（既存の同種の事業がある場合）
(2) 地方公共団体等は、社会的便益について、次の項目に関し、可能な限り定量的に算出する。
① 社会的コストの削減額
② 地方公共団体等に生じる行財政効果額

（出典）内閣府ガイドライン、p.16

「2－4」では、PFS事業効果の算出や評価を行ないます。この試算結果はPFS事業の企画段階から実施・評価の段階まで、様々な場面で使うことになります。例えば、企画段階では、予算要求のための財政部局との折衝において提示することとなります。予算を査定する側からすれば、提案された事業の費用対効果や将来的な行政コスト削減額などは、とにかくチェックしておかなければならない点ですので、特に成果に連動させた支払いを行うPFS事業を企画する場合は、必須の作業になります。また、後のステップで、成果連動型報酬の金額の設定や、事業がどの程度成功したのかを評価する際にもこの試算を参照しながら検討することになりますので、PFS事業の効果の試算をどこまで精緻にできるかどうかはともかく、効果の試算を行う工程は非常に重要だと言えます。

具体的に見ていきましょう。内閣府ガイドラインによると、PFS事業で設

定した成果指標の上限値を達成した場合、地方自治体に見込まれる行財政効果額として、①直接的な支出の減少、②行政費用の減少、③収入の増加の３つが考えられ、それらを可能な限り金額ベースで算出することが推奨されています。先行事例の中では、例えば、岡山市の「おかやまケンコー大作戦」では医療費抑制効果を３億7,440万円（参照：第３章第２節⑶）、堺市の「あ・し・たプロジェクト」では、要支援・要介護とならないことによる介護給付費の縮減分を約１億1,884万円（参照：第３章第２節⑷）と試算していました。これらはいずれも①直接的な支出の減少の金額を試算したものです。②は、PFS事業が実施されなかった場合に地方自治体において発生する費用を指し、例えば、行政手続き等に要する費用（人件費等）とされています。また③は、地方自治体の税収増加分などを指しています。ただし、②及び③については、内閣府ガイドラインでは「内閣府が把握する限りにおいては、国内のPFS事業での算出例はない」と記載されていますので、現実的には①の試算について検討を行うことが中心になります。

なお、③については、内閣府ガイドラインでは「シングルマザーの創業支援を対象に、地方公共団体の税収の増加分を含む行財政効果について、検討中の事例がある」という紹介があります。これは第３章第３節⑵の事業の中で、私たちが行った試算を指しています。私たちの試算では、PFS事業を通じて女性の就労支援事業を実施することにより、女性の非就労者が就労することや、非正規就労者が正規就労者に転ずることにより、行財政効果は市の個人市民税（均等割）の増加分が1,375万円、児童扶養手当を受給しているひとり親が就労することにより児童扶養手当削減額分が593万円となりました。また、それらの行財政効果はPFS事業後も毎年持続することに加え、さらにPFS事業として実施した事業の内容は、PFS事業完了後は民間ビジネスとして継続されることを見込んでいましたので、その場合行政による財政負担はゼロとなり、行財政効果はPFS事業完了後にむしろより増加する予定であることを、この試算をもとに財政部局に説明していました。

もちろん試算はあくまで試算ですが、財政部局に試算を示した場合は「試算のとおり本当にうまくいく見込みはあるのか」と質問されることが想定されます（参照：第３章第２節⑴東近江市、第３章第３節⑵出向者が市役所でPFSを提案してみた）。そもそも行政側では100%うまくいくかどうか確信は持てないからこそ、PFS事業として実施するという側面がある以上、事業がうまくいくと断言することは困難です。そのためにできることと言えば、事業内容の妥当性、事業実施体制、客観的なバックデータ、民間ビジネスの類似事例、関係者へのヒアリング内容、庁内関係部局の反応など、出来る限りの根拠を示しながら、単なる机上の空論ではないことを、少しでも説得力が高まるように根気強く説明していくほかありません。

２－５．支払上限額の決定

⑴　地方公共団体等は、全ての成果指標が上限値まで改善した場合の支払額（以下「支払上限額」という。）を、２－４で算出される社会的便益を下回るよう決定する。
⑵　地方公共団体等は、従来型の委託事業をPFS事業に切り替える場合又はPFS事業終了後に再度PFS事業として実施する場合、支払上限額を、既存事業において成果指標を単位あたり改善するのに必要な費用を下回るよう決定する。

（出典）内閣府ガイドライン、p.19

「２－５」では、支払上限額の決定を行ないます。まずはPFS事業として設定した成果指標ごとに支払上限額を割り振ることになります。その際例えば、各指標を比較して優先順位付けを行った上で、難易度の高さから特に強いインセンティブをつけたい指標を決めるなどして、各指標の支払上限額のイメージを作ります。成果連動型報酬部分については、理論的にはPFS事業で生じる行財政効果の金額の範囲内で支払上限額を設定すれば、行政側からすると、もし上限額を支払うことになってもお釣りがくると考えられますので、少なくとも損をすることはない制度設計ということになります。例えば、PFS事業によって1,000万円の行政コスト削減効果が見込めるのであれば、成果連動型報酬として行政から民間事業者に支払う上限額を300万円としても、行政側からすると差し引き700万円のコスト削減になり、双方にとってメリットのある取引ということになります。

他方で実務的には、最終的に確保できた予算額の範囲内で制度設計を行うことになるため、必ずしも理論どおりの金額設定ができるとは限りません。しかしながら、理論値を算出しておくことにより、現実的な検討の際にも基準値（相場観）として参考にすることができるので、まずは理論値を置いておくというのは有効なアプローチになります。

２−６．支払条件の設定

> ⑴　地方公共団体等は、PFS事業における委託費等の支払時期及び支払額について、民間事業者が負担することができる成果連動リスクや、地方公共団体等の財政的な制約等を考慮し、以下のいずれかで設定する。
> ①　契約終了時に成果指標値の改善状況に応じた委託費等を一括で支払う
> ②　事業期間中に確認できる成果指標（以下「中間成果指標」という。）の改善状況に応じて、段階的に支払う
> ⑵　地方公共団体等は、中間成果指標を設定する場合は、以下とする。
> ①　２−１で設定した成果指標のうち事業期間中に確認できるもの
> ②　２−１で設定した成果指標と論理的につながる定量的指標であって、事業期間中に確認できるもの
> ⑶　以下に該当する場合、地方公共団体等は、委託費等のうち、成果に関わらず支払う部分（以下「固定支払額」という。）を設けるものとする。
> ①　成果指標値の改善状況とは別に、契約上、民間事業者に仕様を定めた業務の実施や成果物を求める場合
> ②　事業の規模、内容、特性等を勘案し、成果指標値の改善リスクの全部を民間事業者に負担させるのが適当でないと判断される場合
> ⑷　成果指標の上限値、委託費等の支払時期及び支払額等によって、民間事業者の負う成果連動リスクが決まることから、地方公共団体等は、マーケットサウンディングを実施し、必要に応じて、民間事業者が参画しやすい条件となるよう見直しを行う。

（出典）内閣府ガイドライン、p.20

「２−６」では、支払条件の設定を行ないます。内閣府ガイドラインでは、支払条件として整理しておくべきこととして、①委託費の支払時期、②固定支払額と成果連動支払額の割合、が挙げられています。

①については、PFS事業完了時に達成した成果に応じて委託費を一括で支払う方法と、事業期間中に確認できる成果指標（中間成果指標）に基づく評価に応じて段階的に支払う方法があります。また、岡山市の「おかやまケン

コー大作戦」（参照：第３章第２節(3)）のように、一括支払部分と段階支払部分を分けて考えて両立させる制度設計も可能です。PFS事業を複数年かけて実施する狙いは、単年度事業としては達成できないレベルの成果を出す点にあるということを思い返すと、最も重要なのは事業完了時に達成できた成果ということになりますので、事業完了後の一括支払というのは原則に則った考え方と言えます。他方、事業完了時の成果だけで白黒つけるのではなく、そのプロセスもしっかり評価していこうとすれば、段階的支払の意義も認められるでしょう。もっとも、単年度会計の地方自治体の実務からすると、単年度毎に支払う考え方の方が庁内の理解を得やすいという側面があります。また、民間事業者からしても段階支払の方が資金調達面で負担が減るということもあるかもしれません。そうした要素を勘案しながら、支払時期を設定します。

②委託費の内訳としては、事業を実施するにあたって最低限かかる費用（固定支払額）と成果を上げた分だけ上乗せして支払う報酬（成果連動支払額）を分けるという考え方を採っており、そこでは民間事業者の参入リスクを下げる意味合いがあります。例えば、委託費用の100%が成果連動報酬だとすると、成果指標を未達成だった場合、民間事業者は委託費を１円も受け取ることができないという大きなリスクを負うことになります。もちろん、100%成果連動報酬という契約自体は契約当事者が合意すれば何ら問題ありませんが、民間事業者からすると一方的に大きなリスクを負わされるのは納得できないでしょうし、少なくともリスクに見合った大きなリターン（成果連動報酬）を示さなければ、民間事業者としても参入しにくくなります。例えば、岡山市の「おかやまケンコー大作戦」（参照：第３章第２節(3)）では、成果連動型支払額を事業全体の支払上限額３億7,038万円の約25%（9,500万円）、堺市の「あ・し・たプロジェクト」（参照：第３章第２節(4)）では、事業全体の支払上限額4,434万円の約60%（2,660万円）と設定しています。

2-7．成果評価の方法

⑴　成果評価の方法は、民間事業者の事業活動が成果指標値の改善に与えた影響分のみを適切に把握するため、可能な限り、PFS事業が実施されなかった場合に想定される成果指標値の変化分を、全国平均等の既存の統計データ等から把握、比較し、PFS事業の事業対象者に係る成果指標値の改善状況からその影響を取り除くことが望ましい。
⑵　地方公共団体等は、成果指標の特性、入手可能な統計データ等を踏まえ、適切な成果評価の方法を検討する。

（出典）内閣府ガイドライン、p.22

「2-7」では、成果評価の方法を検討します。ここではPFS事業の成果をどれだけ正確に把握できるか、つまり政策（インプット）によって成果（アウトカム）が生まれたという因果関係を明らかにし、政策の成果に対する貢献度合を測定する方法を検討するということになります。ただし、あらかじめ認識しておきたいことは、この作業は公共政策や社会科学において直面する難題そのものだということです。生まれた成果の原因が、政策によるものなのか、それとも他の要因にもよる場合その分を差し引いた影響度はどのくらいか、といったことを考えることになりますが、取得できるデータや分析方法にも限界があり、そう簡単にはいかないことがほとんどです。

しかしそれでも、成果の評価手法としてベターな方法を見つけなければなりません。例えば一般的に用いられることが多い統計分析手法としては、①クロスセクション分析（横断面分析）、②タイムシリーズ分析（時系列分析）、③パネルデータ分析があります。詳細な分析方法については、専門書[5]の解説に委ねたいと思いますが、イメージとしては次のとおりです。①クロスセクション分析（横断面分析）とは、ある一時点の状況を複数の指標から分析を行うもので、例えば、2017年度に実施した就労支援施策の効果を検証するため、施策の対象となった人のうち、2017年度末の就労者・非就労者数を、男女別・年齢別・家族構成別などの複数の指標によって分析するような場合に使います。②タイムシリーズ分析（時系列分析）とは、時間の経過に沿っ

5　白砂堤津耶（2009）「例題で学ぶ初歩からの統計学」日本評論社、山本勲（2015）「実証分析のための計量経済学」中央経済社など

て指標を分析するもので、同様の就労支援施策の効果検証の場合、施策の対象となった人が就労したかどうかを、2017年度から2020年度など複数年の期間で分析する場合などに用います。③パネルデータ分析とは、①と②を合わせた分析で、施策の対象となった同一の人を、複数指標で複数年度フォローして分析するものです。

こうした分析を自前で行うのが難しい場合や、より専門性の高いデータ分析を行う必要がある場合は、分析ノウハウや知見を持った専門家や外部機関に評価を委託するという選択肢もあります。ただし、データ分析の必要性は誰もが理解するところですが、個別の施策の成果を評価するための費用を単に余分にかけるというだけにしか見えないのであれば、財政部局の理解を得ることは難しいでしょう。そこでは、事業内容による成果の見込みや行政コストの削減見込みなどとのセットの議論になりますし、評価プロセスは成果連動型報酬を導入するPFS事業を成立させ、中長期的に大きな成果を出すために不可欠な要素であるということを理解してもらえるようなコミュニケーションを心がける必要があります。

2-8．実施体制に関する検討

(1)　地方公共団体等は、案件形成後に実施する民間事業者の選定において、直接型、間接型、SPC[6]型のいずれの実施体制とするか、資金提供者が事業に参画するかどうか（SIBとするかどうか）について、民間事業者から提案を求める。
(2)　地方公共団体等は、当該提案についての審査を行った上で、選定された民間事業者と実施体制について、協議し、決定する。
(3)　地方公共団体等は、民間事業者の提案により、PFS事業の実施体制として、受託者たる民間事業者からサービス提供者への再委託を行う場合、再委託を実施できるように、必要に応じて関連する規則等の改正等の対応を行う。
(4)　地方公共団体等は、評価の透明性、客観性を担保する観点から、第三者評価機関の活用を検討する。ただし、成果指標が定量的に測定できる指標に限定され、成果指標値の改善状況の測定等により民間事業者の事業活動の影響分を透明性、客観性をもって評価できる場合は、第三者評価機関を活用する必要は必ずしもない。

（出典）内閣府ガイドライン、p.24

6　SPC（Special Purpose Company：特定目的会社）とは、限定された特定の事業目的のために設立される会社のことを指し、ここではSIB事業を実施するために設立された会社ということになります。

「２－８」では、実施体制に関する検討を行ないます。本書の事例でもPFSの実施体制としては、⑴堺市「あ・し・たプロジェクト」（参照：第３章第２節⑷）はサービス提供事業者と市役所が直接委託契約を結ぶ直接型、⑵東近江市版SIB（参照：第３章第２節⑴）は三方よし基金を中間支援組織とした間接型、⑶岡山市「おかやまケンコー大作戦」（参照：第３章第２節⑶）はSIB事業を運営する目的でPS瀬戸内株式会社を作ったSPC型です。また第三者評価機関を置くか置かないかは、事業で設定する成果指標次第です。このように事業内容に応じて、事業の実施体制を構築することになりますが、事例からも明らかなように、関係機関が多ければ多いほど事業全体のオペレーションコストは増えますので、想定する予算額に占めるオペレーションコストの割合が高くなり過ぎないように注意が必要です。

２－９．留意事項

⑴　地方公共団体等は、歪んだインセンティブ（成果指標の設定によって、結果的に、成果指標値は改善したものの本来の目的が達成されないような結果を導いてしまうような行動を誘引する可能性をいう。以下、同じ。）が働く可能性を検討し、その恐れがある場合は、歪んだインセンティブを回避する以下の方策を検討する。
①　成果指標、支払条件の見直し
②　事業対象者の募集・選定への地方公共団体等の関与
③　事業活動の対象者のモニタリング
④　地方公共団体等による事業対象者へのアンケート調査 等

（出典）内閣府ガイドライン、p.26

「２－９」は留意事項です。内閣府ガイドラインでは、「歪んだインセンティブ」が発生しないように制度設計することを強調しています。歪んだインセンティブとは、設定した成果指標次第で事業の趣旨を逸脱する行為を生み出してしまうということです。例えば、PFSを活用した女性就労支援事業を実施する場合、成果連動型報酬を、セミナー参加者１人当たり１万円と設定するとともに、PFS事業を契機として就労に至った就業者数１人当たり５万円と設定したとすると、委託事業者に対して、難易度の低い割に報酬が高いセミナー参加者増加に尽力するインセンティブ（動機付け）を与えてしまうということになりかねません。成果指標や成果連動型報酬の設定にあたっては、こうしたことが起こらないような検討が必要です。

2-10. 資金調達を実施する場合

ここまでは内閣府ガイドラインに沿って説明してきましたが、資金調達についてはガイドラインでは述べられていません。そこで、ここでは内閣府ガイドラインを離れてSIB事業による資金調達を検討する際に留意すべき点について述べていきます。

■ 資金調達スキームの検討方法

資金調達を実施する場合には、まず全体のスキームを検討する必要があります。もっとも、資金調達スキームの検討を行う際には、地方自治法などの行政法や金融商品取引法との関係など法的な問題が生じることが少なくありません。例えば、SIB事業は事業期間が複数年となる場合があるため、会計年度独立の原則をとる地方自治体の予算制度の下、複数年に渡る支出をどのようにして行うかを検討する必要があります。また、金融商品取引法は、投資性のある金融商品を取引する際の利用者保護を規定した法律です。SIBによる事業が他者から金銭等の出資（拠出）を受け、その財産を用いて事業を行い、当該事業から生じる収益等を出資者等に分配する事業にあたる場合には集団投資スキーム（匿名ファンド）に該当し（金商法2条2項5号）、金融商品取引法の規制対象となります。

さらに、出資を受けた資金を誰がどのように管理するのか、資金管理団体が倒産した場合のリスク、事業から生じた収益等を分配する前に法人税が課税されるか否かなど法的、会計的、税務的な見地からの検討も必要となります。

このような点を検討するにあたっては各分野の専門的な知識が必要となるため、地方自治体の担当者のみで検討を行うことには一定の限界があります。また、現時点で資金調達スキームを検討するための情報がまとめられた資料もありません。

では、地方自治体の担当者として資金調達スキームを検討する場合、どのようなことから進めていけばよいでしょうか。まず、他の地方自治体で実施されている先行事例を参考にしながら、自らの地域で出来ることを考えていくということが有効な手段となります。先行事例がある地方自治体に話を聞きに行き、その事例の仕組みを参考にしながら、自らの地域に当てはめて検討を進め、実際に事業化に至った事例も多数あります。例えば第３章第２節で紹介した西条市もまず先行自治体であった東近江市に話を聞きに行き、具体的な検討を進めました。

次に、SIB事業の組成についてノウハウを有する中間支援組織に相談することも一つの手段となります。たとえば、プラスソーシャルインベストメント株式会社[7]は、地方自治体向けのSIBをはじめとした成果連動型政策の仕組みづくりやファンド組成を事業内容の一つとしており、第二種金融商品取引業の登録もあります。ケイスリー株式会社[8]は、成果連動型官民連携など成果向上に向けた手法の研究開発・導入支援を事業内容としています。これらの中間支援組織は、地方自治体がPFS/SIBの検討を行うことをサポートやコンサルティングすることを事業としていますので、どの段階から相談するのかという点も含めて相談を検討することは有効です。また、PFS/SIB案件形成の実績を有する株式会社日本総合研究所や一般財団法人社会変革推進財団（SIIF）がPFS/SIBに関する相談窓口を設置していることがありますので、そちらに相談することも有効な手段となります[9]。

中間支援組織に相談する際には、事業規模、資金調達を行う場合には想定する金額、調達方法（市民から投資を募るのか、企業から募るのか等）、原資（助成金・補助金・ふるさと納税・地方自治体の資金等）、ステークホルダー（第三者評価機関・特別目的会社（SPC）の設置の有無等）、事業スケジュールのイメージ、成果目標とその根拠となりうるデータ等についてある程度検討したうえで相談を行うと、より具体的な助言を得ることができます。また、

7　プラスソーシャルインベストメント株式会社HP　https://www.psinvestment.co.jp/
8　ケイスリー株式会社HP　https://www.k-three.org/
9　株式会社日本総合研究所「令和３年度ヘルスケア分野を中心としたPFS/SIB個別相談窓口設置のお知らせ」https://www.jri.co.jp/page.jsp?id=38841

中間支援組織に相談するタイミングについては、初期段階から相談する場合もありますが、事業の方向性が決まっていない段階では一般的な助言しか得られないこともあるため、事業の内容や規模の検討がある程度進み、予算要求に向けて具体的な検討を始める段階が一つの目安になると考えます。

なお、中間支援組織に要する費用は、支援組織や支援内容により異なりますが、事業実施時に資金調達額に応じてファンドの組成費用や運営費という形で発生する場合や、予め設定した予算の中で支援内容を検討する場合などがありますので、費用や予算についても相談時にご確認ください。

■資金調達方法の選択

資金調達スキームの大きな枠組みを検討する際には、どのような方法があるのかを知っておく必要があります。ここでは代表的な資金調達方法について述べます。

(1)　各種の資金調達方法のメリットやデメリット、留意事項について検討する。
(2)　様々な主体から直接的に資金提供を受けるスキームの他にも、信託や匿名組合出資を活用する方法もある。

（出典）法務省資料[10]、p.41

地方自治体の資金調達については第１章第３節で述べましたが、まずはどのような資金調達方法を選択するかを検討することになります。それぞれの資金調達方法にはメリットとデメリットがありますので、双方を見据えて検討する必要があります。外部の金融投資家から資金調達を行う場合には、多くの事例で匿名組合方式が利用されています。第３章第２節で紹介した事例でも、東近江市、西条市、岡山市の事例は匿名組合方式を用いています。他の方式としては、特別目的会社を利用したもの、信託を用いたものなどがあります。ここでは各制度のポイントを簡単に説明します。

---

10 法務省「再犯防止活動における民間資金を活用した成果連動型民間委託契約方式の案件組成のための調査研究に係るコンサルティング業務調査等結果報告書」(2020年３月)
http://www.moj.go.jp/content/001318667.pdf

●匿名組合出資

匿名組合は、言葉の響きから人の集まりのような印象を受けますが、そうではなく商法で規定された契約方式です（商法535条）。匿名組合は当事者の一方が相手方の営業のために出資をなし、その営業から生じる利益の配分にあずかることを内容とする契約です。出資者は匿名で出資を行い、事業にはあらわれません。事業主体は事業により生じた利益を出資者に分配します。

【図表４－３】匿名組合出資のメリットとデメリット

	メリット	デメリット
事業主体	出資者から事業に関する指図を受けず、自由に事業ができる。	出資者が匿名であり、事業主体が事業の責任を負う。
出資者	匿名で出資を行うことができる。事業主体と１対１の契約であるため他者に出資を知られない。出資後に作業等が発生しない。出資した以上の責任は問われない（事実上の間接有限責任、但し元本割れのリスクはある）。	事業内容に指図できない。事業内容の詳細を把握できない。

（出典）法務省資料p.41の図表を元に筆者作成

●特別目的会社（SPC）の利用

特別目的会社（Special Purpose Company：SPC、SPVなどと呼ばれます。）は、債権や不動産の流動化や証券化など限定された目的のために設立される会社をいいます。SPCを設置する場合、地方自治体がPFS/SIB事業を契約する相手はSPCになり、出資者からの資金提供を受けるのもSPCになります。SPCを設置するメリットとしては、①事業を行う民間事業者が倒産した場合でもその影響を受けずに事業を継続できる（倒産隔離）、②会計が他の事業と明確に分離される（会計分離）、③民間事業者の信用力が小さい場合などに資金提供を受けやすいなどがあります。他方で、SPCには設置や運営にコストがかかるというデメリットがあります。そのため、事業の期間、事業者数など事業の内容を踏まえて設置を検討する必要があります。

●信託スキーム

信託とは、信頼して財産を託す制度のことをいいます。財産を有する者（委託者）が信頼できる者（受託者）に財産を託し、受託者は信託の目的に従い受益者のために財産を管理・処分する制度です。信託を活用した資金調達を行う場合、受託者たる民間事業者は委託料の請求権を信託銀行に譲渡することになりますが、標準的な委託契約約款では契約上の地位、権利、義務の譲渡は想定されていないことが一般的です。そのため、信託を活用して資金調達を行う場合には、委託契約約款の修正が必要となることがあります[11]。

【図表４－４】信託スキームのメリットとデメリット

	メリット	デメリット
事業主体	受託者（信託銀行等）から資金提供を受けることができる。	受託者への報酬の支払いが生じる。
出資者	倒産隔離機能があり、委託者や受託者が倒産した場合にその影響を受けない。	信託手数料の支払いが生じる。

（出典）法務省資料p.41の図表を元に筆者作成

11 内閣府ガイドライン、p31

ステップ３　民間事業者の選定・契約
〜仕様は定めず、成果水準を定める〜

３－１．民間事業者の選定方法

> ⑴　地方公共団体等は、公平性、透明性の観点から、公募により民間事業者を選定することを原則とする。地方公共団体等は、公募を行わない場合、受託者たる民間事業者の選定理由を公表する等、透明性を確保する。
> ⑵　地方公共団体等は、民間事業者の提案する事業活動の実施方法について、予算の範囲内で、成果指標値の改善がいかに達成されるかを審査する必要があり、次の選定方法により実施することが望ましい。
> ①　競争性のある随意契約（公募型プロポーザル方式等）
> ②　総合評価落札方式による一般競争入札

（出典）内閣府ガイドライン、p.28

PFS/SIB事業は、民間の創意工夫やノウハウの活用により結果（アウトカム）をいかに達成できるかという点を審査して選定を行う必要があります。このようなPFS/SIBの特色に鑑みると、選定方法としては①競争性のある随意契約（公募型プロポーザル方式等）や②総合評価落札方式による一般競争入札が望ましいと考えられます。もっとも、他にない特徴を有するサービス提供者の場合は、競争性のない随意契約が認められることもあります。

上述の２つの選定方法のどちらを用いるかについては、事業の内容等を踏まえて具体的に検討する必要がありますが、PFS/SIB事業の特徴は事業の具体的な仕様を民間事業者に委ねることにあるので、行政としては成果目標のアウトカムや成果を測定するための成果指標等の必要最小限の条件を提示し、民間事業者からの積極的な提案を踏まえて事業活動の実施方法を決定していくことが望まれます。このような観点から、一般論としては公募型プロポーザル方式の方がPFS/SIB事業に親和性があるといえます。

総合評価落札方式による一般競争入札の場合、入札価格と技術点で評価されますが、PFS/SIB事業では、事業の成果に連動して対価が決まるため、入札価格をどのように算定するかを設定する必要があります。例えば、固定支払額がある場合は固定支払額を入札価格として成果連動部分は価格の提案を求めない方法、成果指標を人数としている場合は成果指標１人あたりの金額の提案を求める方法などがあります[12]。具体的な成果指標と支払条件を踏まえて入札価格を適切に算定する必要があり、その算定を不適切なものにしてしまうとPFS/SIBの趣旨に反することになってしまうおそれがあります。

３-２．成果水準書（仕様書）（案）等の作成

⑴　PFS事業の委託契約は、契約書と成果水準書（仕様書）で構成されるものとする。
⑵　地方公共団体等は、公募型プロポーザル方式や総合評価落札方式による一般競争入札の実施に際して、契約書（案）及び成果水準書（仕様書）（案）を作成し、提示する。
⑶　地方公共団体等は、成果水準書（仕様書）（案）において、主に以下の項目を定める。このうち、④は民間事業者に提案を求めるものであるが、必要最小限の範囲で事業活動の実施方法について記載することも妨げない。
①　事業目的（事業目標）
②　契約期間、事業実施期間、評価時期
③　事業対象者
④　委託内容
⑤　成果指標
⑥　成果指標値の測定等、評価方法（データの収集、測定、成果評価の方法やその実施者）
⑦　支払条件（成果指標値の改善状況に応じた支払額）
⑷　契約書（案）は、地方公共団体等における標準的な委託契約約款を活用することが可能である。

（出典）内閣府ガイドライン、p.29

PFS/SIB事業を委託する民間事業者を公募する場合、公募の前提として公募資料を作成して提示することになります。公募資料として、募集要項、契約書案、成果水準書、選定基準等を作成します。

ここで「成果水準書」という言葉が登場します。「仕様書」ではなく「成果水準書」という名称にPFS/SIBの特色が現れています。通常の委託契約では、法的な権利義務関係を明らかにする契約書とは別に、要求する業務の具体的な内容を定める仕様書を作成することが一般に求められています。仕様書では、業務の目的や内容、実施期間のほか、業務の成果物、数量、実施場

12 内閣府ガイドライン、p.28

所、実施条件など委託する業務の内容が具体的に記載されています。通常の業務委託契約では、このような仕様書を作成し、契約書に添付することにより要求される業務の具体的な内容が特定されることになります。

しかし、PFS/SIB事業では行政サイドは結果目標であるアウトカムといった大きな要求を掲げます。その目標をいかにして実現していくかという手段については委託を受けた民間事業者の創意工夫やノウハウの活用に委ねます。そのため具体的な業務内容を仕様書として事前に特定することはできません。このような理由から、委託する業務の内容に関する書類についても「仕様書」という名称を用いることは望ましくなく、「成果水準書」という名称を使用することが推奨されます。このような名称は単なる言葉の言い換えではなく、PFSの特色に由来するものであるといえます。

発注方法としては、成果のみを定めて発注することのほか、成果に加えて業務内容（仕様）も一定程度定めて発注する方法もありますが、PFS/SIBを用いる意義に鑑みれば、可能な限り成果のみを定めて発注することが望ましいといえます。

３－３．選定基準等

(1)　地方公共団体等は、意欲ある民間事業者の参加機会を必要以上に制限しないよう、参加資格要件を設定する。

(2)　地方公共団体等は、応募者からの提案の審査項目、審査基準、配点等を公募の際にあらかじめ明示する。その際、PFS事業では、民間事業者のノウハウ等を活用することで高い成果を創出することが重要であるため、以下の審査項目等を設定することが望ましい。

①　有効性（提案する事業活動の実施方法が高い成果を生み出すことの理由や根拠となる実績、定量的なデータの有無等）
②　実現可能性（実施計画の具体性、実施体制の構築状況、資金調達方法等）
③　先進性（従来手法と比べた新しさ、革新性等）
④　発展性、波及効果（対象事業の範囲外で期待される効果等）
⑤　効率性

(3)　地方公共団体等は、公告から提案書類の提出まで十分な期間を設けるなど、公平性を確保する。また、質問の機会を与えるとともに、質問に対する回答については公平性を確保するため他の応募者にも公表する。

（出典）内閣府ガイドライン、p.30

PFS/SIB事業の実施にあたり、民間事業者の参加を必要以上に制限しないことが重要となりますが、それと同様に重要なことは、潜在的なサービス提供候補者に対して広く情報提供を行うことにあります。PFS/SIBは新しいアイデアやノウハウに期待するものであるので、行政の側で「この事業はこういう事業者に呼びかければよい」などと考えて情報提供範囲を限定してしまうと、新しい発想を持った民間事業者に公募の情報が届かず、その結果、従来のアイデアの枠内でしか事業を行えない結果に終わる可能性があるからです。

また、民間事業者を選定する際にも、従来の審査項目や審査基準に加え、これまでになかったアイデアやノウハウを有する民間事業者を適切に選定できる審査項目や基準を設定して選定することが必要となります。そのような選定については地方自治体内部に先例やノウハウがない場合がありますので、必要に応じて第三者による評価や助言を受けることも検討すべきです。

3－4．PFS契約の締結

(1)　地方公共団体等は、選定された民間事業者の提案に基づき、成果水準書（仕様書)、契約書の内容について、当該民間事業者と協議の上、契約を締結する。
(2)　地方公共団体等は、民間事業者が資金提供者から資金調達する場合において、民間事業者の提案する資金調達方法により標準的な委託契約約款の修正を行う必要が生じる場合は、適切に対応する。

(出典) 内閣府ガイドライン、p.31

契約においては、地方自治体等における標準的な委託契約約款を用いることが可能ですが、PFS/SIB事業の内容に応じて修正して使用する必要があります。例えば、SPCを設置した場合には、地方自治体の契約の相手はSPCになり、SPCが事業を民間事業者に再委託することとなります。標準的な委託契約書において再委託が禁じられている場合にはこの点を修正する必要があります。

契約内容においては、後に金銭的なトラブルが生じないように、成果の評価方法など特に支払いに関連する条件については疑義が生じないものとすることが重要です。

ステップ４　事業実施
～文字通り民間事業者に委ねる、しかし丸投げではない～

４-１．事業実施期間中のモニタリング

(1)　地方公共団体等は、成果連動リスクを民間事業者が負っていることを踏まえ、事業活動の実施方法についての民間事業者の裁量を確保する。
(2)　地方公共団体等は、事業対象者の選定やサービス提供の状況を含む、民間事業者の事業実施状況について、定期的に受託者たる民間事業者から報告を受けつつ、中間支援組織、第三者評価機関、資金提供者が参画している場合はそれらの者の意見も踏まえながら、事業のモニタリングを行う。
(3)　地方公共団体等は、契約期間中に、地方公共団体等及び民間事業者のいずれの責によらない、事業の実施や成果指標に重大な影響を与える事象（不可抗力等のほか、事業分野に関連する社会的影響の大きな事象等）が発生した場合、受託者たる民間事業者から当該事象がPFS事業に与える影響について報告を求めた上で、必要に応じて、民間事業者が提案し決定した事業活動の実施方法や、場合によっては成果指標の上限値等を含む支払条件の見直し等について、中間支援組織、第三者評価機関、資金提供者の意見も踏まえて、受託者たる民間事業者と協議を行う。

（出典）内閣府ガイドライン、p.32

大原則として、PFS事業では成果指標に基づく成果連動型報酬の考え方をとる代わりに、行政は事業の詳細なやり方に口出しせず、民間事業者の裁量に委ねることとしています。しかし、そのことは、民間事業者に全てを丸投げして、最終結果が出るまで行政は事業に一切関わらないということではありません。行政としては、PFS事業後のアウトカム指標（成果目標）に至る道筋を事業者が歩んでいるかどうかをチェックするため、２-６で述べた成果の中間地点（中間成果指標）を置いて、定期的に関係者とともに事業の進捗をモニタリング評価することも重要です（参照：第３章第２節(3)岡山市)。

モニタリング評価の結果、初期に設定した事業目標の達成に必要であれば、PFS事業の内容の修正を柔軟に実施します。そのためにも、従来の行政による業務委託契約のように、民間事業者を仕様書でガチガチに縛らず、達成すべき成果水準を基に柔軟に判断できるようにあらかじめ設計しておくことが必要です。また、社会情勢の大きな変化が生じた場合には、柔軟に対応

できるような運用ができることも重要です。実際、新型コロナウイルス感染拡大の影響により、堺市の「あ・し・たプロジェクト」(参照：第３章第２節(4)) では契約期間の延長を行っています。

ステップ５　評価、支払い
～民間事業者の強みが発揮されたかどうかを評価する～

５－１．成果の評価と支払い

(1)　地方公共団体等は、成果評価の方法に沿って、当該PFS事業の参加者の役割分担に基づき、成果指標値の改善状況の測定等及び成果評価を実施する。
(2)　地方公共団体等は、成果評価の結果とPFS契約に定める支払条件に基づき、支払額を決定する。
(3)　地方公共団体等は、契約期間終了後、事例の蓄積という観点から、PFS事業の実施による成果指標値の改善結果等を公表する。

（出典）内閣府ガイドライン、p.33

「５－１」では、「２－２」、「２－５」にて設定した各成果指標の上限額及び下限額の範囲で、成果連動支払額を段階的に発生させるなど、民間事業者のやる気やノウハウを引き出す支払いを実施します。なお、事業の成果を評価するにあたっては、「２－７」「４－１」で定めた方法により、最大限客観性を担保しつつ行うことが重要です。例えば、第３章第３節(2)で検討した女性就労支援事業における支払条件では、１年目は非就業女性への目標アウトリーチ数（民間事業者が施策を実施するために接触する対象者数）500名に対して、下限値としては就業者数が５％（25人）を達成すれば50万円、上限値としては就業者数が７％(35人)を越えれば100万円というように考えました【図表４－５】。なお、支援対象者が就業したかどうかについては、特に専門的な分析が必要というわけではありませんので、第三者評価機関を設置せず、アンケート調査をベースに就業者数を客観的に把握することを想定しました。また複数の成果指標を用いる場合には、成果指標毎に民間事業者のインセンティブになる成果連動支払の方法を検討する必要があります。

【図表４－５】成果連動支払額設定の例　（第３章第３節⑵事例の場合）

	１年目（目標リーチ500人）		２年目（目標リーチ1,000人）		３年目（目標リーチ1,500人）	
就職者の割合	就業者の人数	成果連動報酬	就業者の人数	成果連動報酬	就労者の人数	成果連動報酬
７％	35人	100万円	70人	200万円	105人	300万円
６％	30人	75万円	60人	150万円	90人	250万円
５％	25人	50万円	50人	100万円	75人	200万円

（出典）内閣府報告書[13]より筆者作成

13 内閣府「令和２年度地方公共団体による成果連動型民間委託契約方式（PFS）に係る事業案件形成支援等業務結果報告書」(2021年５月)、p.p.30-37
https://www8.cao.go.jp/pfs/r２houkoku.pdf
・【図表４－５】の成果連動報酬の数値は、考え方をイメージしやすいように単純化しており、同報告書の数値と一致しない。

アクセスガイド
～参考資料の紹介～

（URLは2021年8月21日現在のもの）

●内閣府　成果連動型民間委託契約方式（PFS：Pay For Success）ポータルサイト

https://www8.cao.go.jp/pfs/index.html

内閣府が作成しているポータルサイトです。PFS/SIBに関する最新情報のほか、PFS事例集、支援制度、調査報告書、関連リンクなどがまとめられています。まずはこのサイトをチェックすることをお勧めします。

●内閣府（2021）「成果連動型民間委託契約方式（PFS：Pay For Success）共通的ガイドライン」

https://www8.cao.go.jp/pfs/guidelines.pdf

PFS事業の実施に関する一連の手続きを概説するとともに、地方自治体等がPFS事業を実施する上での実務上の指針や留意事項等がまとめられたものです（全48頁）。

●国土交通省（2020）「【地方公共団体等向け】まちづくり分野へのソーシャル・インパクト・ボンド（SIB）の導入に係る手引き」

https://www.mlit.go.jp/common/001344036.pdf

まちづくり分野におけるSIBの導入について基本概念から、成果指標設定についての考え方、資金提供者への支払いといった実務面まで、地方自治体が事業化するに際し必要と考えられる情報等をとりまとめたマニュアルです（全64頁）。

●経済産業省（2020）「地方公共団体向け　ヘルスケア領域における成果連動型民間委託契約方式（PFS/SIB）導入ノウハウ集」
https://www8.cao.go.jp/pfs/manual.pdf

PFS/SIBを導入するための手順が示されています。導入段階から事業化に至るまでのフローを示し、フローごとに留意すべき事項を説明しています(全41頁)。

●法務省（2020）「再犯防止活動における民間資金を活用した成果連動型民間委託契約方式の案件組成のための調査研究に係るコンサルティング業務調査等結果報告書」
https://www.moj.go.jp/content/001318667.pdf

再犯防止分野における民間資金を活用したPFS方式の案件組成に関する資料として、海外及び国内における事例の収集及び分析を行った報告書です。特に事例分析が参考になります（全111頁）。

●塚本一郎＝金子郁容編著（2016）『ソーシャルインパクト・ボンドとは何か:ファイナンスによる社会イノベーションの可能性』ミネルヴァ書房

SIBに関する概説書です。SIBの歴史、世界の動向、SIBの可能性とその課題を理論面と実務面から解説しています。

Pay For Success & Social Impact Bond

巻末特別収録

有識者インタビュー（京都大学公共政策大学院長　建林正彦教授）

PFS/SIBについて検討していくと、成果とは何か、成果と指標との間に因果関係が本当にあるのか、因果関係をどのように判断するのか、といった問題に直面します。また、PFS/SIBの事例では、サイエンスに基づいて立案された政策であっても実際の成否に影響を与えるのは現場の担当者の働きといったアート（技芸）であることもあります。PFS/SIBを考えることは、そうした公共政策における根源的な問いに何度も立ち返ることでもあるため、本書では公共政策の基本的視点についても検討しました（参照：第3章第1節）。

今回、PFS/SIBに限らず政策立案全般において必要となる公共政策の視点などについて、京都大学公共政策大学院長である建林正彦教授にお話を伺うことができましたので、ここに収録します。

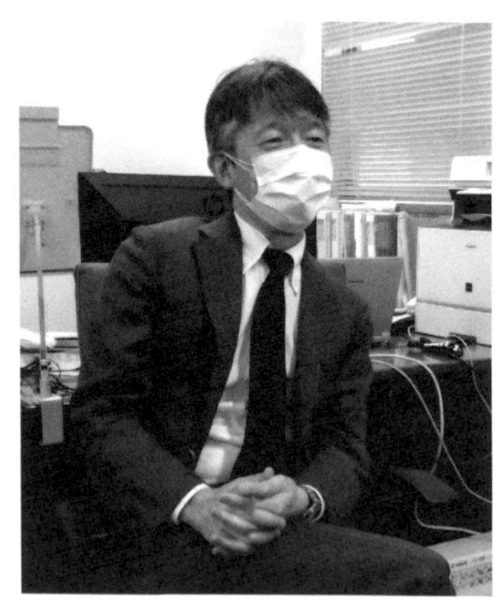

建林 正彦　教授
京都大学公共政策大学院長
〔主要研究テーマ：日本における政治家の政策活動、政治家と官僚の関係など〕

公共政策におけるアートとサイエンスの関係

――

公共政策はアートかサイエンスかという議論について、どのようにお考えでしょうか。

建林教授：

公共政策がサイエンスなのかアートなのか、どちらと考えるのが正しいだろうかというふうには考えていなくて、むしろ解決しない問題なのかもしれないと思っています。

政策の現場の人は「最後はアートだ」と言うと思いますが、それは責任逃れに繋がることがあります。仮に、政策は職人芸であり条件や環境にも左右するため、最終的な結果は保証しないし失敗に終わっても責任はないという流れになるのであればそれは違うと思います。他方で、アートは個人の力量に左右するため、現場の人が結果責任を負う世界となってしまうとすれば、それでいいのか？　とも思います。つまり、アートということが、現場の責任逃れに繋がってもいけないし、逆に現場に結果責任を負わせることになってもいけないだろうということです。

――

公共政策をサイエンスと捉えることや、データや証拠に基づく政策立案（Evidence-Based Policy Making：EBPM）についてはいかがでしょうか。

建林教授：

これまでも行政学や公共政策論の中で何度かブームやトレンドのようなものがありました。例えば、NPM（New Public Management：新しい公共管理）という考え方があります。これは公共政策においても民間で行われているような経営手法を導入して公共サービスの質の向上を図る行政改革手法のことで、1980年以降に欧米で生まれ、日本でも一時期ブームになりました。しかし、EBPMについては単なるブームやトレンドとは異なり、本質的な変化の方向だと考えています。不確実な問題や未知の問題が発生したときに勘や経験で対応するのではなく、社会科学であれ自然科学であれ、そういった背景をもった政策を考えることが重要だと思います。その意味でサイエンスであったり、エビデンスに基づいて政策立案していくという考え方は普遍性があると思います。

サイエンスやエビデンスに基づく政策立案が普及していくためには何が必要でしょうか。

建林教授：

エビデンスが信用できるかということです。いくら科学的であるとかエビデンスがあるとかいっても、最後はそれをどのくらい信用できるかという信頼性の話になります。漫然とした信頼性ではなく、具体的なものが必要です。そこをきっちりやらないと結局信用できません。政策を説明する際にはエビデンスの意味を理解している人が必要です。そして、エビデンスの確認が必要な場合にはソースを確認でき、検証できること、このようなことが信頼には必要です。それがエビデンスの前提となるのではないでしょうか。

エビデンスを信頼するためには、情報公開や公文書の保管という民主主義の根幹の部分が重要ということですね。

建林教授：

公共政策大学院の授業の中でもゲーム理論[1]を扱いましたが、信頼関係がなければ社会全体にとって最適な状況が生まれません。そのことに関連して言えば、ゲーム論的な考え方を用いて、裁判所の独立性がいかにして生み出

1 ゲーム理論とは、社会において相互に依存する人間の行動や意思決定とともに、人間行動の分析を通して社会の成り立ちやあり方を研究する学問。（出典）岡田章（2014）「ゲーム理論・入門［新版］」有斐閣、p.1

されたのか、それが政府の信頼をいかにして生み出すのかという研究の話が思い出されます。裁判所の独立性は絶対王政下で作られたと言われますが、それには国王の利害計算が関わっていたといわれます。国王は戦争のために商人から借金をするのですが、商人からすれば国王は借金を棒引きするかもしれないので、信頼しないとお金を貸せないわけです。逆に国王はお金を貸してくれないと困りますので、信頼してもらうために、権力が自由になんでもできないように監視する独立した機関が必要になったというのです。それが裁判所の独立性に繋がるのです。権力者が全部自分で決めていては信用されません。また、権力者が強く振舞ったら信頼が生まれるというものでもありません。

これと同じことが政策についても言えます。政策を実現するためには信頼が必要であり、そのためには情報公開や公文書の保管といった民主主義の前提がきちんとできているかが重要です。また、三権分立、特に司法権の独立により権力の行使が適正であるかをチェックできる仕組みが必要ということになります。このような民主主義的なバックボーンがきちんと機能して初めて、サイエンスに基づく政策立案やEBPMが成立します。要は政府が自分たちの都合の良いときにだけ、科学的なデータを示す、というのでは不十分だと思われるのです。

公共政策とは何か

——

改めて、そもそも公共政策とはどういうものだとお考えでしょうか。

建林教授：

それはずっと考えている問題です。公共政策には固有のディシプリン（学問的方法）が無いというのは間違いありません。公共政策は100年アイデンティ・クライシス（自己認識の危機）に見舞われている学問分野であり、政策科学・公共政策の創始者と言われるラスウェル[2]自身も彷徨って試行錯誤を繰り返していたわけです。日米の大学院においても行政大学院や公共政策大学院で与えられる学位は何か？　というのはずっと問題にされています。そういうものを教壇に立って教えるというのは非常にストレスがあります（笑）。公共政策には固有のディシプリンが無いとすれば、公共政策大学院は固有の方法を身に付けて卒業するというところではないと言えます。むしろ、不確実で分からない問題があり、解決しないといけないという場面において、どのように解決していくかという発想や多様な方法論を学ぶことではないかと考えています。ただその問題解決のための政策は、自然科学や社会科学の知見に基づいた根拠のあるものである必要があり、政策担当者はそれを理解する必要があるでしょう。世の中には様々なデマなど、誤った情報が溢れているわけで、政策選択に当たっては、何が真実かを見極め、それが根拠ある政策なのかを判断する必要があるのでしょう。その意味で問題解決に必要な能力とは、結局のところ自然科学、社会科学に共通するような科学の方法論なのかと思っています。

―――

自然科学や社会科学的な原則との関係でいうと、例えば公共政策における統計や計量分析をどのようにお考えでしょうか。

建林教授：

統計や計量分析については、そのような科学の方法論、考え方を理解する上で重要だと思います。

私は考え方の理解が重要だと思っていますが、実際に手を動かして、自分でやってみないと理解できないということで、私の授業でもとりあえず基本的なことを体験してもらう目的で、重回帰分析までの実習をやってもらっています。重回帰分析は因果関係を捉える上で万全の方法ではありませんし、最近の政治学や経済学のトレンドは実験的な手法です。しかし、社会科学の

2　ハロルド・ラスウェル（Harold D.Lasswell）は、政策科学の父ともいわれるアメリカの政治学者。（参照）宮川公男（1994）「政策科学の基礎」東洋経済新報社、p.p.19-38

場合はそもそも実験できる条件が限られていたり、一般化が難しいといった問題もあります。重回帰分析にしても実験にしてもそれぞれに限界があるわけですが、因果関係を見出す方法として理解すべきだと思います。その思考プロセスが分かれば、それが政策立案や政策評価に生きてくると思います。

――――

社会科学である政治学は公共政策の実務においてはどのように使うことができるでしょうか。

建林教授：

日本ではメディアもジャーナリズムも政治学の知識があまり重視されておらず、そのためか政治の報道内容は政局報道ばかりになる傾向があります。民主主義においてすべての国民は権力機構がどのように動いているかについて知る権利がありますので、メディア関係者が政治学の知識を持つことは、国民が権力機構の役割や動きを知る上で重要であると思います。また、政策決定のメカニズムを知ることは、公共政策に携わる者、政策立案に携わる者にも役立つ部分があるでしょう。

地方自治体の場合、首長のトップダウンにより政策が決まるということが多くなり、一つの問題について政策の選択肢が複数提示されて、いろんな選択肢の中から首長が選択できるような形にはなかなかなっていません。選択肢のアイデアを誰が作るのか、どういうプロセスでつくっていくのか、それが政策立案のメカニズムとして重要ですし、本来は複数の選択肢の中から首長が決定していくことが民主主義に叶うのではないでしょうか。政治学的な問題意識を踏まえると政策立案の幅も広がると思います。

実務家が公共政策を学ぶ意義

――――

京大公共では毎年行政職員など公共的な実務経験を有する者が社会人学生として学んでいますが、実務家が公共政策を学ぶ意義は何でしょうか。

建林教授：

行政の実務を知る学生においても、未知の問題・未知の課題に対応する能力を習得してほしいと考えています。実際、大学時代には計量分析なんてやったことがない人であっても、この機会に計量分析を学んで、計量分析を使った論文を読んでいこうなどという人もたくさんいます。

また、みなさん自分の実務に生かす目的で高い問題意識をもって学びに来られていて一般の新卒学生にも大きな刺激になっていると思っています。ただ研究テーマの設定などに際して、自分の担当する仕事の内容を選ばれる人が結構おられますが、単に自分が詳しいからということのみが理由というのは拙いと思います。そのような場合、なぜそのテーマを選ぶのか、ということについて徹底的に説明を求めています。その説明を通じて、テーマの社会的意義などを検証する機会にもなり、それ自体がよいトレーニングになります。自分の実務と離れて、きちんとアカデミックな作法に則って研究していくことが重要です。また、リサーチ・ペーパーなどで政策分析を行う場合にも実務を知っているがゆえに、実務の知識や経験から独立変数を決め打ちしてくるようなことも見受けられます。このような場合にも、なぜその独立変数を思いついたのか説明を求めて考えてもらいます。独立変数を考え、それをきちんと説明する、そのようなことをきちんとトレーニングしてもらいたいと思います。実務経験に基づいた強い問題意識は重要ですが、公共政策を学ぶということは未知の問題、不確実な問題を解決する力を習得することと考えていますので、実務の知識経験に過度に依存せずに、自然科学や社会科学の原則や作法を身に付けて、実務に生かせる能力をつけてもらいたいと考えています。

———

本日はご多忙のなか、大変貴重なご意見を頂きありがとうございました。

（2021年 4 月　京都大学公共政策大学院長室）

あとがき

まずお断りしておかなければならないことは、本書の著者は学者ではありません。PFS/SIBについて私たちより詳しく研究されている方は、おそらく世の中にたくさんおられるでしょう。それでも私たちが本書を執筆したのは、公共政策に携わる者として、PFS/SIBという考え方を少しでも多くの人に知ってもらいたいという一心からにほかなりません。

私がPFS/SIBについて初めて知ったのは2018年のことでした。当時私は国家公務員として仕事をする傍ら、京都大学公共政策大学院で社会人学生として学んでいました。そして2018年度に履修登録した講義の中に、本書の執筆においても様々なご助言をくださった野池雅人先生（プラスソーシャルインベストメント株式会社代表取締役）を非常勤講師にお迎えして開講された少人数制の講義がありました。その講義の中で取り扱われたテーマの一つにSIBがあり、そこで初めてSIBという制度に触れた私はその考え方に興味を持ちました。その後、講義で得た気づきをきっかけとしてPFS/SIBに関する自らの知見を深めるために、大学院での自主研究活動として有志メンバーに声をかけSIBの研究会を立ち上げました。研究会には野池先生にもご参加いただき、PFS/SIBに取り組む自治体職員をゲストスピーカーとしてお呼びしたディスカッションや、自治体や事業者の現場実態を知るためのヒアリングやフィールドワークなどを半年間行いました。さらに個人的には、そうした研究成果を踏まえたリサーチペーパーを執筆し2020年３月に大学院を修了し、翌４月から出向した堺市役所においては、自らPFS/SIBの企画立案をゼロから行う機会を得て、庁内や関係者とのコミュニケーションを行いながら予算要求を行うプロセスを実際に体験することとなりました。

こうした一連の活動を通じて感じたことは、PFS/SIBという考え方に秘められた可能性です。PFS/SIBそのものは公共政策における官民連携の手法のひとつに過ぎませんが、そこには公共政策と向き合うにあたっての本質的な要素が含まれています。PFS/SIBという考え方には、成果に応じて報酬を支払うという強い成果志向がその中心にあります。そして成果志向と言うからには、政策の効果（成果）はきっちり評価することが可能だということが前提になっています。しかし、本書でも詳しく述べているとおり、政策の投入と効果（成果）の間の因果関係を証明するということは容易ではなく、それは公共政策の関係者の頭を悩ませ続ける難問であるというのが現実です。そうだとすれば、PFSというのは結局のところ理想論でしかなく、現実的にはほとんど実施できないフィクションなのではないかという指摘を行うことも可能になります。確かに、これまでも行政の政策の効果を検証する概念や方法論として、EBPM（Evidence-Based Policy Making：データや証拠に基づく政策立案）、PDCA（Plan（計画）、Do（実行）、Check（評価）、Action（改善）という政策立案サイクル）、B/C（ビー・バイ・シー：費用便益分析）、KPI（Key Performance Indicators：重要業績評価指標）設定などが行われてきましたが、その評価手法や結果の正当性については賛否が分かれています。PFS/SIBはこうした政策評価の議論をベースとしつつ、さらに一歩踏み込んで、成果連動型報酬、水平的パートナーシップによる官民連携、民間資金の調達という要素を新たに加えた、かなりストイックな成果志向の考え方ですので、その実践においてはより一層の賛否両論があることは間違いありません。しかしそれでもなお、行政が政策の効果について逃げずに考えるという姿勢は必要であり、さらにそれを姿勢だけで終わらせず実際の政策に反映させていくためにもPFS/SIB的発想を持つことが、今後ますます重要になるのではないかと私は思うのです。

当たり前のことですが、行政が取り組む政策に対しては、社会的課題の解決に資する効果があることが期待されています。しかし、政策の効果が明確に数値として表れにくい事業もありますし、行政の事業が全て成功するのかというと、必ずしもそうとは言い切れません。また、昨今では社会情勢の変化や技術の進歩のスピードは速くなり続けており、もはや10年後に私たちの生活がどうなっているのかを予測することさえも困難です。こうした中で、これまではうまくいっていたことが、数年後にはうまくいかなくなるということが出てくるのは容易に想像できますし、実際にこの10年間ではあらゆる分野において新陳代謝が起こっています。そうした流れの中で、行政だけが例外であるはずがありません。社会の変化に対応した政策を企画立案していくことができるように、行政もまた変わっていく必要があります。PFS/SIB的発想を持つということは、そうした変化にどのように対応すればよいのかという具体的なアイデアを出すための引き出しを持つことでもあります。どんどん変化する社会において発生する新たな社会課題に対して、行政として新たな政策を企画立案していくことになったとき、その効果（成果）について「分かりません」というのではもはや済まされません。行政も政策立案時点から成果志向で取り組むということが、今後ますます求められるようになっていくというのは必然と言ってもよいでしょう。

また政策は立案して終わりではありません。それを現場でいかに執行し、持続させるかというところも含めて設計しなければ意味がありません。政策の理論はもちろん重要ですが、理論だけを突き詰めればよいということではなく、政策がどのように運用されるかという政策執行の現場にもしっかりと目を向けていく必要があります。しかし他方で、現場の感覚だけが重要だということでもありません。よく現場主義が重要と言われますが、それは現場の感覚だけを頼りに物事を決めることをよしとするものではありません。あくまで、政策には理論やロジック（論理）が必要だと考えます。もし政策立案が、個人的判断や好みに影響された結論に基づく意見や、現場の勘と経験、さらには現場の人間関係などに左右されるものになってしまうとすれば、政策としての客観的な妥当性を保つことができないということになりかねません。このバランスのあり方にはっきりした答えがあるわけではありませんが、政策の現場主義を重視する立場であればなおのこと、理論と実践が政策の両輪であることを認識しておく必要があります。そして、この問題意識を突き詰めて考えれば、本書でもご紹介する「公共政策はアートかサイエンスか」という根源的な問いにもつながり、PFS/SIBについて考えることは、政策の本質を見極めて考え抜く姿勢について問われていることに他ならないということにも気づきます。

PFS/SIBを活用した事業を企画し実践するためには、制度のテクニカルな知識や手順をなぞるだけでは、「頭では理解できても、実際には手が出ない」

ということになりかねません。それは、このようにPFS/SIBが政策のあり方そのものを問い直す概念であり、従来の延長上にあるような政策企画立案とは全く違う次元の庁内外のコミュニケーションが必要になるためです。庁内の意思決定プロセスを進めるためには、誰から誰にいつ何を話すかという順番や配慮も必要になるかもしれません。また新しいアイデアに対して全員一致で賛同が得られることは稀でしょうから、反論や疑問に答えなければならない場面にも多々遭遇することでしょう。こうした状況はケースバイケースであり一般化が困難であるため、政府のガイドラインや作業マニュアルには掲載されていませんが、政策立案の現場の人間のモチベーションを左右する大きな要因となります。本書は、PFS/SIBの実践ガイドブックと銘打っていますが、制度のテクニカルな知識や解説はコンパクトにまとめ、むしろPFS/SIBの背景にある考え方や、先行事例の地方自治体における現場職員がどのような思いを持ち、そしてどのように庁内外の関係者とのコミュニケーションを行い立ち振る舞ったかということを中心にご紹介しているのはそのためです。PFS/SIB的発想で政策立案してみようと少しでも思われた方は、是非本書でご紹介した事例を、ご自身の置かれた状況と重ねながらご検討を進めてみてください。そして本書によってそうした検討が一歩でも前に進み、新しい発想の事業が生まれることを共同執筆者の一員として祈念いたしております。

最後になりましたが、本書は、第一法規・出版編集局の大庭政人さんをはじめとする編集者の方々による、行政分野での新しい概念を分かりやすく世の中に出していこうという熱い想いがなければ実現することはありませんでした。第一法規株式会社 田中英弥社長、編集スタッフの皆様には心から感謝申し上げます。また、本書を執筆するに際しては多くの方々にお力添えいただきました。事例紹介のための取材に懇切丁寧にご協力くださった東近江市、西条市、岡山市、堺市の関係者の皆様、SIBの技術的な面から政策的意義まで幅広い議論をご提供くださったプラスソーシャルインベストメント株式会社 野池雅人社長、野口裕加さん、お忙しい中インタビューを快く受けてくださった京都大学公共政策大学院長 建林正彦 教授、原稿に対して忌憚のないご意見をくださった京都大学公共政策大学院での自主研究活動の参加メンバーである、大塚由己さん、松尾一成さん、岡本信光さんをはじめ、本書執筆にあたりご協力くださった全ての皆様に改めて御礼を申し上げます。

共著者　藤田　力

索　引

わ　行

<著者紹介>

北野　隆志（きたの　たかし）

弁護士・税理士。北野グランデ法律事務所代表。京都経済短期大学講師。京都市生まれ。京都大学公共政策大学院修了。主な論文・著書として『Society 5.0時代におけるスマート自治体への転換と課題～デジタル手続法及びオープンデータ・個人情報の利活用と課題～』（京都経済短期大学論集第27巻第１号、2020)、『AI・ビッグデータを用いたプロファイリングの現状と課題～犯罪予測アルゴリズムを使用した警察活動と差別の再生産～』（京都経済短期大学論集第28巻第１号、2021)、『改正民事執行法等（令和２年施行）の解説と書式』(大阪弁護士協同組合編・大阪改正民執法等研究会著、2021)〔分担執筆〕など。

藤田　力（ふじた　ちから）

1982年大阪府東大阪市生まれ。米国マサチューセッツ州立大学アマースト校交換留学、北海道大学法学部卒業、2006年経済産業省近畿経済産業局に入局。外務省大臣官房日本APEC準備事務局及び経済産業省通商政策局出向を経て、近畿経済産業局にて主に中小企業支援の企画立案業務に従事。2019年８月米国国務省主催IVLP（インターナショナル・ビジター・リーダーシップ・プログラム）に選抜参加。2020年京都大学公共政策大学院修了、同年堺市役所に出向。現在に至る。

<執筆担当>

北野　隆志　　著者紹介参照。はじめに、第３章第１節、第４章（ステップ２⑽、ステップ３）、巻末特別収録執筆。

藤田　力　　著者紹介参照。第１章、第２章、第３章第２節、第３章第３節⑵、第４章（ステップ１、ステップ２⑴～⑼、ステップ４、ステップ５）、あとがき執筆。挿絵・イラスト担当。

木村　亮太　　枚方市議会議員。2018年京都大学公共政策大学院修了。第３章第３節⑴執筆。

サービス・インフォメーション

通話無料

①商品に関するご照会・お申込みのご依頼
TEL 0120（203）694／FAX 0120（302）640

②ご住所・ご名義等各種変更のご連絡
TEL 0120（203）696／FAX 0120（202）974

③請求・お支払いに関するご照会・ご要望
TEL 0120（203）695／FAX 0120（202）973

●フリーダイヤル（TEL）の受付時間は、土・日・祝日を除く9：00～17：30です。
●FAXは24時間受け付けておりますので、あわせてご利用ください。

はじめて取り組む自治体職員のための　成果連動型委託契約（PFS）／ソーシャル・インパクト・ボンド（SIB）実践ガイドブック

2021年10月15日　初版発行

著　者　北野隆志　藤田力

発行者　田　中　英　弥

発行所　第一法規株式会社
〒107-8560　東京都港区南青山2-11-17
ホームページ　https://www.daiichihoki.co.jp/

自治体SIB実践　ISBN978-4-474-07331-9　C2031（2）